니체와 그리스 비극

『비극의 탄생』과 포스트 니체

니체와 그리스 비극

『비극의 탄생』과 포스트 니체

양 해 림

한국문화사

머리말

니체의 『비극의 탄생』, 「자기비판의 시도」[1]

1. 니체는 1870-1871년에 걸친 프로이센-프랑스(보불)전쟁의 격동기 속에서 그리스인과 그리스 예술, 이른바 '명랑성'[2]에 대해 오랫동안 의문을 가진다. 전쟁이 끝나고 평화를 얻게 되면서 니체는 『음악정신으로부터 비극의 탄생』[3]을 최종 정립한다. 니체의 의문은 그리스인이 '비극(예술)'을 필요로 한 이유로부터 시작된다. 즉, 니체가 볼 때에 그리스인은 가장 성공했으며 아름답고 많은 부러움을 받은 민족인데, 무엇 때문에 비극을 필요로 하는가에 대한 의문이다.

---

[1] 니체가 자기비판을 시도하는 이유는 『이 사람을 보라』에 제시된 니체 자신의 평가에서 찾아볼 수 있다. "불쾌한 헤겔적 냄새를 풍기고, 몇 가지 정식들에서는 쇼펜하우어의 시체 썩는 냄새와 숙명적으로 연관되어 있다. 거기서는 하나의 '이념'이 디오니소스적과 아폴론적이라는 대립이 형이상학적인 것으로 옮겨졌다. 역사 자체가 이 '이념'의 전개 과정이며 비극에서 그 대립이 통일로 지향된다."(프리드리히 니체, 『이 사람을 보라』, 백승영 옮김, 책세상, 2005, 1번, 390쪽.)

[2] 예술적 명랑성은 예술을 통해 인간의 고통을 극복하고 현존을 그 자체로 정당화시킨 후에 갖게 되는 삶에 대한 긍정적 수용 자세이다. 그것은 고통을 극복함으로써 얻어지는데, 고통의 극복은 삶을 바라보는 시각의 변화를 초래한다. 니체는 그러한 긍정적 사고방식을 그리스인과 그리스 예술에서 찾고 있다. "아리안적인 관념의 특징은 능동적 죄를 프로메테우스 본연의 미덕으로 간주하는 탁월한 견해다."(프리드리히 니체, 『비극의 탄생』, 이진우 옮김, 책세상, 2005, 9번, 82쪽.)

[3] 비극의 본질은 모순에도 불구하고 삶을 희망하는 근원적 의지의 본성을 인간에게 전해 준다는 점이다. 그러나 다른 예술(=조형예술)은 이 '비극적인 것'을 정확하게 전달할 수 없다. 단지 '음악의 정신'으로부터만 그것은 가능하다. 왜냐하면 음악은 다른 조형예술과 달리 '세계의 본질'(=의지, 모순, 고뇌 등)을 사물의 '형식'을 개입 없이 직접 인간의 마음에 부여하는 관점이기 때문이다.(다케다 세이지, 『니체 다시 읽기』, 윤성진 옮김, 서광사, 2001, 62-3쪽 참조.)

니체는 강함의 염세주의⁴를 통해 그리스인을 표현한다. 그것은 몰락, 퇴폐, 실패, 지치고 약화된 본능의 표시가 아니라 행복, 넘쳐나는 건강, 그리고 생의 충만함으로부터 비롯되는 삶의 가혹함과 두려움 그리고 삶의 악함과 문제적인 것에 도전하는 용기와 같은 것이다. 그렇다면 가장 훌륭하고 강하며 용감했던 시대의 그리스인에게 비극적 신화는 무엇을 의미하는가?

니체는 디오니소스적인 것⁵이라는 현상에서 탄생한 비극⁶을 말한다. 반면에 그는 비극을 사멸케 한 소크라테스주의⁷는 몰락과 피곤, 병 그리고 무질서하게 해체되어 가는 본능의 징조라고 표현한다. 니체는 소크라테스주의를 통해 진리를 추구한다는 명목으로 학문을 추구했지만, 염세주의에 대한 두려움이자 그것으로부터의 도피에 불과하며 도덕적으로 비겁이나 허위와 같은 것이고 비도덕적으로 교활함이라고 말한다.

그리고 니체는 '후기 그리스 문화의 '그리스적 명랑성'이 단지 황혼에

---

4 프리드리히 니체, 『비극의 탄생』, 박찬국 옮김, 2007, 24쪽, 각주 19번 참조.
5 니체는 『비극의 탄생』에서 아폴론적인 것과 디오니소스적인 것이라는 대립적인 개념을 통해 그리스 예술을 설명하고 있다. 하지만 『자기비판의 시도』를 통해 아폴론적인 것보다 디오니소스적인 것을 더 중요한 개념으로 강조한다. 왜냐하면 예술(비극)의 근원이 디오니소스적인 것이기 때문이다.(이에 대해서는 강영계, 『니체와 예술』, 한길사, 2000, 109-11쪽 참조.)
6 "니체는 비극의 현상 속에 현실의 참된 본성을 탐지한다. 미학적 주제가 그에게는 하나의 기초적인 존재론적 원리로서의 위치를 얻고 있으며 예술이, 다시 말해서 비극문학이 그에게는 세계의 본질을 밝히는 열쇠로 된다."(오이겐 핑크, 『니이체 철학』, 하기락 옮김, 형설출판사, 1984, 21-2쪽.)
7 "소크라테스의 주지주의는 논리적이고도 이성적인 사유를 참된 지식과 참된 삶을 가능하게 하는 유일한 방법으로 상정한다. 니체에 의하면 이성의 역할에 대한 이런 강조는 그리스 비극 시대, 진정한 헬레니즘 문화를 종결짓는 운동의 시작이었으며, 동시에 이성 외적인 인간의 삶, 충동이나 욕구 등을 최대한 억제하는 금욕 운동의 시작이기도 했다. 이것은 곧 인간을 정신으로 용해시키는 것을 의미한다." (백승영, 『니체, 디오니소스적 긍정의 철학』, 책세상, 2005, 149쪽.)

불과하다면?', '염세주의에 대항하려는 에피쿠로스적 의지가 단지 고통받는 자의 조심성에 불과하다면?', '모든 학문을 삶의 징후로서 볼 때, 학문이 도대체 무엇을 의미하고, 모든 학문은 무엇을 위한 것인가?'라고 질문한다. 궁극적으로 모든 학문은 어디에서 비롯되는가에 대해 니체는 묻는다.

2. 니체는 너무 때 이르고 미숙한 자기체험들, 즉 전달할 수 없는 한계에 거의 육박하고 있는 체험들로부터 건립된 자신의 책이 예술을 토대로 하여 세워져 있다고 표현한다. 이는 학문의 문제가 학문을 토대로 해서는 인식될 수 없기 때문이다. 니체는 『비극의 탄생』이 아마도 분석적이고 회고적인 능력과 같은 부수적인 소질을 가진 예술가를 위한 책이며, 심리학의 혁신과 예술가의 비밀로 가득 차 있으며 예술가의 형이상학을 배경으로 깔고 있는 책이라고 표현한다. 니체는 자신의 책이 거둔 성공에 대해서는 이미 증명이 끝난 책이라고 표현하면서, 이 대담한 책이 처음으로 도전한 과제, 즉 "학문을 예술가의 관점에서 보고 예술을 삶의 관점에서 본다(die Wissenschaft unter der Optik des Künstlers zu sehn, die Kunst aber unter der des Lebens)"는 과제조차도 낯설어할 정도로 냉담해지지 않았다. 이는 지금 니체 자신에게도 이 책이 얼마나 낯설게 나타나고 있는지를 말한다.

3. 니체는 『비극의 탄생』을 너무 확신에 차서 논증이 필요 없는, 즉 논증의 적합성 자체에 대해서 불신하고 있는 책이라고 말한다. 또한 이 책은 음악의 비밀에 참여하는 사람들을 위한 책으로서, 음악의 세례를 받고 일반적이지만 흔치 않는 예술 경험에 의해 처음부터 연관된 사람들을 위한 '음악'이며, 또한 예술에서 피를 함께 나눈 사람들을 식별하기 위한 인식표라고 표현한다. 니체는 자신의 책에서 독일인의 무거움과 변

증법적 경직성[8], 바그너주의자들의 무례한 태도 속에 숨겨진 하나의 정신, 즉 디오니소스적인 것을 말하려 한다. 그리고 '무엇이 디오니소스적인 것인가'라는 질문에 대답할 수 없다면 우리는 그리스인을 전혀 인식할 수도 상상할 수도 없다는 문제를 발견하고 구명해야 할 것이라고 말한다.

4. 니체는 자신이 던진 '디오니소스적인 것이 무엇인가'라는 질문의 해답을 찾기 위해 고통에 대한 그리스인의 관계, 즉 그리스인들의 감수성의 정도를 묻는다. 그것은 아름다움에 대한 그리스인의 갈수록 강해져 가는 욕구·축제·오락·새로운 제의(祭儀)에 대한 욕구가 정말로 결핍, 우울, 고통에서 자라나왔는지에 대한 물음이다. 또한 니체는 시간상으로 그 이전에 나타났던 정반대의 욕구, 즉 추한 것에 대한 욕구, 염세주의, 비극적 신화, 삶의 근저에 놓여 있는 모든 공포스러운 것, 악한 것, 수수께끼 같은 것, 파괴적인 것, 불길한 것의 형상에 대한 고대 그리스인의 훌륭하고 엄격한 의지를 되물으며 그것의 유래를 찾는다. 그리고 니체는 그러한 의지, 즉 비극은 어쩌면 기쁨, 힘, 넘쳐흐르는 건강, 과도한 충만으로부터 유래했을 것이라고 표현한다.

---

[8] 당시 독일인들의 일상 의식의 특징은 연속성과 정통성의 날조를 목표로 하고 있었다. 때문에 니체의 비판 의식은 학문에 대한 비판을 넘어서 문화 전반의 비판으로 확대되어 간다. 그것은 또한 그의 독일 혐오 현상의 시작이었으며, 동시에 그의 생애의 저작의 특징인 게릴라전적인 파괴 활동의 개시이기도 했다. 독일인들은 프랑스와의 전쟁에서 승리한 후, 자신들의 문화는 역시 우수하다는 비논리적이며 성급한 태도를 보였다. 하지만 니체는 전쟁에서 이긴 것은 문화 때문이 아니라 단지 독일군의 용감성, 지도자들의 계획적 지휘 능력, 지도자를 향한 복종심과 맹목적인 충성심 때문이라고 주장했다. 요컨대, 문화와는 아무런 관계도 없다는 것이다.(미시마 겐이치,『니체의 생애와 사상』, 남이숙 옮김, 한국학술정보(주), 2002, 105-6쪽 참조.)

니체는 반인반수인 사티로스[9]와 비극 합창단[10]의 근원에 대해서도 설명하면서 결국 디오니소스적인 것에 대한 강력한 주장을 하기에 이른다. 그와 더불어 니체는 그리스인이 청춘의 힘에 넘치던 바로 그때에 비극적인 것을 향한 의지(디오니소스적 광기)를 가지고 있었고 염세주의자였다고 말한다. 또한 민주주의적 취향의 모든 '근대적 이념'과 편견에도 불구하고 낙천주의의 승리, 합리주의의 지배, 실천적이고 이론적인 공리주의는 공리주의와 동시대에 존재하는 민주주의와 마찬가지로 어쩌면 쇠약해져 가는 힘, 다가오는 노쇠, 생리적인 피로의 징후라고 말한다. 마지막으로 니체는 삶이라는 관점에서 볼 때 '도덕'이라는 것은 무엇을 의미하는지에 대한 어려운 문제를 하나 덧붙인다.

9　얼굴은 사람 모습이지만 머리에 작은 뿔이 났으며, 하반신은 염소의 모습을 하고 있다. 술의 신 디오니소스의 시종으로서 디오니소스 숭배를 상징하는 지팡이나 술잔을 든 모습으로 그려지기도 한다. 장난이 아주 심하며, 주색을 밝히는 무리들로서 포세이돈의 사랑을 받은 아미모네와 온몸에 수많은 눈을 가진 거인 아르고스와 관련된 신화에서 악행을 저지르는 존재로 묘사된다.

10　"원형극장에서 공연된 그리스 비극은 무대 밑 합창단과 무대 위 배우들의 대사와 연기로 이루어진다. 영웅이나 왕후들의 비극이나 몰락에 맞춰, 극장의 가장 낮은 곳에 위치한 합창단으로부터 땅속에서 끓어오르는 듯한 탄식의 노래가 울려 퍼지는 경우가 많다. (...) 우리들의 근대적인 상식으로 말하자면, 합창단은 오페라의 오케스트라 박스를 차지하고 있다고 볼 수 있다. 필수적이면서도 반주를 담당하는 부차적인 역할을 하고 있는 것이다. (...) 니체는 이 합창단이야말로 비극의 무대이며, 근본이며, 역사적인 면에서 비극의 기원이라고 주장한다. (...) 합창단이 노래하는 것은 디오니소스 신의 종인 사티로스가 부르는 광란의 노래인 디튀람보스(酒神을 찬양하는 노래)이다. (...) 합창단이 노래하는 사티로스의 노래는 디오니소스가 디오니소스임을 나타내는 환희와 고뇌의 표현이다. (...)고뇌는 아폴론적인 미적 가상이 됨에 따라 구제되는 것이다. 이 가상은 현실을 실제보다도 아름답게 보이는, 즉 꾸며 보이는 듯한 근대적 리얼리즘의 의미에서의 예술적 현상이 아니다. 고뇌 그 자체가 고뇌임을 그대로 인정하며 아름다움으로 전환시키는 것이다." (미시마 겐이치, 『니체의 생애와 사상』, 남이숙 옮김, 한국학술정보(주), 2002, 81-3쪽.)

5. 니체는 『비극의 탄생』에서 도덕이 아닌 예술이 인간의 본래적인 형이상학적 활동이라는 것을 제시한다. 또한 세계의 존재가 단지 미적인 현상으로서만 정당화된다는 암시적인 명제도 여러 번 등장시킨다. 니체는 이렇게 모든 사건의 배후에 존재하는 예술가의 진의(眞意), 예술가의 배후 의미를 이 책에서 표현하고 '신'으로 비유한다. 그 신은 완전히 무모한 성격의 반도덕적 예술가로서의 신이다. 그는 세계를 창조하면서 충만과 충일(充溢)의 고난으로부터, 그리고 자신 내부의 급박한 대립의 고통으로부터 자신을 구원한다. 세계는 매 순간 신의 구원이 실현된 상태이다. 그래서 세계는 가장 고통받는 자, 그 자체 내에서 가장 대립 상극하는 자, 가장 모순에 가득 찬 자인 신이 영원히 변전(變轉)하면서 영원히 새로운 환영인 것이다. 신은 세계라는 가상 속에서만 자신을 구원할 수 있다. 니체는 이것을 예술가-형이상학이라고 표현한다.

니체는 『비극의 탄생』에서 도덕 자체를 현상의 세계 속에 포함시키고, '현상' 아래뿐만 아니라 가상, 망상, 오류, 해석, 가식, 예술로서의 '착각' 아래로 끌어내리려 하는 철학을 피력한다.[11] 그리고 이러한 반도덕적 경향의 깊이는 도덕적 주제에 대한 가장 빗나간 도식화로서의 기독교를 통해 헤아릴 수 있다고 말한다.[12] 니체가 표현하는 기독교는 자신의 절대

---

11 프리드리히 니체, 『비극의 탄생』, 박찬국 옮김, 아카넷, 2007, 29쪽, 각주 23번 참조.
12 "기독교는 허약한 자와 재능 없는 자, 병약한 자와 동정심을 불러일으키는 자의 보존을 지향하며, 또한 바로 이들을 배척하고 근절시키라고 재촉하는 인류의 건강 회복 과정을 저지하고 역행한다. 이는 니체가 보기에 진정한 데카당스(쇠퇴, 퇴폐)의 징후이다. 인간 유형의 의미가 더 이상 최상의 본보기가 아니라 대중, 다시 말해 평범함이 존재하기 시작한 이래, 가장 강건하고 무적의 특성이 아니라 특수성의 포기, 허약한 자들과 비천한 자들에 대한 굴종이 도덕적 이상이 되어버린 이래 인간종족의 타락이 시작될 수밖에 없었다. (...) 니체는 단지 이러한 도덕을 부정하는 것일 뿐 도덕 그 자체를 부정하는 게 아니다. 그는 오히려 도덕에 새로운 내용을 부여하기를 원한다."(게오르그 짐멜, 『근대 세계관의 역사』, 김덕영 옮김, 길출판사, 2007, 149쪽.)

적인 척도와 자신이 믿는 신의 진실성을 가지고, 모든 예술을 거짓의 영역으로 추방한다. 니체는 그러한 기독교적 사고 이면에서 삶에 대한 적개심, 삶에 대한 원한과 복수심에 가득 찬 혐오를 감지했다고 말한다. 그리고 기독교는 처음부터 본질적이고, 근본적으로 삶이 삶에 대해서 느끼는 구토와 염증이었고, 오직 도덕적 가치만을 인정하려고 하는 무조건적 의지를 가졌다고 표현한다. 또한 자신에게 기독교는 삶에 있어서 가장 깊이 든 병, 피로, 불만, 쇠진, 빈곤의 징후로 생각되었다고 말한다.

결국 니체는 기독교에서의 삶은 경멸과 영원한 부정의 무게에 짓눌려 갈망할 가치가 없는 것으로서, 그 자체가 무가치한 것으로서 느껴져야만 한다고 말한다. 니체는 도덕과 근본적으로 대립되는 삶에 대한 가르침과 평가, 즉 순수하고 예술적인 하나의 반(反)기독교적인 가르침과 평가를 고안했다고 말한다. 그리고 니체는 그것을 디오니소스적인 것이라 불렀다.

6. 니체는 『비극의 탄생』에서 자신이 수행했던 과제에 대해 유감을 표하고 있는데, 그것은 칸트와 쇼펜하우어의 정신과 취향에 근본적으로 대립되는 낯설고 새로운 가치평가를 그들의 정식에 따라 표현하려 했던 점이다. 특히 쇼펜하우어의 체념주의[13]와는 아주 다른 자신의 입장에 유감스러워 했고, 더 더욱 유감스러워 한 점은 자신에게 열려진 그대로의 웅대한 그리스적인 문제를 가장 근대적인 사태와 혼합해 버림으로써 그

---

[13] "쇼펜하우어는 이 세상의 모순은 해결할 수 있는 것이 아니라, 종교라든지 예술에 의해서밖에 벗어날 수 없다고 하는 염세주의를 강조한다. 그러나 인간은 그 욕망의 본성(살려는 의지)에 의해 온갖 것을 만들어내는 존재지만, 그럼에도 불구하고 이 욕망 이외에 인간 삶의 존재 이유는 있을 수 없다고 말하는 것이 니체의 요지다." (다케다 세이지, 『니체 다시 읽기』, 윤성진 옮김, 서광사, 2001, 57쪽.)

것을 망쳐버렸다는 사실이다. 니체는 그것이 바로 독일의 최근 음악을 토대로 '독일적 본질'에 대해서 헛소리를 지껄인 자신의 실수라고 표현하면서 당시의 독일 음악14을 가장 비(非)그리스적이라 비판한다. 하지만 니체는 자신의 실수를 도외시한다면, 『비극의 탄생』에서 제기되고 있는 디오니소스적 대(大)의문은 음악에서도 계속해서 적용된다고 말한다. 이러한 의문이란 디오니소스적 기원을 갖고 있는 음악은 독일 음악과는 다르게 낭만주의적 기원을 갖지 않고, 어떤 성질을 갖고 있어야 하는가 이다.

7. 니체는 여기서 자신의 주장에 대해 의심한다. 그것은 지금까지의 주장이 유혹적이며 낭만주의적이지 않은가 하는 의심이다. 여기서 니체는 예술가-형이상학에 나타나 있는 것 이상(以上)으로 현실이나 근대적 이념에 대한 깊은 증오가 드러날 수 있는지를 묻는다. 하지만 다시금 독자에게 부탁한다. 엄숙함과 공포를 견디기 위한 모든 자기 교육에도 불구하고, 낭만주의자들처럼 형이상학적 위로를 얻어 기독교적으로 끝나 버리면 안 된다는 것을 부탁한다.

그래서 니체는 새로운 예술, 즉 형이상학적 위로의 예술을 괴테의 『파

---

14 "니체는 근대성을 대변하는 대표자로서 음악가 바그너를 꼽고 있다. (...) 1875-1876년 사이에 저술된 『반시대적 고찰』 중 『바이로이트 리하르트 바그너』에서 아직 니체는 바그너의 음악성을 높이 평가하고 있지만, 말년에 이르러서는 바그너라는 인간에 대한 적대감을 노골적으로 표현할 뿐만 아니라 그의 음악을 퇴폐적 근대성의 대표로 지적하고 있다. (...) 바그너는 쇼펜하우어의 '의지의 부정'을 바탕으로 삼은 음악을 만들 뿐 아니라 그것을 드라마화 함으로써 음악의 본질을 퇴색시킨다. (...) 바그너가 대변하는 근대음악은 오페라를 성립시킴으로써 음보다 관객이나 배우들의 말과 태도를 더 중요시하기 때문에 노예도덕을 대변한다. (...) 바그너의 근대음악은 생동하는 창조적 힘에의 의지를 차단하고 보지 못하므로 그것은 도덕적·기독교적 퇴폐주의로 추락하고 말았다."(강영계, 『니체와 예술』, 한길사, 2000, 84-5쪽.)

우스트』에서 찾는다. 니체는 우리가 이러한 위로의 예술을 배워야 하며, 전적으로 염세주의자로 남아 있기를 원한다면 '웃는 것'15을 배워야 한다고 주장한다. 그리고 그의 저서『차라투스트라는 이렇게 말했다』16에서 차라투스트라17를 말한다.

"웃는 자의 이 왕관, 나는 이 왕관을 스스로 내 머리에 썼노라. 그리고 나 자신이 나의 웃음을 신성한 것이라 말했노라. 그렇게 해줄 만큼 강한 자를 나는 타인들 중에서는 아직 발견하지 못했기 때문이다. (...) 춤추는 자 차라투스트라여, 날개로 신호하는 가벼운 자 차라투스트라, 모든 새들에게 신호하면서 날아오를 준비가 끝난 자, 지복에 가득 찬 가벼운 자,
예언자 차라투스트라, 진정으로 웃는 자 차라투스트라, 성급하지 않은 자, 절대자가 아닌 자, 높이 뛰어오르기와 옆으로 뛰기를 좋아하는 자, 나는 스스로 이 왕을 썼노라!"

---

15 '웃음'이라는 개념은 '위버멘쉬', '영원회귀'와 같은 니체의 개념들과 직접적인 연관을 갖는다. 니체가 여기서 웃음을 통해 주장하려는 바는 바로 디오니소스적 웃음, 즉 그 자체로 모든 것에 대한 긍정이다.(고병권,『니체의 위험한 책, 차라투스트라는 이렇게 말했다』, 그린비, 2003, 247-63쪽 참조.)
16 1883년 2월에 시작되어 1885년에 완성된 니체의 저작.
17 차라투스트라는 본래 페르시아 예언자로서 '조로아스터교'(배화교)의 창시자이다. '조로아스터'는 차라투스트라의 영어식 표기다. 조로아스터교는 이원론적 세계관으로 유명한 종교다. 유대-기독교를 비롯해 서구의 몇몇 종교에 나타나고 있는 선과 악, 신과 악마의 강력한 대립은 조로아스터교의 영향으로 간주된다. 그러나 니체의 차라투스트라는 선악이라는 도덕적 세계관을 극복할 것을 설파하고 있다. 니체의 차라투스트라와 고대 페르시아의 예언자 차라투스트라는 아주 상반된 가르침을 전하고 있다. 페르시아의 차라투스트라가 도덕적 세계의 탄생을 의미한다면 니체의 차라투스트라는 도덕적 세계의 몰락과 새로운 세계의 시작을 의미한다. 니체의 차라투스트라는 페르시아의 차라투스트라의 몰락이자 자기극복이며, 새로운 변신이라 할 수 있다.(고병권,『니체의 위험한 책, 차라투스트라는 이렇게 말했다』, 그린비, 2003, 64-7쪽 참조.)

웃는 자의 왕관, 장미꽃으로 엮은 이 왕관, 나의 형제들이여,
나는 이 왕관을 그대들에게 던진다! 나는 웃음을 신성하다고 말했노라.
그대들 높은 인간들이여, 나에게서 배울지어다 ―웃는 것을!"[18]

8. 이와 같이 위에서 기술한 내용들은 니체의 『비극의 탄생』 서문에 해당하는 「자기비판의 시도」를 요약한 것이다. 이렇게 요약한 이유는 『니체와 그리스 비극』의 전반적인 이해를 돕고자 하는 취지이다.

이 책은 지난 수년간 니체의 『비극의 탄생』을 중심으로 『니체연구』, 『철학』, 『동서철학연구』를 비롯한 여러 철학 및 『인문학연구』 등재학술지에 실린 내용들을 새롭게 수정, 보완 및 개정하여 『니체와 그리스 비극』이란 제목으로 편찬하게 되었다. 또한 이 책은 내용에서 미흡한 부분들을 장마다 대폭 새롭게 추가(특히 제3장, 니체와 쇼펜하우어, 그리고 바그너, 데카당스: 바그너의 경우) 보완하였고 책의 내용에 부합하는 사진들(28장)을 넣었다. 또한 기존의 등재지에 실렸던 글들의 각 장을 책의 제목에 부합하는 내용으로 새롭게 단장했다. 이렇게 이 책을 독자들에게 선을 보이게 되어 기쁘게 생각하지만, 얼마만큼 독자들에게 만족을 주었는지는 독자들의 몫에 맡길 뿐이다. 향후 독자들의 아낌없는 질정을 부탁드린다.

---

[18] F. Nietzsche, "*Also sprach Zarathustsra*": vierter Theil, in: *Sämtliche Werk. Kritische Studienausgabe in 15 Bänden*(=KSA 6), Bd. 8. G. Colliu.a.(Hg), München, 1999, p.87. 니체에게서 차라투스트라는 다층성을 보여준다. 1883년, 그의 기록에는 다음과 같은 목록이 발견된다. 예언자, 파괴자, 창조자, 연결하는 자, 발견자(바다), 춤추는 자― 웃는 자, 날아다니는 자― 승리하는 자(KSA 10, p. 596.) 니체의 차라투스트라에 대해 자세히 설명한 내용은 다음을 참조: 고병권, 『니체의 위험한 책, 차라투스트라는 이렇게 말했다』, 그린비, 2009; 뤼디거 슈미트, 『차라투스라는 이렇게 말했다』, 김미기 옮김, 이학사, 1999; 최상욱, 『차라투스트라는 이렇게 말했다 메타포 읽기』, 서광사, 2015.

이 책의 출판을 위해 애써주신 한국문화사 김진수 사장님, 영업부 조정흠 차장님, 편집부 정지영님, 디자인 담당 이사랑님을 비롯한 출판사 여러분께 감사의 말씀을 올린다.

대전 유성 궁동연구실에서
2017년 5월 양해림

차례

머리말 / v

제1장 니체와 그리스 비극: 인문정신과 3대 고전 비극작가 ········ 1

인문정신의 출발점 ·· 1
그리스 문화의 인문정신 ·· 9
고대 그리스 비극: 인문정신의 기원 ·· 16
그리스 비극의 3대 비극작가: 니체의 해석 ····································· 22
   1) 아이스킬로스 ·· 22
   2) 소포클레스 ·· 28
   3) 에우리피데스 ·· 35

제2장 니체와 그리스 비극: 소크라테스주의 비판 ················ 42

니체와 해체주의 ··· 42
니체의 초기 그리스적 사유 ·· 45
   1) 그리스 비극의 몰락: 소크라테스의 등장 ··························· 45
   2) 소크라테스의 앎의 지 ·· 50
   3) 그리스적 명랑성 ··· 55
   4) 플라톤적인 소크라테스 ··· 61
   5) 미학적 소크라테스 ··· 66
음악을 하는 소크라테스는 가능한가? ·· 71

제3장 니체와 그리스 비극: 쇼펜하우어와 바그너 ················ 75

니체와 쇼펜하우어 그리고 바그너 ··· 75
데카당스: 바그너의 경우 ··· 84

실존의 미적 정당화 ·· 90
　　1) 쇼펜하우어의 미적 정당화와 두 예술의 이중성 ········· 90
　　2) 본질적인 세계로서의 '의지' ··························· 100
　　3) 세계는 나의 표상이다 ································ 102
　　4) 맹목적인 삶의 의지 ·································· 104
그리스 비극의 이중적 구조 ···································· 106
　　1) 예술가-형이상학 ····································· 106
　　2) 근원적 일자 ··· 121

제4장 니체와 그리스 비극: 아폴론과 디오니소스 ·············· 128

포스트모더니즘의 선구자: 디오니소스 ·························· 128
예술 형이상학의 구조: 아폴론적인 것과 디오니소스적인 것 ······ 132
　　1) 아폴론적 예술 ······································· 132
　　2) 디오니소스적 예술 ··································· 145
디오니소스적 예술과 아폴론적 예술: 대립과 화해 ··············· 168

제5장 니체와 그리스 문화: 부르크하르트와 권력이론 ··········· 178

권력의지란 무엇인가? ·· 178
니체와 부르크하르트: 그리스 문화의 만남 ······················ 181
권력의 발생: 삶의 본질과 권력감정 ···························· 188
권력과 의미생성 ··· 195
권력의 성질: 정의와 환대 ···································· 201
베풂의 정치 ·· 205

제6장 니체와 그리스 비극: 들뢰즈의 해석 ········ 208
    니체해석을 통한 전통형이상학 비판 ········ 208
    니체의 플라톤주의 전복 ········ 211
    디오니소스적 삶의 긍정 ········ 216
    그리스의 비극적 세계관 ········ 223

제7장 니체와 그리스적 삶: 슬로터다이크와 트랜스휴먼 ········ 228
    트랜스휴먼의 탄생 ········ 228
    니체의 새로운 계몽: 고대 그리스적 삶 ········ 237
    사육하는 인간 ········ 244
    최후의 인간 ········ 248
    니체의 비판적 계몽작업의 재구성: 고대 견유주의의 회복 ········ 251

제8장 니체와 그리스 비극: 포스트-니체 ········ 257
    인문정신으로서의 디오니소스 ········ 257
    니체와 포스트 예술 ········ 261
    그리스 비극의 현대적 의미:
    포스트모던의 선구자로서 디오니소스 ········ 265
    포스트-니체 ········ 268
    니체와 트랜스휴먼 ········ 274

참고문헌 / 281
찾아보기 / 299

· 일러두기 ·

이 책을 전재하거나 활용한 저자의 논문은 다음과 같다.
부분적으로 제목과 각 장의 내용을 전면 재구성하고 보완했다.

제1장 「니체와 고대 그리스의 인문정신 −3대 고전비극작가를 중심으로」, 『동서철학연구』 제82호, 한국동서철학회, 2016.
제2장 「그리스 비극과 소크라테스주의 비판 −니체의『비극의 탄생』을 중심으로」, 『니체 연구』 제16집, 한국니체학회, 2009.
제3장 「니체의 실존적 비극과 쇼펜하우어의 예술철학과의 관계」, 『인문학연구』 제105호, 충남대학교 인문과학연구소, 2016.
제4장 「니체의 디오니소스적 예술관(I) −『비극의 탄생』을 중심으로」, 『철학』 59집, 여름호, 한국철학회, 1999.
「니체의 디오니소스적 예술관(II)」, 『철학』 제61집, 겨울호, 한국철학회, 1999.
제5장 「니체의 권력이론,」, 『동서철학연구』 제76호, 한국동서철학회, 2015.
제6장 「니체의『비극의 탄생』에 대한 들뢰즈의 해석」, 『니체연구』 제29집, 한국니체학회, 2016.
제7장 「니체와 트랜스휴먼 −슬로터다이크의 포스트휴머니즘론을 중심으로」, 『니체연구』 제23집, 봄, 한국니체학회, 2013.
제8장 제1장, 제3장, 제4장, 제6장, 제7장 결론 부분.

제1장 니체와 그리스 비극: 인문정신과 3대 고전 비극작가

인문정신의 출발점

기원후 2세기에 라틴어 문법학자인 겔리우스(Gellius)는 파이데이아(Paideia)라는 그리스어와 동일하게 'humanitas'를 사용했다. 파이데이아는 전문적인 과학 지식을 지칭하는 에피스테메(episteme)에 대치되는 말로서, 일반학, 또는 옳고 그른 것을 가려낼 수 있는 비판적 학문을 의미하였다.[1] 파이데이아는 능동적인 시민 양성을 위한 일반교양 교육을 나타내는 용어였다.

기원전 4세기, 소크라테스가 살던 시기에 아테네를 중심으로 그리스의 많은 도시 국가에서 청년들을 중심으로 글을 가르쳤다. 그 당시 소피스트는 글자 그대로 지자(知者), 식자(識者)를 뜻하였다. 그들은 문학적, 문예적, 정치적 문제들에 대해 점차로 증대해 가는 식자들의 관심으로 말미암아 이론적 토대를 제공하고자 했다. 기원전 5세기 중반부터 소피스트들이

---

[1] 장회익, 「동서양의 학문 세계, 어떻게 서로 다른가?」, 『삶과 온생명』, 솔, 1998, 22쪽. 파이데이아에 대한 자세한 내용은 다음을 참조: 오인탁, 『파이데이아: 고대 그리스의 교육사상』, 학지사, 2001.

그리스 도시국가의 젊은이들에게 실시한 사적인 교육에서 또한 그리스 · 로마 시대의 수사학자들이 실시한 고전 교육에서 기본이 되는 교육 내용이었다. 소피스트들의 이론은 곧 회의적, 상대적, 궤변적 양립론으로 대두되었다. 그들은 강한 이론을 약하게 하고 강한 이론을 더 강하게 하였다. 그래서 플라톤은 부유하고 뛰어난 젊은 사람들은 돈을 받고 그 댓가로 고용된 사냥꾼이라 비판하였다. 그들은 스스로를 처세술, 혹은 시민적 덕(aretē)을 가르치는 지지자들이라 자처하면서 시대적 조류에 편승하여 명예와 부를 축적하는 데 성공하였다. 이런 이유로 그들은 오늘날까지도 궤변가의 대명사로 불리기도 한다. 그러나 소크라테스와 크세노파네스는 이들을 궤변론자들이라 폄하하였다. 그러한 이유는 이들이 청년들에게 인간의 정신을 맑게 하는 덕(德)을 가르치지 않고 세상에서 출세하는 기술, 즉 문법·웅변술·수사학·변증론을 가르쳤고, 상대주의를 고취하여 사회의 혼란을 부추겼으며, 돈을 받고 글을 가르쳤다는 것이었다. 당시 그리스에는 'enkyklios paideia(기초교양교육)'이란 말이 있었는데, 소피스트들이 가르친 과목들이 기초교양교육의 역할을 하였다. 이들은 청년들에게 문법·웅변술·논리학·수사학·변증론 등을 가르쳤고, 이 과목들이 기초교양교육의 교과과정이 되었다. 시대가 흐르면서 위의 과목들에 산수·기하·음악·천문학 등이 추가되어, 기원전 146년 그리스가 로마에 정복당할 무렵 문법·논리학·수사학·변증론·산수·기하·음악·천문학이 자유학예(liberal arts)라 불리면서 널리 유포되어 있었다.[2]

중세에 이르러 'humanitas'라는 용어는 많이 쓰이지는 않았지만, 성 어거스틴을 위시하여 신부들에 의해 기본 교육 내용으로 채택되었다. 이 시대에는 인문학을 유익한 과목, 또는 교양 과목으로 과학·철학·역사

---

[2] 김영식, 『인문학 강의』, 철학과현실사, 2011, 16-7쪽.

이외에 수학·언어가 포함되었다. 이 시대 스콜라의 교과과정은 크게 신학·철학·자유학예(Artes liberales)의 순서로 나누어졌다. 특히 여기서 자유학예란 로마제국 후기에 철학의 예비학문으로 간주되었던 학문들에 부여한 이름을 뜻했다. 이 학문들은 '자유롭게 태어난 인간들에게 가치가 있는 활동형태'라는 의미에서 자유학예란 이름을 얻었다. 로마 시대의 정치사상가인 키케로(Cicero, B. C. 106-43)는 자유학예가 인간에 관한 연구라는 의미에서 '인문연구(Studia Humanitas)'라 명명했다. 말하자면 인문학의 용어인 'Studia Humanitatis'는 키케로가 이상적인 웅변가를 양성할 목적으로 만든 라틴어의 'humanitas dotrine'에서 유래한다. 여기서 그 의미는 인간성(humaneness)을 뜻하였고, 이러한 내용을 휴마니타스(humanitas), 즉 인문학이라 불리면서 '인문학'이란 말이 탄생했다. 기원전 1세기 로마 시대에 자유학예가 인문학으로 된 것이다. 이것은 그의 저서 *On the Orator*에서 'humanitas'라는 특별 프로그램의 하나로 사용되었다. 키케로는 소크라테스의 철학이 지나치게 추상적이어서 사람의 마음을 움직이는 데 미흡하다고 생각했다. 키케로는 말과 글은 담고 있는 내용뿐만 아니라 표현하는 그 자체로 사람의 마음을 움직이는 힘이 있어야 한다고 보았다.

그 이후 스콜라 철학자 보에티우스(Boethius, 480-523)와 카시오도루스(Cassiodorus, 477-565)는 자유학예를 '일곱 자유학예(Seven Liberal Arts)'로 정리하였다. 일곱 자유학예에서 먼저 3학과(學科)는 문법학·수사학·변증법·논리학 등 우리가 실제를 인식하고 표현할 때의 언어관련 화법의 학예(artes semocinales)로 구성되었으며, 4학과는 대수학·기하학·음악학·천문학 등을 다루는 실제적으로 관련된 학예로 구성하였다. 이것이 르네상스를 거쳐 1800년대에 학문이 분화되는 과정에서 화법에 관한 학문인 3학(學)이 '인문학'으로, 실제에 관한 학문인 4과(科)는 '자연학'으로 불리어 나누어지게 된다.[3] 위와 같이 인문학은 고대 그리스 시대를 거쳐 로마 시대,

중세시대, 그리고 르네상스 시대에 와서 그 절정을 이루었다.

15세기 이후 르네상스 시대에 이르러 이탈리아의 인문주의자들에 의해 'humanitas'라는 용어가 다시 부활되었다. 이들은 세속적인 문예 및 학술 활동, 즉 문법·수사학·시·역사·도덕철학·그리스 및 라틴어 연구는 신에 대한 연구가 아니라 인간과 고전에 대한 연구로 생각하였으며, 신학보다는 인간을 연구하는 인문학을 중시하게 되었다. 이른바 휴머니즘이라 불리는 '인문주의'는 독일의 니트하머(F. J. Niethmmer)가 1808년에 처음으로 사용하였을 때 중등 교육 과정에서 그리스와 라틴 문헌 교육을 지칭했다.[4] 18세기에 들어와 인문학의 교육 내용인 수사학·시·역사·도덕철학·고대 그리스·로마 시대의 언어 및 문학 등은 디드로(Diderat d'Alembert) 등의 프랑스 교육자들로부터 그리스어, 로마어 연구와 같은 고전 문헌의 연구에 치우쳐 있다는 비난을 받게 되었다. 그 이후 미국, 유럽 등의 교육기관에서 인문학에 수학을 더 포함하였다. 19세기에 이르러 인문학의 연구는 신학의 영역과 구별하기보다 내용적으로나 방법론적으로 자연과학과 어느 정도 선을 그음으로써 인문학의 정체성을 확립하려는 움직임을 보였다.[5]

그동안 니체의 그리스 시대 예술관에 대해 수많은 글이 소개되어 왔으나, 니체의 그리스 시대 예술관이 언제나 우리 곁에서 숨 쉬고 있던 인문정신이라는 사실을 간과한 측면이 있다. 특히 니체는『음악정신으로서 비극의 탄생』(1872)에서 소크라테스의 이성 중심주의를 강력하게 비판하고 있으나, 이 비판 또한 소크라테스의 이성 중심 논의의 연장선상에 있다

---

3 양해림,『대학생을 위한 서양철학사』, 집문당, 2015, 134쪽; 김영식,『과학, 인문학 그리고 대학』, 생각의나무, 2007, 40-51쪽.
4 강영안,「근대 지식 이념과 인문학」,『철학』제57집, 한국철학회, 1998, 99쪽.
5 박온자,『인문과학정보론』, 한국도서관협회, 1997, 3쪽.

고 해도 과언이 아니다. 따라서 이 장에서는 니체의 그리스 시대의 소크라테스적 예술관이 어떻게 인문정신과 부합되고 있는지 그 연원을 추적하여 현대의 관점에서 성찰해 보는 데 있다.

먼저 서구 정신사에서 그리스 시대 문화의 특징을 소상하게 인식한 철학자는 니체(Friedrich Willhelm Nietzsche, 1844-1900)였다. 니체는 『비극의 탄생』(1872)에서 그

니체(Friedrich Willhelm Nietzsche)

리스인은 인생이 끔찍하며, 불가해하고, 위태롭다는 것을 잘 인식하고 있었고, 그러한 염세주의에 저항했다고 말한다. 그들이 행한 것은 예술을 매개로 하여 세상과 인간의 삶을 변화시킨 인문정신이었다. 그들은 미적 현상으로 세상을 긍정적으로 말할 수 있었다. 그들에게는 이러한 태도를 취할 수 있는 두 가지 방식이 있었는데, 하나는 디오니소스적인 태도이고 다른 하나는 아폴론적인 태도이다.

여기서 니체는 자신만의 독창적인 인문 예술관을 전개했다.[6] 이것은 '예술의 생리학'이라고 불리는 니체의 후기 인문정신이라 할 수 있는 예술관이다. 예술의 생리학에서 니체는 예술가의 생의 긍정과 창작의 충동을 언급하면서 예술가의 몸을 중요하게 여기게 된다. 니체의 초기 비극적 예술관은 쇼펜하우어, 바그너, 고대 그리스의 세 영향 아래 형성되었다.

---

[6] 니체의 예술이론이 쇼펜하우어의 영향권을 벗어나지 못하고 있다고 말한다.(J. Young, *Nietzsche's Philosophy of Art*, Cambridge University Press: London, 1992, p.137.)

쇼펜하우어(Arthur Schopenhauer, 1788-1860)의 『의지와 표상으로의 세계』에서는 음악과 미술의 예술관과 형이상학적 요소를, 바그너(Richard Wagner, 1813-1883)에게서는 정신적 영웅관과 ≪트리스탄과 이졸데≫의 오페라에서 나타난 비극적 측면을, 고대 그리스 시대에는 고전 문헌학과 유리피데스, 소포클레스, 아이스킬로스 등 비극적 드라마의 예술관을 수용하였다.7

첫째, 니체의 『비극의 탄생』에서 쇼펜하우어의 영향은 엄청나다. 니체는 『비극의 탄생』에서 쇼펜하우어의 용어들을 상당 부분 따랐다. 특히 예술에 관한 쇼펜하우어의 철학과 예술의 가장 높은 차원의 형태로서 음악의 중요성에 관한 강조가 그러하다. 또한 아폴론적이고-디오니소스적인 배경을 이루는 두 세계의 구성, 즉 명백한 경험세계와는 반대로 진정한 형이상학적 세계는 쇼펜하우어의 영향을 받았다. 특히 칸트와 쇼펜하우어는 이러한 관점에서 공헌했다. 칸트는 니체로 하여금 우리가 이성적으로 아는 능력과 재능에는 한계가 있음을 받아들여 디오니소스적 지혜를 위한 여분을 남겨두는 데 영향을 미쳤다.

둘째, 니체는 『비극의 탄생』에서 바그너의 학문에 크게 영향을 받았음을 밝힌다. 니체는 이 책에서 바그너의 음악과 음악극에 관한 그의 관심을 표명한다. 니체는 바그너에 대한 경의를 표하고 있고, 니체가 주장한 비극의 재탄생을 바그너에 대해 존경을 표했다. 바그너는 그리스 비극에 대한 진보된 이해와 지식을 갖고 있었다. 그러한 지식을 배우기 위해 비극에 대해 명백한 시도를 했다. 이는 바그너가 니체에게 많은 영향을 끼친 것처럼 보이는 고전 학문에 대해 더 전문화된 측면들을 손보기 위해서였다.

셋째, 니체는 책을 쓰기 이전부터 고전 문헌학에 나타난 비극의 기원에

---

7 E. Witte, *Das Problem des Tragischen bei Nietzsche*, Halle, 1904, pp.12-13; Vgl. R. Öhler, *Nietzsches Verhältnis zur vorskratischen Philosophie*, Halle, 1903, p.1; V. Gerhardt, *Friedrich Nietzsche*, München, 1995, p.11.

대해 오랜 관심을 보였다. 비극이 디오니소스의 제전으로부터 발생했다는 전통적인 의견은 이미 오래되었다. 니체는 디튀람보스와 근원으로서 합창단의 중요성과 음악의 중요성을 강조했다.

하지만 니체가 비극의 기원에 관해 얼마만큼 전통적인 고전주의자들의 견해를 따랐는지 잘 알려져 있지 않다. 고전주의자들 사이에서 니체의 『비극의 탄생』에 대한 반응은 고전적인 학문의 관점으로부터 새로운 어떤 내용을 담고 있지 않았던 데에서 기인한다. 니체는 그리스 작품에 대한 규범적인 작업을 일반적으로 평가하자는 의견에 대체로 따랐다.[8] 이러한 작업은 고대 음악의 중요성과 본질에 대한 논의를 담고 있다. 그리고 니체는 수많은 연구를 통해 고전음악의 본질을 다루었으며, 이는 그가 그의 학생들에게 강의한 주제이기도 했으며, 고전학자로서 공헌한 것이기도 하다. 엑스타시스(extasis)에 관한 니체의 관점은 그리스 비극에 있어서 중요한 자료로서 깊숙이 관련되어 있다. 그리고 비극에 관한 아리스토텔레스의 비평적 논점을 광범위하게 활용했다. 하지만 바르텐부르크(Yock von Wartenburg)와 베르네이스(Jacob Bernays)에 대해 그들의 이름을 거론하지 않았고 인정하지 않았다. 이는 그 책이 몇 가지 측면에서 고전주의자들의 이론을 크게 자극시키지는 않았다. 예컨대 비극에 관한 아리스토텔레스의 관점에 대한 비평, 염세주의에 관한 칭찬, 빙켈만과 괴테에 의해 그려진 조화로운 그림으로부터 그리스에 대한 관점을 다소 다르게 드러냈다. 소크라테스와 플라톤에 대한 엄격한 비평을 위해, 그리고 고전문헌에 대해 에우리피데스에 대한 비평과 당시 고전학문에 있어서 유행하고 있었던 실증주의에 반대하기 위해서였다.

---

[8] 주요하게는 두 권, 세 권으로, 나중에는 몇 개의 판으로 개정되거나 출판되었다. K. O. Müller, *Geschichte der griechischen Litteratur*(1857년 Breslau 제2판), G. Bernhardy's *Grundriβ der grichischen Litteraltur*, Halle, 1836-1845.

쇼펜하우어의 경우와 마찬가지로 니체는 바그너의 예술에 대립하여 자신만의 예술철학을 전개했다. 니체는 삶의 근원인 고통을 마주보고, 긍정하는, 고통받는 자의 예술인 디오니소스적 예술을 바그너의 예술에 대립되는 것으로 제시하면서 예술의 생리학을 기술했다. 니체는 『비극의 탄생』에서 디오니소스적인 것으로 삶을 긍정하는 비극론을 제시한다. 니체의 모든 저서에서 등장하고 있는 디오니소스, 또는 디오니소스적인 것은 니체철학의 핵심으로 자리매김한다. 야스퍼스(Karl Jaspers, 1883-1969)에 의하면 니체의 '디오니소스'나 '디오니소스적'이라는 용어를 일관된 의미로 파악하기는 매우 어렵지만, 니체의 디오니소스적인 것에 자신의 철학을 전체적으로 총괄했다.9

니체는 그리스 문화에서 비극 해석10의 특징을 가장 집약적으로 보여주는 결정적인 두 요소가 바로 아폴론적인 것과 디오니소스적인 것의 대립 쌍이라고 말한다. 그래서 니체의 그리스 문화의 비극 해석은 두 메타포에 대한 다양한 검토를 필요로 한다.11 따라서 니체의 그리스 비극은 그의 『비극의 탄생』에서 크게 세 가지로 나누어 인문정신의 흔적을 추적해 볼 수 있다. 첫째는 그리스 비극론이다. 그가 예술의 모범으로서 제시한 아폴론적인 것과 디오니소스적인 것의 융합의 결실인 그리스 비극에 관한 것이다. 둘째는 음악 예술론이다. 이는 니체가 강조했던 그리스 음악정

---

9 K. Jaspers, *Nietzsche*: *Einführung in das Verständnis seines Philosophierens*, Walter de Gruzter: Berlin, 1950, p.344.
야스퍼스의 니체해석에 대한 자세한 내용은 다음을 참조. 백승균, 「야스퍼스의 니체해석」, 『칼 야스퍼스 비극적 실존의 치유자』, 한국야스퍼스학회 엮음, 철학과현실사, 2008, 79-122쪽.
10 형이상학적 비극 해석이란 말은 역으로 보자면 비극에 대한 사회 정치적 해석의 배제를 함축한다.(Silk & Stern, 앞의 책, p.69.)
11 강대석, 『미학의 기초와 그 이론의 변천』, 서광사, 1984, 165쪽.

신으로부터 비극이 탄생한다는 것이다. 셋째, 비극의 몰락에 대한 예측이다. 니체는 소크라테스주의의 낙관적 이론주의를 비판함으로써 비극의 몰락을 예측한다. 이 장에서 우리는 그리스 시대를 한정하여 니체가 보았던 그리스 3대 비극작가를 중심으로 그들의 인문정신을 살펴보자.

그리스 문화의 인문정신

그리스 문화에 대한 연구는 인문·사회학자들로부터 끊임없이 지속되어 왔다. 그들은 고대 그리스인의 세계 속에서 자신들이 놓치고 있는 영혼의 고결함과 완전함의 체험과 더불어 그리스 세계의 '전체적인 인간(whole man)'을 그리스 문화에서 찾고자 했다.[12] 말하자면 비극·극장·민주주의·역사·정치학·천문학·수사·철학 등 모든 것들이 고대 그리스 문화에서 유래한 말이자 인류에게 남긴 위대한 유산들이다. 고대 그리스에서 처음으로 비극이 극장에서 상연되었고, 민주주의가 등장해 다른 정치체계와 역사의 공간 속에서 옳고 그름을 겨루었다.[13] 문화연구가들은 이러한 그리스 세계로 돌아가 문화의 부흥을 꾀했다. 니체도 이러한 기존의 독일학자들의 그리스 문화 연구에 영향을 받았다. 그러나 이전의 독일학자들과 니체는 그리스 문화를 해석하는 방식에서 다소 차이를 보였다.

무엇보다 그리스 문화의 꽃은 비극이다. 잘 알려져 있듯이, 아이스킬로스(Aischyos, B. C. 525-456), 소포클레스(Sophokles B. C. 497-406), 에우리피데스(Euripides B. C. 480-406)를 고대 그리스의 3대 작가로 손꼽는다. 현재 남아

---

12 M. S. Silk & J. P. Stern, *Nietzsche on Tragedy*, Cambridge University Press: Cambridge·London, 1981, p.4.
13 김주일, 「이성의 빛을 발견하다: 그리스 정신」, 『문명이 낳은 철학, 철학이 바꾼 역사 1』, 이정우 엮음, 도서출판 길, 2016, 213쪽.

괴테 　　　　　　　　　　 빙켈만

있는 작품 가운데 가장 오래 공연된 것은 아이스킬로스의 『페르시아인들』로 기원전 406년까지 66년 정도이다. 이 기간 동안에 고대 그리스 비극을 활발하게 공연한 것으로 추측한다.[14]

니체 이전의 그리스 문화에 대한 견해는 주로 빙켈만(Johann Winckelmann, 1717-1768)과 괴테(Johann Wolfgang von Goethe, 1749-1832)에 의존한 것이 많았다.

빙켈만은 고대 그리스인에게서 이상의 체현을 보았다. 특히 그는 그리스 전체 삶의 양식이 아름다움에 의해 지배되고 있으며, 그리스 정신의 완성은 아폴론적인 정적인 조화에서 나타난다고 주장했다. 그는 초기 저서 『그리스 미술 모방론』(1764)[15]에서 그리스 조각을 '단순한 고요'와 '고요한 위대'[16]의 현현(顯現)으로 표현하면서 이러한 그리스 정신의 체현

---

14 이동용, 『니체와 함께 춤을』, 이파르, 2015, 30쪽.
15 요한 요아킴 빙켈만, 『그리스 미술 모방론』, 민주식 옮김, 이론과 실천, 2012.

을 조형예술, 특히 조각에서 보았다. 빙켈만에 의하면 그리스인의 관념에서 전형적인 것은 중간적이고 적합한 것에서 생겨나며, 이러한 것들은 아름다움을 의미했다. 바로 이러한 그리스의 이상이 조형 예술의 여러 장르 가운데서, 특히 조각을 탄생시켰다. 동시에 이는 빙켈만이 그리스의 조각에 몰두하게 되는 근거가 되었다.[17] 그러한 빙켈만의 생각은 그리스의 조각 '라오콘 군상'에서 뚜렷하게 드러난다. 라오콘의 얼굴에서는 격심한 고통으로 인해 근육은 팽창되고, 신경은 끊어질 듯이 위험한 상태에도 불구하고, 영혼의 위대함과 평정이 나타난다. 이러한 라오콘은 버질(Virgil)의 시에서 등장하는 영웅과 달리 울부짖지 않는다. 라오콘에게서 육체의 고통과 영혼의 위대함은 동등하게 균형을 이룬다.[18] 라오콘의 모습은 고통에 직면하여 비통하게 절규하는 것이 아니라 고요한 정신의 위대함을 잘 표현하고 있다. 빙켈만은 라오콘에 나타난 이러한 고요한 정신을 모든 그리스 미술을 관철하는 정신으로 본다.

괴테 역시 빙켈만과 마찬가지로 그리스 정신의 이상을 '조화'에서 찾는다. 괴테가 파우스트(Faust)의 제1권에서 '고대 세계의 은빛 형상(der Vorwelt silberne Gestalten)'이라 말했던 것은 빙켈만에 의해 정초된 그리스의 이상적 모델의 형상이었다.[19] 니체는 '그리스 정신'의 개념에 토대를 마련한 빙켈만의 업적을 인정한다. 그러나 빙켈만이 라오콘을 스토아적인 인물로 해석한 것[20]은 니체에게 있어서 비판의 대상이 된다. 라오콘이

---

16 기정희, 『빈켈만 미학과 그리스 미술』, 서광사, 2000, 99쪽.
17 위의 책, 99쪽.
18 M. S. Silk & J. P. Stern, 앞의 책, p.5.
19 괴테의 고전적인 드라마인 'Iphigenia in Tauris'에서 괴테의 격정적인 여주인공은 조용하고 조화로운 결말을 맞이하는데 이것은 빙켈만의 그리스 정신의 업적을 나타낸다.(M. S. Silk & J. P. Stern, 위의 책, p.6.)
20 쇼펜하우어, 『의지와 표상으로서의 세계』, 곽복록 옮김, 을유문화사, 2003, 289쪽.

LivioAndronico (2014)

라오콘 군상

스토아적인 인물이라는 빙켈만의 해석은 소크라테스(Socrates, B. C. 470-399)의 정신으로부터 비롯된 것이기 때문이다. 따라서 니체는 비극을 죽음으로 이끈 장본인이었던 소크라테스의 정신에 영향을 받은 빙켈만을 비판한다. 니체는 빙켈만과 괴테가 이론적으로 다듬어 놓은 '그리스적'이라는 개념을 디오니소스적 예술의 요소를 찾아볼 수 없다고 비판한다.

"빙켈만과 괴테가 형성시킨 '그리스적'이라는 개념을 검토해 보고, 그런 식으로 이해된 개념이 디오니소스적 예술을 발생시킨 요소, 즉 주신제와는 양립할 수 없다는 사실을 발견하게 되면, 그리스적이라는 개념은 우리에게 완전히 다른 감명을 준다. 사실 나는 이런 류의 것을 그리스적 영혼의 가능성들에게서 철저하게 배제해 버렸을 것이라는 점을 의심치 않는다. 그 결과 괴테는 그리스인을 이해하지 못했다. 왜냐하면 디오니소스적 심리상태에서야 비로소 헬레네적 본능의 근본적 사실이 표출되기 때문이다. 즉, 삶에의 의지가 말이다."[21]

니체의 관점에서 그리스적 본성이라는 것은 괴테와 빙켈만이 제공했던 고전주의에 의해 알려진 모습과 다르다는 것이다. 비록 괴테와 빙켈만이 그리스 문화에 대한 고전적인 관점을 일반적인 의견으로 뒤따른다 할지라도 그들은 음악과 디오니소스를 무시하고 고통의 체험에서 비롯되는 그리스의 미를 잘못 보았다고 니체는 진단한다.[22]

니체는 그리스 예술을 설명하는 원천인 아폴론적인 것과 디오니소스적인 것은 그리스 예술이 단순히 가상의 아름다움만이 아니라, 삶의 기본적인 어두운 충동과도 연관이 있었다고 한다. 니체는 그리스 문화의 이해를 명랑성, 조화, 아름다움에만 초점을 두었기 때문에 디오니소스적인 요소를 제대로 보지 못했다고 말한다. 이런 측면에서 니체는 빙켈만과 괴테도 그리스 문화를 충분히 이해하지 못했다고 비판한다. 니체는 그리스 문화에서 디오니소스적인 요소를 발견한 공적을 자기 것으로 돌렸다.[23] 즉, 빙켈만과 괴테는 그리스 문화를 조화와 아름다움으로만 이해하고 있었기 때문에 삶의 기본적인 어두운 충동이라 할 수 있는 디오니소스

---

21 N. Friedrich, *Sämtliche Werk, Kritische Studienausgabe, in 15 Banden,* Giorio colli/Mazzino Montinari, Bd. 1. Walter de Druyter: Berlin·New York, 1980, p.20.('KSA'로 생략하여 표기함.) KSA 6, 158쪽.
22 백승영, 『니체』, 한길사, 2011, 246쪽.
23 E. "Die Auffassung des Dionysischen durch die Brüder Schlegel und F. Nietzsche", in: *Nietzsche Studien* 12, 1983, p.335.

적인 요소를 제대로 알지 못했다. 그래서 빙켈만과 괴테가 형성한 그리스적이라는 개념은 니체에게 다른 감명을 주었다.[24] 니체는 괴테가 그리스적 영혼의 가능성을 철저하게 배제해 버렸을 것이라는 점을 의심하지 않았다.

니체는 『우상의 황혼』(1888)에서 괴테를 비극적 예술가의 범례적 인물로 본다. 니체가 보기에 괴테는 행위 하는 선의 파멸에서 힘의 생명력 있는 좋은 상태를 향유할 수 있었다.[25] 비극적 예술가에게서 괴테는 "행위의 실천적 선(善)"과는 범주적으로 다른 선이 있었다. 예술가의 힘은 행위 하는 선의 파멸 속에서 스스로를 자유롭게 만들고, 실천적 선의 힘으로부터 벗어나서 그 밖의 선에 몰두한다.[26]

니체에게 있어서 디오니소스야말로 삶의 의지이며, 죽음과 변화를 넘어서 있는 삶의 의지를 부르는 긍정이었다. 이런 점에서 니체는 그리스 문화의 이해를 그리스적 명랑성, 조화, 아름다움에만 주로 초점을 맞추었던 빙켈만과 괴테에 대해 비판한다.[27] 그래서 니체는 그리스 정신의 디오니소스적 요소를 자신이 처음으로 발견했다고 자부한다.

니체는 『비극의 탄생』에서 지금까지 근대문명을 주도해 왔던 소크라테스의 이성주의와 유럽도덕의 원천인 기독교를 퇴폐로 간주하여 삶의 실존을 회복하기 위한 대안으로서 예술을 제시했다. 예술만이 삶의 근원적 고통과 부조리함에서 인간을 구원하여 삶을 부정하는 형이상학적 힘

---

24 프리드리히 니체, 『니체전집』, 15, 백승영 옮김, 책세상, 2004, 201쪽.
25 Ch. Menke, *Kraft ein Grundbegriff ästhetischer Anthropologie*, Frankfurt. a. M., 2008, pp.122-23.
26 Ch. Menke, 위의 책, p.123.
27 F. Nietzsche, "Die Geburt der Tragödie", *Sämtliche Werk, Kritische Studienausgabe, in 15 Banden*, Giorio colli/Mazzino Montinari, Bd. 1. Walter de Druyter: Berlin · New York, 1980, 20쪽.('GT : KSA'로 생략하여 표기함.)

독일 바이마르의 괴테-실러 동상   프랑크푸르트 시내의 괴테 동상

에 맞서 삶을 긍정하고 건강한 삶으로 만들어 준다. 니체는 이러한 예술의 본질을 그리스 문화의 정수(精髓)라 할 수 있는 그리스 비극에서 보았다. 니체에 의하면 그리스 문화에서 최고의 업적은 디오니소스적 요소와 아폴론적인 요소의 융합에 있었다. 그리고 그는 이러한 두 요소의 융합에서 문화적 토대를 보았다. '참다운 문화'란 디오니소스적인 요소인 삶의 힘을 아폴론적 특징인 형식과 아름다움에 대한 사랑과 통일하는 것이다. 여기에 기존 학자들과는 다른 니체의 그리스 문화에 대한 독창적인 해석이 담겨 있다.

니체는 예술을 세계의 가장 깊은 첫 통로이며, 가장 근원적인 이해라고 파악한다.[28] 니체는 그리스 비극에서 그리스 문화를 이끄는 근원적인 힘

---

28 오이겐 핑크, 『니이체 철학』, 하기락 옮김, 형설출판사, 1984, 16-7쪽 참조.

을 보았고, 참다운 예술의 모범을 목격했다. 니체에게서 비극은 삶의 참된 본성이며, 삶의 본질을 밝히는 핵심이다. 이처럼 니체에게 있어서 비극은 중요하고 독창적인 의미를 갖는다. 니체가 『비극의 탄생』에서 궁극적으로 의도한 바는 예술은 본질적으로 실존의 긍정이며, 삶의 공포와 두려움까지도 긍정하여 창조적인 삶의 힘을 고안해 내는 것이다.

고대 그리스 비극: 인문정신의 기원

그리스 비극의 기원은 정확한 결론을 내릴 수 있는 자료가 거의 없다. 하지만 대부분의 학자들은 비극의 기원을 디오니소스를 기리는 디튀람보스(dithyrambos: 환희의 찬가)[29] 합창단의 그리스 산양(山羊)에서 찾았다. 비극의 어원은 그리스어 'tragikos'에서 유래한다. 'tragikos'는 'tragohdia'에서 파생되었다. 이것은 'tragos(Bock, 산양)'와 'ohdäh(Gesang, 노래)'의 합성어다. 말하자면 비극은 산양의 탈을 쓰고 술 마시고 노래하는 축제에서 유래했다. 산양은 디오니소스의 다른 모습인데, 신화에 의하면 제우스는 헤라에게서 자신의 아들인 디오니소스를 보호하기 위해 산양으로 변신시켜 요정에게 맡겼다고 전해진다. 이를테면 디오니소스 축제는 아버지 제우스의 명령으로 갈기갈기 찢겨 죽은 디오니소스를 추모하는 행사였다. 왜 그리스인은 비극적인 사건을 흥에 북돋는 즐거운 축제로 바꾸어서 기념했는가? 그 이야기 내면에는 아주 무시무시한 내용이 숨겨져 있다.

그들은 신이 살해되면 그 시체를 뜯어먹는 것이 그 당시 내려온 관습이었다. 그들은 신의 육신을 먹으면 신의 영험함이 자신에게 되돌아온다고 믿었고, 이 때문에 신이 그 대리자의 목을 베는 날에는 흥겨운 축제가

---

[29] 아리스토텔레스, 『시학』, 천병희 옮김, 삼성출판사, 1994, 330쪽.

벌어졌다. 유럽에서 매년 초봄에 행해지는 카니발은 글자 그대로 인육을 먹는다는 뜻인데 원형이 바로 이것이다. 성자의 유골이 영험하다고 믿었던 그 당시 사람들은 가끔 성자를 죽여 그 시체를 끓는 물에 푹 고아 삶아 뼈와 살을 분리시킨 다음에 그 뼈를 몸에 지니고 다녔다고 한다. 그 뒤로는 인간 대신 산양이나 염소 같은 짐승들이 죽어 나갔다. 포도의 신이자 주신(酒神)인 디오니소스는 때로는 산양과 동일시되어 사람들은 인육(人肉) 대신에 염소나 산양을 먹으며 즐겼다.[30] 이렇게 그리스의 비극은 디오니소스 축제에서 불렀던 노래 디튀람보스(Dythrmbus)에서 비롯되었다. 디튀람보스는 주신 디오니소스에게 경의를 표하며 부른 일종의 행렬 찬가였다.[31] 비극은 이와 같이 비극적으로 탄생했던 것이다.

디오니소스 숭배사상은 기원전 13세기경 소아시아로부터 그리스에 유입되었다. 기원전 7-8세기에 이르면 디오니소스를 경배하는 축제에 이미 합창무용 경연대회가 열렸다. 이 무용에 디오니소스 신을 숭앙하는 디튀람보스가 뒤따랐다. 디튀람보스의 어원은 잘 알려져 있지 않지만, 앞서 언급했듯이 그리스의 'tragikos'에서 유래했다. 디튀람보스에 최초로 문학적 형식을 부여한 사람은 아리온이다. 그는 코린토스에 있을 때 처음으로 원형 합창대를 조직하여 이들로 하여금 일정한 주제를 가진 시를 피리의 반주에 맞춰 노래하게 했다. 디튀람보스의 출발지는 도리스인의 지역이지만, 완전히 성숙하게 된 것은 페이시스트라토스와 그의 아들들이 통치하던 아테네에서 디오니소스 제전과 관계를 맺기 시작한 때부터였다. 최초의 디튀람보스 경연은 기원전 509년경 아테네에서 개최되었다. 최초의 승리자는 칼키스의 히포디코스였다. 하지만 디튀람보스는 기원전 4세

---

30 양해림, 『미와 아트, 대중문화와 만나다』, 집문당, 2014, 14쪽.
31 존 깁슨 워리, 『그리스 미학』, 김진성 옮김, 그린비, 2012, 85쪽.

기부터 쇠퇴하기 시작했다. 니체 역시 디오니소스적인 것으로서 디튀람보스를 비극의 근원지로 본다. 디오니소스의 숭배의식은 디튀람보스에서부터 나왔으며, 황홀경에 몰두하는 것으로 설명된다. 이러한 황홀과 자기망각으로부터 디오니소스적인 서정시가 나왔으며, 여기서 그리스 비극의 드라마가 전개되었다.[32]

그 당시 시민 모두가 참여하는 행사였던 그리스 비극[33]의 드라마는 가면 없이 시작했고, 관객도 없었다. 이러한 그리스 비극은 합창단과 관객의 구분이 필요 없었다. 니체는 비극을 근원적으로 이러한 합창이고 그 이외에 어떤 것도 아니라고 말한다. 그는 이와 같은 합창단을 무대의 유일한 '관조자(觀照者, Schauer)', 환상세계의 '이상화된 관객'[34]이라 표현한다. 그리스인의 비극 합창단은 무대를 바라보면서 자기 자신을 합창단의 일원인 것처럼 생각했다. 그들은 거인 프로메테우스를 눈앞에 바라보고 있다고 믿으며, 자신이 무대의 신과 똑같이 실재하는 몸이라고 생각한다. 그 순간 그리스인은 개별화의 원칙이 파괴된 자연과의 통일을 경험하면

---

32 천병희,『그리스 비극의 이해』, 문예출판사, 2009, 16-8쪽 참조.
33 니체의『비극의 탄생』에서 보듯이, 그는 학생시절 바그너의 음악을 듣고 그의 추종자가 된 니체는 바그너의 예술에서 비극정신의 체현을 본다. 그러나 니체는 1888년『바그너의 경우』에서 바그너의 음악을 쇼펜하우어의 철학과 마찬가지로 데카당스하다고 규정하기에 이른다. 그는 바그너를 질병이라고 간주하면서 바그너가 음악까지 병들게 했다고 비난한다.(Versuch einer selbstkritik 5; KSA 1, 12쪽.) 이렇게 니체의 인문정신은 바그너와 쇼펜하우어로부터 많은 영향을 받았다. 우연한 계기로 쇼펜하우어의『의지와 표상으로서의 세계』를 접하게 된 니체는 초기에는 쇼펜하우어의 형이상학에 의존하여 그의 예술철학을 전개한다. 니체는 쇼펜하우어를 따라 세상과 인간의 세계에 자신을 전개해 나가는 '원형적 통일체(Primordial Unity)'를 가정한다. 그리고 그는 인생을 끔찍하고 비극적인 것으로 묘사하고 예술, 창조적 천재의 작품에 의한 인생의 변화에 대해 말한다.
34 Friedrich Nietzsches, *Sämtliche Werk, Kritische Studienausgabe, in 15 Banden*, Bd. 1. *Geburt der Tragödie*, Munchen, 1980.(이하 'GT : KSA 1'라 약기하여 표기함.) GT 1: KSA 1, 16쪽.

서 자신과 하나가 된 자연의 본질을 느끼게 된다.35

비극은 기원전 6세기 말에 테스피스(Thespis)36가 아테네에서 비극적 서정시를 부르는 합창단과 대사를 외우는 배우를 결합함으로써 초기 형태를 갖추게 되었고, 대(大)디오니소스 제전의 일부가 됨으로써 오늘날 우리가 알고 있는 형태를 이루었다. 디오니소스의 전설을 읊고 그 신이 인간들에게 베푼 공덕을 칭송하고 기리는 춤과 노래인 디튀람보스는 음유시인이나 춤꾼으로 이루어진 합창단에 의해 행해졌다. 그 뒤 기원전 7세기 중반에 합창단을 이끈 우두머리인 음유시인이 자신의 즉흥시를 노래하기 시작하면서 축제 양식에 큰 변화가 생겼다. 이런 즉흥시가 인기를 끌자 기원전 7세기 후반에 활동하던 아리온(Arion)은 자신의 시로 디튀람보스를 꾸몄다. 합창단에게는 디오니소스 신의 시종인 사티로스(Satyros)의 의상을 입게 해 더 인상적인 볼거리를 만들었다.

사티로스는 디오니소스제(祭)의 합창단원으로서, 신화와 종교의 승인 아래 종교적으로 받아들여지는 현실 속에서 살고 있다. 그와 함께 비극이 출발했다는 점, 그로부터 비극의 디오니소스적 지혜가 선포된다는 점은 합창단으로부터 비극이 탄생되는 것만큼이나 우리에게 불가해한 현상이다. 니체는 가공의 자연 존재인 사티로스와 문화인과의 관계는 디오니소스적 음악과 문명과의 관계와 같다고 주장한다.37 그리스인은 이러한 사티로스 합창단에 자신의 모습을 투영하고, 그것에 몰입함으로써 자신의 개별성을 포기한다. 이렇게 자신들이 사티로스로 변하면서 그들은 비극 속에서 구현되는 신의 모습과 자신을 일치시킨다. 그리스 비극은 이러한

---

35 GT 1: KSA 1, 16쪽.
36 기원전 6세기의 음유시인.
37 GT 1: KSA 1, 57-8쪽.

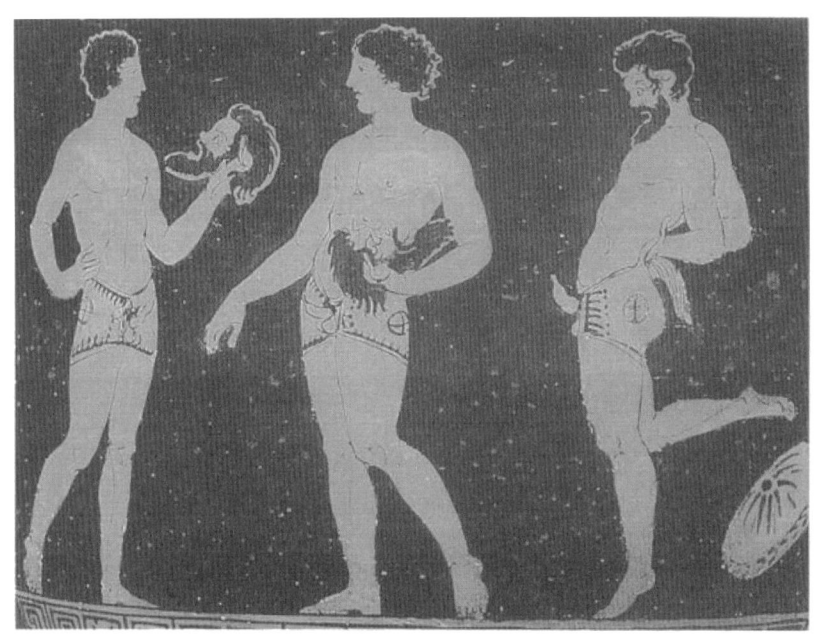

티폴리 화가로 추정, 사티로스 극을 준비하는 배우 아푸리아 출토 (B. C. 380년경)

사티로스의 모습 속에서 디오니소스적인 것과 아폴론적인 것의 합일에 이르게 된다.

> "사티로스 합창단은 대중이 떠올리는 환영이며, 무대 위의 세계는 사티로스 합창단이 떠올리는 환영이다. 이 환영의 힘은 충분히 강력해서 현실이 주는 느낌에 대항하여, 주위 관람석에 자리 잡고 있을 교양 있는 관객들의 시력을 둔화시키고 마비시킬 수 있을 정도다."[38]

그리스인은 디튀람보스 합창단 속에서 현실의 고통을 모두 잊어버리

---

38 GT 1: KSA 1, 59쪽.

고 개별화의 원칙에 대해 파괴를 경험한다. 그들은 모든 사회영역 밖에서 살면서 무시간적인 신의 시종, 즉 디오니소스의 시종이 되어 버렸다.[39] 비극이란 디오니소스적 합창단이며 아폴론적 현상세계 속에 끊임없이 새롭게 자기를 발산시켜 정화되어 가는 과정이다. 이러한 주신(酒神) 찬가의 합창단은 무대 위에서 상연되는 비극을 몸으로 느끼게 됨으로써 연극적 환영을 자신의 진실로 받아들이게 된다. 니체는 다른 모든 예술보다 뛰어나고, 색다른 성격과 기원을 가진 음악을 비극의 요소로 간주한다. 음악은 다른 예술처럼 현상의 모사가 아니라 직접 의지 그 자체의 모사이다.[40] 음악에 대한 니체의 이러한 견해는 쇼펜하우어의 영향이라고 볼 수 있다.[41] 비극은 음악적 열광을 완전히 자신 안에서 소화시킴으로써 완성된다. 비극에는 생동하며 꿈틀거리는 음악이 있고, 이 음악에 맞추어 춤추는 신화 속 영웅들이 있다. 음악과 신화를 통해 배우와 관객을 하나의 코러스로 통일할 때 비극은 성립된다. 이러한 비극은 디오니소스적인 디튀람보스 춤 속으로 배우와 관객을 흡수함으로써 우리에게 황홀한 자유의 감정을 느낄 수 있게 한다.[42] 니체는 『우상의 황혼』(1888)에서 고대 그리스인의 디오니소스적 삶의 방식에 대해 다음과 같이 말한다.

> "삶 자체에 대한 긍정이 삶의 가장 낯설고 가장 가혹한 문제들 안에도 놓여 있는 것이다. 자연의 최고 유형의 희생을 통해 제 고유의 무한성에 환희를 느끼는 삶에의 의지 —이것을 나는 디오니소스적이라 불렀으

---

[39] GT 1: KSA 1, 61쪽.
[40] GT 1: KSA 1, 103쪽.
[41] A. Schpenhauer, 『의지와 표상으로서의 세계』, 곽복록 옮김, 을유문화사 2003, 3. §.46. 289쪽 3. §52.322-36쪽 참조.
[42] GT 1: KSA 1, 134쪽; 강영계, 『니체와 예술』, 한길사, 2000, 125쪽; 강영계, 『아티스트 니체』, 텍스트, 2014.

며, 비극시인의 심리에 이르는 다리로 파악했다."[43]

니체는 디오니소스적인 삶의 긍정을 통해 그리스 비극시인들의 삶의 의지에 주목했다. 디오니소스적인 상태에서 격정적으로 자극된다. 그래서 디오니소스적 상태는 모든 표현 수단을 한꺼번에 분출시키고, 재현, 모방, 변형, 그리고 변화의 능력을 갖는다. 디오니소스적 상태는 모든 종류의 흉내와 연기를 동시에 내뿜는다. 그 상태에서 본질적인 것은 능숙한 변신, 반응을 하지 않고는 견디지 못하는 성질을 띠고 있다. 어떤 종류의 암시를 이해하지 못한다는 것은 디오니소스적 인간에게는 불가능한 것이다. 디오니소스적인 인간은 격정의 어떤 신호일지라도 간과하지 않으며, 그가 최고 단계의 전달 기술을 갖고 있듯이, 이해하고 알아차리는 데에서도 최고 단계의 본능을 가지고 있다. 이렇게 디오니소스적인 것은 모든 피부와 격정의 내부로 들어간다. 그는 자신을 계속해서 변모시킨다.

그리스 비극의 3대 비극작가: 니체의 해석

1) 아이스킬로스(Aischylos)

먼저 고대 그리스 비극의 인문정신의 이해를 위해 그리스 3대 비극작가 행적의 고찰을 필요로 한다. 왜냐하면 니체는 『비극의 탄생』에서 아이스킬로스, 프로메테우스, 에우리피데스를 등장시켜 자신의 이론을 전개하고 있기 때문이다. 니체는 예술이라는 이름으로 연결된 아폴론과 디오니소스라는 두 예술의 신이 형이상학적 기적에 의해 부부가 되어 비극이라는 예술품을 낳는다고 보았다.[44] 이러한 극적인 결합의 절정은 아티

---

[43] 프리드리히 니체, 『니체전집 15』, 백승영 옮김, 책세상, 2004, 203쪽.

카 비극에서 나타나는데, 여기서 비극개념의 모델이 놓여 있다. 비극의 창시자인 아이스킬로스는 에우포리온의 아들로 아티카의 데메테르 여신을 받드는 비교(秘敎)의 중심지 에레우시스에서 출생했다. 그의 집안은 옛 신관직(神官職)을 맡아보는 귀족의 가문이었다. 그는 젊어서 극작가에 입문했으나, 기원전 484년에 이르러서야 비로소 빛을 보았

아이스킬로스

다. 그는 기원전 458년 희곡 ≪오레스테이아(Oresteia)≫ 상연 후 시칠리아를 다시 방문, 2년 뒤 이 섬의 젤라에서 죽었다. 그는 모두 90여 편의 비극을 쓴 것으로 전해지고 있으나 현재 남아 있는 것은 ≪포박된 프로메테우스(Promtheus Desmts)≫(B. C. 460)를 포함한 7개의 비극 밖에 없다. 그는 청년시절에 클레이스테네스의 개혁과 민주화의 물결을 겪은 후, 기원전 482년 페르시아군의 침공을 맞는다. 『비타』45에서 "아이스킬로스는 마라톤 전에는 형 키네케이로스와 함께, 살라미스 전에는 막내 동생 아메이니아스와 함께 참가하고 플라타이아 전투에도 참가했다"고 전한다. 그가 마라톤 전에 참가했을 때 형 키네케이로스는 페르시아 군선의 뱃머리에 기어오르다가 도끼에 팔이 잘려 사망했다고 하며, 아이스킬로

---

44 GT 1: KSA 1, 32쪽.
45 『비타』는 그리스 비극에 관한 메디치 사본의 서문에 수록되어 있는 것으로 전체 18절로 이루어져 있다.

페터 파울 루벤스 <포박된 프로메테우스>(1618)

스도 여러 군데 부상을 입어 실려 나갔다고 전한다. 니체는 아이스킬로스(Aeschylos, B. C. 525-456)⁴⁶의 비극인 ≪포박된 프로메테우스≫의 '프로메테우스'에 대해 상징적으로 기술한다.

"그러므로 아이스킬로스의 프로메테우스가 가진 이중성, 즉 디오니소

---

46 천병희, 『그리스 비극의 이해』, 문예출판사, 33-39쪽.

스적이며 동시에 아폴론적인 그의 성격은 (…) 다음과 같은 공식의 개념으로 표현될 수 있다. 현존하는 모든 것은 정당하며 부당하다. 두 가지 면에서 동등한 자격을 가지고 있다. 이것이 너의 세계다! 그것이 세계라 불리는 것이다!"[47]

아이스킬로스의 프로메테우스는 디오니소스적이며 동시에 아폴론적인 이중적 특성을 지니고 있다. 말하자면 프로메테우스는 아폴론적 존재에서 디오니소스적인 존재로 변화하는 과정을 보여준다. 프로메테우스는 제우스로부터 인간을 위해 불을 훔쳐다 주고, 문명을 가르쳐 준다. 프로메테우스는 그의 동생인 에피메테우스와 함께 신들과 친한 것으로 전해온다. 이 신들은 새로운 종족(인간)에게 여러 가지 능력을 제공하도록 프로메테우스에게 위임했다. 전해져 오는 바에 따르면, 프로메테우스는 동물에게 모든 것을 주어버려 인간들이 출현했을 때에는 아무 것도 가진 것이 없었다고 한다. 그래서 그는 헤파이토스(Hephaistos)의 신성물, 즉 불을 가져왔다고 한다. 프로메테우스는 처벌받은 거인족으로 남아 있다. 그의 벌은 바위산에 묶여 간을 독수리에게 영원히 먹히는 것으로 알려져 있다.[48]

아이스킬로스는 프로메테우스 전설의 가장 심오한 핵심이 거인적으로 노력하는 개인은 필히 모독을 범한다고 보았다. 거인적 노력이란 인간이 신의 경지에 이르려는 노력을 일컫는다. 프로메테우스는 거인족이지만, 자신을 인간이라 믿는 거인족이다. 플라톤은 프로메테우스가 신들에게서 불은 훔쳤지만, 국가설립을 훔쳐 갈 능력은 없었다고 명확하게 말한다. 왜냐하면 국가설립은 제우스에게 있었고, 프로메테우스는 제우

---

[47] GT 1: KSA 1, 71쪽.
[48] G. W. F. 헤겔, 『헤겔의 예술철학』, 한동원·권정임 옮김, 미술문화, 2009, 254-5쪽.

스를 제압할 수 없었기 때문이다.[49] 인간이 신적인 존재가 되려는 노력은 개별적인 것이 보편적인 것에 도달하려는 영웅적 충동을 상징한다. 개별화의 속박을 넘어서 '하나'의 세계 본질 그 자체에 동화하려고 시도하는 경우, 개별적인 것은 사물 속에 숨겨져 있는 근원적 모순을 받아들이게 된다. 아이스킬로스는 프로메테우스가 모독 행위를 범하여 고뇌한다고 보았다. 그리고 그 열망의 대가로서 고통을 받는다. 따라서 그는 자신의 형벌을 필연적으로 받아들이고, 이러한 행위에서 비롯된 고뇌와 비애를 감수한다. 아이스킬로스는 프로메테우스의 이 행위를 '능동적인 벌'로 간주한다.

니체는 아이스킬로스의 '프로메테우스'[50]에서 동일한 행위가 숙명적으로 두 얼굴을 갖고 있다는 것에 주목한다. 즉, 그는 프로메테우스에게서 양자(兩者)의 공존을 확인한다. 여기서 니체는 "모든 존재하는 것은 정의롭고 동시에 정의롭지 않으며, 이 양자 안에서 동등한 권리를 갖고 있다"[51]라는 결론을 도출해 낸다. 니체에게 존재는 바로 세계를 의미한다. 니체는 이 작품의 근저에는 "정의를 향한 아이스킬로스의 깊은 끌림"[52]이 있었다고 말한다. 즉, 니체는 아이스킬로스가 대담한 개인, 프로메테우스를 내세워 신들의 세계인 올림포스를 정의의 관점에서 진단한다. 그래서 아이스킬로스의 정의관은 일종의 경계 긋기라는 의미에서 개별화를 드러낸다.

니체는 프로메테우스의 신화를 삶에 대한 의지, 경계를 뛰어 넘으려는

---

49 위의 책, 250쪽.
50 지혜로운 거인족 프로메테우스는 아이스킬로스의 비극에서 제우스로부터 '불'을 훔쳐 인간에게 주고 벌을 받는 부분부터 시작한다.(아이스킬로스, 『아이스킬로스 전집』, 천병희 옮김, 도서출판 숲, 2009. 프로메테우스 편 참조.)
51 GT 9: KSA 1, 94쪽.
52 GT 9: KSA 1, 96쪽.

행위, 즉 "모독"과 "고통"⁵³으로 표현한다. 니체에 따르면, '개별화의 원리'⁵⁴는 한 개인이 개별성의 세계를 뛰어 넘어 보편성의 세계, 즉 세계의 본질이 되고자 하는 충동에 사로잡힐 경우 사물에 내재하는 근원적 모순을 감내해야 한다. 다시 말해 모독을 저지르고 고뇌를 경험할 운명에 처하게 된다. 왜냐하면 개인과 개인의 경계 긋기를 위배함으로써 '모독'은 필연적으로 등장한다. 즉, 니체는 개인의 경계를 넘어섬으로써 고뇌하는 프로메테우스에게서 삶에 양면성을 확인한다.

니체는 아이스킬로스 비극에서 개별화와 삶의 의지에 대한 대립의 고뇌를 강조한다. 여기서 그는 에우리피데스를 제외한 그리스 비극작가들의 삶에 대한 강렬한 의지를 통해 주인공으로 삼았다. 프로메테우스는 긍정적이고 예술적인 인간상을 강조한다. 즉, 비극 주인공들의 뒤에는 하나의 '신성(神性)'이 존재하는 데 이것이 바로 니체가 디오니소스라 일컫는 것이다. 따라서 진정한 비극의 모습은 투쟁하는 주인공이라는 가면 뒤에 "개별의지"⁵⁵가 숨어 있다. 그러므로 아이스킬로스의 비극신화에서 무대 위에 등장해서 말하고 행동하는 비극 주인공의 내적 열망은 결국 방황하고 노력하고 고뇌하는 개인과 유사하다.

니체는 프로메테우스의 거인적 노력이 지향하고 있는 것이 바로 디오니소스적인 것으로 간주한다. 그리고 프로메테우스는 개체 간의 경계선

---

53 GT 10: KSA 1, 107쪽.
54 "개별화의 원리는 세계의 본체인 불합리하며 맹목적인 의지를 인간 주관에 대해서 개개의 형상으로서 나타나게 하는 원리이다. 니체는 이러한 원리에 대응하는 것을 아폴론적인 것이라고 불렀고 그것의 본체에 해당하는 맹목적인 의지를 디오니소스적인 것이라고 명명하고 있다. 디오니소스적인 것과 아폴론적인 것 각각은 의지와 표상, 본질과 현상, 진리와 가상 각각에 상응한다."(프리드리히 니체,『비극의 탄생』, 박찬국 옮김, 아카넷, 2007, 57쪽.)
55 위의 책, 82-3쪽.

을 긋고 아폴론적인 것을 초월하는 것이라고 설명한다. 문명의 불을 훔쳤던 프로메테우스는 인간 세계에 거대한 모순과 고뇌를 가져 온 자로서 단죄해야 마땅한 자가 아니라, 오히려 커다란 희열과 도취를 초래한 자로서 인정되어야만 하는 존재이다. 아이스킬로스는 비극의 신화적 영웅의 모습을 통해 인간의 전 존재를 망라하는 근원적인 것을 탐구한다.[56]

니체는 여기에서 아이스킬로스를 통해 문명은 인간세계에 새롭고 거대한 모순을 초래하게 하였지만, 그것을 부정할 것이 아니라 오히려 이 사태를 있는 그대로 시인해야 한다는 사고방식을 보여주는 것이다. 여기에 『비극의 탄생』의 가장 핵심적인 개념이 있다. 그리스 비극에 있어서 '비극'이라는 개념의 본질은, 인간이 욕망하는 본성에 의해 여러 가지 모순을 만들어 버리는 존재임에도 불구하고 이 모순을 받아들이고 더욱 더 삶을 욕구한다는 데 있다. 즉, 어떠한 고뇌에도 불구하고 삶을 시인한다는 것, 이것이 인간 존재의 본질이며, 그러한 생각의 중심에 '비극' 개념의 핵심이 있다.

2) 소포클레스(Sophokles)

니체는 자신의 유고집에서 "소포클레스(Sophokles, B. C. 497-406)[57] 시대는 해체의 시대이다"[58]라고 단언한다. 왜냐하면 소포클레스 시대는 전쟁의 참상 속에서 그리스인의 인생관은 새롭게 변화하고 있었기 때문이다. 소포클레스는 아이스킬로스 비극의 기교적인 부분에 탈피함으로써 성장할 수 있었다. 소포클레스는 페리클레스 시대를 대표하는 원숙한 시인이며

---

56 GT 7: KSA 1, 84쪽
57 천병희, 『그리스 비극의 이해』, 문예출판사, 77-85쪽.
58 프리드리히 니체, 『유고(1869년 가을-1872년 가을)』, 정동호 옮김, 책세상, 2007, 18쪽.

비극의 완성자로서 동시대 사람들 사이에서, 그리고 르네상스 이후에서도 그 성가(聲價)가 높다. 소포클레스는 아테네 교외의 콜로노스에서 출생했으며 아버지가 부유한 무기 상인으로서 최고의 교육을 받았다. 또한 아름다운 용모와 재능을 타고 났고, 집안이 기사(騎士)신분에 속하였다. 그는 작가로서 그리고 명예로운 일생을 보냈다.

소포클레스

그의 비극 작법은 3기로 나눈다. 초기는 아이스킬로스풍의 장중 화려한 작풍이고, 중기는 엄밀한 기교주의이며, 후기는 원숙기로서 등장인물의 성격과 일치하는 문체로 씌어 있다. 현존하는 7편을 연대순으로 보면 ≪아이아스(Aias)≫, ≪안티고네(Antigone)≫, ≪오이디푸스 왕(Oidi pous Rex)≫, ≪엘렉트라(Elektrai)≫, ≪트라키스의 여인(Trchiniai)≫, ≪필로크테테스(Philoktetes)≫, ≪콜로노이의 오이디푸스(Oidipous epi Kolni)≫ 등을 썼다. 소포클레스는 페르시아 전쟁에서부터 펠로폰네소스 전쟁이 끝날 때까지 전란의 일생이라 할 수 있다. 그는 살라미스 해전 때 코로스로서 찬송가를 부른 15-16세의 소년에 불과하였으나, "펠로폰네소스 전쟁이 발발"[59]

---

[59] 아테네와 스파르타 사이에는 그리스 세계의 주도권을 놓고 경쟁이 시작되었는데, 그 경쟁은 반목과 갈등으로 변질되었으며, 마침내 전쟁으로 발발했다. 이 전쟁은 아테네의 페리클레스 제안에 따라 아테네와 스파르타 사이에 일어난 전쟁이다. 기원전 431년에 시작하여 404년까지 30년 가까이 진행되었다. 일종의 소모전이 되었고 두 도시국가는 기나긴 전쟁으로 소진되어 갔다. 결과는 아테네가 더욱 참담했으며, 페리클레스의 탁월한 연설과는 다르게 아테네는 오랜 전쟁에 시달리다

했을 때에는 65세의 고령이었음에도 장군으로 두 번 임명되어 참전했으며 고위 재무직을 역임하기도 했다. 그러나 이러한 적극적인 전쟁 경험에도 불구하고 그의 작품에는 정치성이 희박하며 전쟁에 대한 언급은 그다지 나타나지 않는다.

소포클레스는 페리클레스와 각별한 친분관계에 있었던 것으로 알려져 있으며, 그의 관직취임에도 연관이 있는 것으로 보인다. 이온의 전언에 의하면 페리클레스는 소포클레스에 대해 시를 잘 쓰나 장군의 일은 잘 알지 못한다고 평하였다. 소포클레스는 페리클레스의 정치가로서의 역량을 충분히 인식하고 높이 평가하였고, 그러한 평가는 ≪안티고네≫의 크레온 상과 ≪오이디푸스 왕≫의 오이디푸스 상에서 명백히 인지할 수 있다. 오이디푸스는 페리클레스 통치하에서 펠로폰네소스 전쟁이 발발한 상황과 상당한 유사성을 띠고 있다.

펠로폰네소스 전쟁이 발발하자 페리클레스는 스파르타의 침공에 대비하여 아티카의 주민들을 아테네 시내로 이주하게 하여 농성작전을 시행한다. 페리클레스로서는 최선의 정책이었으나 그것으로 말미암아 괴질이 발생한다. 오이디푸스가 괴질에 의해 결국 파멸한 것과 같이 페리클레스도 사망한다. 따라서 오이디푸스는 페리클레스의 운명의 신화적 표현이라고 할 수 있다. ≪오이디푸스 왕≫은 페리클레스가 사망한지 4년 후인 기원전 425년에 상연되었다.[60]

소포클레스는 단순, 명료, 아름다움과 같은 개념으로 비극을 표현한다. 니체는 이를 소포클레스 주인공들의 언어에서 발견한다. 즉, 니체는 삶의 개별성, 확실성, 그리고 명료성을 각인시킨다.[61] 그러나 니체는 표

가 결국 스파르타의 승리로 끝났다. 이 전쟁은 육상과 해상 모두에서 일어났다.(페리클레스 외, 『그리스의 위대한 연설』, 김헌 외 옮김, 민음사, 2015, 23쪽.)
60 김진경, 『그리스 비극과 시대정신』, 일조각, 1987. 236-7쪽.

면적이고 가시적인 주인공의 성격에 국한하지 않고 비극의 근본적인 문제에 집중한다. 이러한 관점에서 그는 구조적인 내면에 또 다른 가상이 존재함을 발견한다. 즉, 소포클레스의 비극에서 사용되는 언어는 "자연의 끔찍한 것"[62]을 구분했던 장치에 불과했다. 이런 의미에서 니체는 소포클레스의 주인공들도 일종의 개별화의 가면으로 이해한다. 여기서 니체는 "그리스적 명랑성"[63]의 개념을 소포클레스의 비극에서 찾아낸다.[64] 이 때 니체가 언급하고 있는 "그리스적 명랑성"은 그리스 문화 연구자 빙켈만과 커다란 차이를 보인다. 빙켈만은 당시 그리스는 '평온한 휴머니즘'의 시대이며 '명랑성이 지배하는 밝은 시대'라고 밝혔다.[65] 그러나 니체는 빙켈만적인 그리스관이 그 시대의 커다란 오해의 결과임을 지적한다. 니체는 그리스인이 삶의 고통을 예민하게 느끼고 있었으며, 그런 만큼 그리스인은 낙천주의적이기 보다는 염세적이었다고 생각한다.[66] 니체의 "그리스적 명랑성"은 소포클레스의 작품 ≪오이디푸스 왕≫에서 명백히 드러난다.[67]

---

[61] "소포클레스는 아이스킬로스의 화려함에서 벗어나고, 다음으로 자신의 엄격함과 기교주의를 극복하고 나서야 비로소 등장인물의 성격에 맞는 최선의 문제에 도달할 수 있었다."(소포클레스, 『소포클레스 비극 전집』, 천병희 옮김, 도서출판 숲, 2009, 517쪽.)

[62] 양해림, 「그리스비극과 소크라테스 비판 -니체의 『비극의 탄생』 중심으로」, 『니체연구』 제16집, 2009, 50쪽. 이 책의 제2장 참조.

[63] GT 9: KSA 1, 93쪽.

[64] 양해림, 위의 논문, 48쪽.

[65] 빙켈만은 그리스인에 대해서 기념비가 될 간단명료한 문장을 만들어 냈다. "그리스 조각상들의 고귀한 순박함과 온화한 위대함은 그리스 문학이 최고의 시대에 도달했다는 것을 입증하는 진정한 표지이다."(홀링데일, 레지날드, 『니체, 그의 사람과 철학』, 김기복·이지원 옮김, 이제이북스, 2004, 36쪽.)

[66] 고명석, 『니체 극장』, 김영사, 2012, 147쪽.

[67] 김진경, 『그리스 비극과 시대정신』, 일조각, 1999, 236-7쪽.

"소포클레스는 그리스 연극의 가장 비극적이 인물, 불행한 오이디푸스를 고귀한 인간으로 이해했다. 지혜로움에도 불구하고 오류를 저지르고 비참한 처지에 처할 운명을 타고난 인물, 그러나 그는 가혹한 수난을 거치고 난 후 드디어 복된 마력을 자기 주변에 발휘하게 되고, 이 마력은 그의 사후에도 지속적으로 영향을 미친다. 이 생각이 깊은 시인은 고귀한 인간은 죄를 범하지 않는다고 말하고 싶은 것이다. 그의 행동으로 인해 모든 법률, 모든 자연적인 행위, 즉 인륜적 세계가 멸망한다 해도, 바로 이 행동을 통해 무너진 세상의 폐허 위에 새로운 세상을 세우는 영향력이 높은 마력적 원이 그어진다. 소포클레스는 동시에 종교적 사상가로서 이것을 우리에게 말하고자 한다. 그는 우선 시인으로서 기이하게 얽혀있는 소송 사건의 매듭을 우리에게 보여준다. 재판관은 이 매립을 한 가닥 서서히 풀어나가지만, 결국 그것은 자신의 파국으로 이어진다. (...) <클로노스의 오이디푸스>에게서 우리는 이러한 명랑성을 보게 된다. 그러나 명랑성은 여기서 끝없이 미화되고 추앙되고 있다."[68]

그리스 비극에서 가장 비극적인 인물인 오이디푸스는 영웅적인 재능을 보유하고 있지만, 순간의 오류로 인해 비참하게 나락으로 떨어지는 운명을 타고난 자다. 니체는 오이디푸스를 "그리스적 명랑성"의 원형으로 보았다. 니체는 오이디푸스의 운명을 크게 친부를 살해한 자, 생모의 남편이 된 자, 스핑크스의 수수께끼를 푼 자, 즉 '삼위일체'라고 본다. 오이디푸스는 이를 인간으로서 자연스럽지 않은 행동을 함으로써 자연에 저항하여 승리한 것으로 이해했다. 오이디푸스 신화는 자연을 거역하는 만행을 저지르는 디오니소스적 지혜를 잘 보여준다. 또한 니체는 아이

---

[68] GT 9: KSA 1, 65-6쪽.

스킬로스가 프로메테우스를 통해 전달하고자 하는 점을 강조한다. 아이스킬로스가 묘사하고자 한 프로메테우스는 예술의 대가로서 인간을 창조하고 제우스신에 대항한 오만하고도 위대한 천재였다. 그로 인해 받을 영원한 고통은 지혜의 예술가로서 엄청난 자부심으로 끌어안고 있는 자다. 이처럼 아이스킬로스는 프로메테우스에게 아폴론적인 요소를 동시에 부여했다. 그렇기 때문에 우리는 프로메테우스에게서 디오니소스적이면서 아폴론적인 '이중성'을 가진 존재임을 알 수 있다.

결국 니체는 고대 그리스 비극에서는 오직 디오니소스적 고통만을 다루었고, 무대 주인공도 언제나 디오니소스가 가장한 인물이라고 보았다. 소포클레스에게 있어서 디오니소스적 고통이 무대에 실재하는 디오니소스적인 다양한 비극적 인물로 등장한다. 특히 오이디푸스는 투쟁하는 영웅으로 등장하여 방황하고 괴로워하는 인간 개인으로 나타난다. 즉, 자연의 내면에 있는 소름끼치고 끔찍한 본질을 가려주는 그리스인의 가면은 자연의 고통을 아는 그리스인에게 일종의 치료제 구실을 했다. 특히 니체는 소포클레스의 ≪오이디푸스 왕≫에서 이러한 해결 방식을 받아들인다. 그 이유는 아버지를 살해하고 어머니와 동침한 자신의 잔혹한 운명에 두 눈을 스스로 멀게 한 오이디푸스는 바로 비극의 원형이기 때문이다.

자연에 대한 끔찍한 저항이라는 이 작품의 신화는 주인공으로 하여금 자연 질서의 파괴를 통해 자연의 비밀을 밝혀낸다. 여기서 우리는 "지혜, 즉 디오니소스적 지혜는 소름 끼친다"[69]는 결론을 도출해 낸다. 더 나아가 니체는 "지혜의 칼끝이 지혜로운 사람에게 향하며, 지혜는 자연에 대한 범죄행위"[70]로 해석한다. 따라서 니체가 타락한 소포클레스라고 보는

---

[69] GT 9: KSA 1, 107쪽
[70] GT 9: KSA 1, 99쪽.

관점은 자연의 끔찍한 심연을 들여다 본 인간에게 하나의 "치유하는 자연"[71]으로서 진정한 삶에 가면을 들여댄다. 그러므로 이러한 가면은 하나의 '현상'으로써 인간의 예술충돌과 삶에 의지와 구별된다.

　소포클레스의 비극에서 니체는 아리스토텔레스의 견해와는 다르게 파악한다. 아리스토텔레스의 비극 이해[72]는 비극 주인공에 대한 공포와 동정을 통해서 나온 위험한 격정을 폭발시킨 카타르시스화에 대해 니체는 근본적으로 반대한다. 니체는 앞에서 언급한 것처럼, 죽음 그 자체에서 "생성하는 영원한 쾌감"[73]은 비극을 통해 알아챈다. 말하자면 니체는 주인공의 죽음을 보고 "개별실존의 공포"를 인지하는 순간 실존의 '쾌감'을 받아들인다. 주인공이 죽음의 순간에 우리가 실존의 쾌감을 갖게 되는 근본적인 원인은 그 죽음 자체가 현상에 불과하며, 의지의 영원한 생명은 이 죽음에 의해서도 결코 흔들리지 않기 때문이다. 따라서 니체의 형이상학은 가상이 근원적 일자를 고통으로부터 구원한다는 생각이 내재해 있다. 우리가 고통을 표상할 경우, 이는 하나의 생성하는 현상에서 출발한다. 그리고 표상에 근거한 가상에 의해 비로소 고뇌 속의 실존은 "실존에 대한 거대한 쾌감"과 일체가 된다. 이런 방식으로 니체는 비극적-디오니소스적 세계관을 "근원적 본질"로서 파악한다. 이런 점에서 니체에게 있어서 디오니소스는 "고뇌하는 실존"을 의미한다. 실존의 행복은 가상에

---

[71] GT 9: KSA 1, 100쪽.
[72] 아리스토텔레스의 비극정의는 다음과 같다. "비극은 진지하고 일정한 크기를 가진 완결된 행동을 모방하며, 쾌적한 장식을 가진 언어를 사용하되 각종 장식은 작품의 상이한 여러 부분에 제각기 삽입된다. 비극은 드라마적 형식을 취하고 서술적 형식을 취하지 않으며, 연민과 공포를 환기시키는 사건에 의하여 바로 이러한 감정의 카타르시스를 행한다."(아리스토텔레스, 『시학』, 천병희 옮김, 문예출판사, 2004, 6장 49쪽.)
[73] 리 스핑크스, 『가치의 입법자 프리드리히 니체』, 윤동구 옮김, 앨피, 2009, 46쪽.

서의 행복에서 가능하다.[74]

결국 삶에 대한 디오니소스적 긍정은 니체철학의 근본 사상을 형성했다. 그런데 그리스 비극 예술의 쇠락을 이어 간 인물은 소포클레스였다. 쇠락은 비극의 합창에 가해진 소포클레스의 공격에서 명백해졌다. 합창의 역할은 이제 배우에게만 한정되었다. 그 과정에서 합창의 본질은 파괴되고, 합창을 절멸하는 씨앗이 뿌려지게 된다. 소포클레스 이후의 연극에서는 인물 묘사, 심리 전개, 극적 자연주의가 새로이 부각됨에 따라 비판적 이성의 결정적인 역할이 강조되는 반면에, 합창 기능은 여러 단역들의 몫으로 돌아간다. 니체는 이러한 비극적 예술의 재구성을 통해 급속히 성장하는 소크라테스적·알렉산드리아 문화[75]를 미학적 측면에서 보완하는 것[76]이었다고 주장한다.

3) 에우리피데스(Euripides)

니체는 『비극의 탄생』에서 삶의 본질과 철학이란 무엇인지에 대해 근본적인 물음을 던진다. 니체는 삶의 본질 문제를 현상 이면에 존재의 가상으로 파악한다.[77] 아이스킬로스와 소포클레스의 비극 주인공은 현상 배후의 가상, 즉 삶에 대한 의지와 충동으로 삶의 본질을 드러낸다. 이에 반해 니체의 시각에서 에우리피데스(Euripides, B. C. 484-406)[78]는 현상에 주목했던 비극작가였다. 그는 아테네에서 출생했으며, 므네사르코스의 아들로 3대 비극시인 중 아이스킬로스, 소포클레스보다 뒤에 출생하였다. 그

---

74 앞의 책, 2009, 45쪽.
75 GT 8: KSA1, 116, 117쪽.
76 리 스핑크스, 앞의 책, 68-9쪽.
77 프리드리히 니체, 『유고(1869년 가을-1872년 가을)』, 책세상, 26쪽.
78 천병희, 『그리스 비극의 이해』, 문예출판사, 2009, 149-156쪽.

에우리피데스

의 전기적 자료는 다른 동시대 작가들과 마찬가지로 매우 빈약하다. 작품으로는 ≪알케스티스(Alkstis)≫(B. C. 438), ≪메데이아(Mdeia)≫(B. C. 431), ≪히폴리토스(Hippolytos)≫(B. C. 428), ≪트로이의 여인(Trades)≫(B. C. 415), ≪헬레네(Helen)≫(B. C. 412), ≪아울리스의 이피게네이아(Iphigeneia he en Taulidi)≫(B. C. 405), ≪바카이(Bakchai)≫(B. C. 405), ≪안드로마케(Andromach)≫, ≪헤라클레스의 후예(Hrakleidai)≫, ≪헤카베(Hekab)≫, ≪구원을 청하는 여인들(Hiketides)≫, ≪엘렉트라(lektra)≫, ≪발광한 헤라클레스(Hrakls mainomenos)≫, ≪타우로이의 이피게네이아(Iphigeneia en Taurois)≫, ≪이온(Ion)≫, ≪페니키아의 여인(Phoinissai)≫ 등이 있다. 에우리피데스는 애국적이었을 뿐만 아니라 전쟁도 반드시 부정적인 것은 아니라고 보았다. 그는 군사적 용기를 낮게 평가하거나 전사의 사기를 죽이는 것을 원치 않았다. "전장에서 싸우고 싶어 하는 젊은이, 그는 머리카락과 살을 가지고 있으나 용기는 그의 것이 아니다"라며 애국심을 고취하기도 하였다. 하지만 후기의 작품, 특히 기원전 415년에 발표된『트로이의 여인들』에서 트로이 전쟁의 멜로스 학살을 규탄하고 아테네 제국주의의 횡포를 고발한다. 이는 기원전 416년에 일어난 '멜로스섬 학살 사건'과 관계가 깊었다. 에우리피데스는『트로이의 여인들』에서 아테네 침략과 잔학성을 규탄하기보다는 전쟁의 비참함, 어리석음과 공허함, 승자와 패자, 어두운 숙명, 나아가 패자보다 오히려 비참한

에우리피데스와 디오니소스적 광란

승자의 운명을 묘사하고 있다.

   니체는 『비극의 탄생』에서 에우리피데스에게서 그리스 비극의 "몰락"을 목격한다. 즉, 에우리피데스가 신화의 참된 의미를 비극에서 배제함으로써 "음악의 창조적 정신"[79]마저 죽을 수밖에 없는 지경에 이르게 된다. 그 대신에 에우리피데스는 모방적인 음악을 적용하였으며 비극의 죽음

---

[79] GT 10: KSA 1, 104쪽.

이후에 "신(新)아티카 희극"[80]이 존재하게 되었다. 니체는 이러한 에우리피데스의 비극을 '아는 자만이 유덕하다'는 미학적 소크라테스주의를 충실히 따르는 '시적 결손과 퇴보'였다고 비판한다. 그리고 이것이 '철저한 비판의 산물이었고 대담무쌍한 이성의 산물'이었다고 비판한다.[81] 비극에서 디오니소스적인 요소를 제거하고 아폴론적 서사시의 효과를 얻는다는 것은 에우리피데스에게는 불가능하였다. 이로 인해 에우리피데스의 비극은 아폴론적 직관이나 디오니소스적인 도취가 아니라 냉철한 이성에 의해서만 판정해야 하는 것이 되었다.

에우리피데스의 비극은 신화를 해체시키고 디오니소스적 영웅의 모습을 사라지게 한다. 여기서 에우리피데스의 비극은 현실 인물을 통해 이성으로 파악한 현상세계에만 집중하게 되었다. 에우리피데스는 위대한 선배들의 여러 작품들에 대해 다시 알고자 하는 노력을 기울였다. 그러나 에우리피데스는 관객으로서 자신은 위대한 선배들을 제대로 이해할 수 없었다고 고백한다. 에우리피데스에게서 모든 감상과 창작의 근본이라 생각되었던 것은 바로 지성이었다.[82] 즉, 에우리피데스는 연극을 통해 그리스 민중을 계몽하고자 했다. 그리고 그 교사는 다름 아닌 에우리피데스 자신이었다. 그는 자기보다 열등한 능력을 가진 관객을 무시하고, 높은 지적 능력을 가진 몇 명의 관객만을 의식하였다. 이리하여 비극은 관객과 유리되었다. 급기야 그는 자기의 연극에 대한 판단력이 있는 관객은 단 두 명뿐이라고 하는 극단적인 생각으로 빠져들게 되었다. 그 중 하나는 시인이 아닌 사상가로서의 에우리피데스 자신이었고, 다른 하나는 고대

---

[80] GT 11: KSA 1, 119쪽.
[81] GT 11: KSA 1, 120쪽.
[82] GT 11: KSA 1, 121쪽.

비극을 모르며 그다지 중요시하지 않았던 두 번째 관객인 소크라테스였다. 에우리피데스는 소크라테스와 동맹을 통해 새로운 예술창조의 선구자가 되고자 했다.[83] 이 결합에 의해 고대 비극이 몰락해 갔다면, 결국 미학적 소크라테스주의는 비극을 죽이는 원인이었던 것이다.[84]

그리스 비극의 본질은 이제 무대 위에서 사라져 버리고 만다.[85] 이제 시가(詩歌)는 수백 년 동안 변증법적 철학이 신학에 대해 보였던 지위를 철학에 대해서도 취했다. 즉, 이는 '시녀'의 지위였고 시가에 주어진 새로운 위상이었다. 여기서 철학사상은 예술을 능가하고, 예술을 변증론의 줄기에 반드시 달라붙는 존재가 되도록 강요했다.[86]

니체는 소크라테스의 이론적 낙관주의에서 변증론자의 유형을 본다. 다시 말해 니체는 소크라테스가 지식의 변증법으로써 존재의 가장 깊은 심연에까지 도달할 수 있다는 망상에 사로잡혀 있다고 보았다. 소크라테스는 사유를 통해 존재의 근원에까지 이를 수 있으며 사유는 존재를 인식할 수 있을 뿐만 아니라 수정할 수도 있다는 흔들리지 않는 믿음에 사로잡혀 있다. 그러므로 무지한 자는 부덕한 자가 되고 마는 것이다. 이러한 소크라테스에게서 니체는 의식과 본능의 전도된 상태를 확인하게 된다.[87] 즉, 소크라테스에게는 "본능이 비판자가 되고 의식이 창조자가 된다."[88] 본능이 지니는 '창조적이고 긍정적인 힘'이 소크라테스는 결여되

---

[83] GT 11: KSA 1, 121쪽.
[84] GT 11: KSA 1, 122쪽.
[85] GT 12: KSA 1, 123쪽.
[86] GT 12: KSA 1, 124쪽.
[87] "니체의 관점에서 소크라테스는 기존의 예술과 윤리 모두를 단죄하면서 통찰의 결여와 현존하는 것들이 내적으로 전도해야 할 결론을 이끌어 낸다."(양해림,「그리스 비극과 소크라테스 비판」,『니체연구』16집, 2009, 45쪽. 이 책의 제2장 참조.)
[88] GT 10: KSA 1, 105쪽.

어 있으며, 반면에 과도한 "논리적 천성"이 있다. 소크라테스에게서 니체는 '이론적 세계관'을 인식하며 이와 대립되는 의미에서 신화에 바탕을 둔 비극적 세계관의 필요성을 역설한다.

그런데 소크라테스의 정신에 영향을 받은 비극작가가 바로 에우리피데스였다. 그는 소크라테스의 도움으로 연극에서 디오니소스적 요소를 배제한다. "에우리피데스는 아폴론적 관조 대신에 냉정한 사상을, 디오니소스적 황홀 대신에 불같은 격정"[89]을 도입한다. 아이스킬로스나 소포클레스의 연극에서 예언적 꿈은 후에 발생한 사건에 대해 갖게 되는 긴장관계에 있다. 이들은 "필연적인 일에 가면을 씌우고 우연적으로 보이게 만드는 고상한 예술가의 재능"[90]을 갖고 있다. 에우리피데스는 프롤로그[91]를 강조한다. 프롤로그에서 등장인물이 출연하여 자기는 누구이며 작품의 줄거리는 어떻게 진행될 것인지를 미리 말해 준다. 니체는 이러한 에우리피데스의 "합리주의적 방법"[92]을 소포클레스와 비교하면서 문학적 결함이며 퇴보라고 단정한다. 에우리피데스는 신화의 실재성을 배제하고 자기의 연극에 신의 진실성을 보장하기 위해 기계장치의 신을 도입한다. 여기서 관객은 신화를 전혀 느끼지 못하고 강한 사실성과 예술가의 모방능력을 느끼게 될 뿐이다. 그 결과 보편적인 것을 압도하는 '현상'의 승리만이 존재하게 된다.

---

[89] GT 11: KSA 1, 122쪽.
[90] 니체는 에우리피데스 연극의 프롤로그에서 등장인물이 자기의 신분 및 진행될 줄거리를 소개하는 것이 무대 기술에 적합하지 못하다고 비판한다. 동시에 이러한 "합리주의적 방법"을 현대의 극작가는 "긴장효과에 대한 방자하고 용서받을 수 없는 포기행위"로 표현할 것이라 역설한다.
[91] 프롤로고스(prologos)는 코로스가 오르케스트라(orchestra)에 등장하기 이전 부분으로, 드라마의 주제와 상황을 제시한다.(에우리피데스, 『에우리피데스 전집』, 천병희 옮김, 도서출판숲, 2002, 23쪽.)
[92] GT 12: KSA 1, 100쪽.

니체는 삶 자체가 격정적이고 비합리적이라 말한다. 그러나 니체는 쇼펜하우어에게서 구원의 한 방식이라는 의지의 부정과 금욕의 개념에는 크게 반발했다. 물론 니체에게서 쇼펜하우어 예술철학의 깊이를 탐구하는 것은 필요한 것이지만, 의지로부터의 도피를 모색하고 물질적인 개인의 존재를 경멸하는 삶의 부정적인 태도는 수용할 수 없었다.[93] 비극은 쇼펜하우어가 언급했던 "헬레네인"[94]들의 염세주의를 입증하는 사실과는 거리가 멀다. 비극은 오히려 그런 것을 거부하지 않는다. 오히려 삶 자체에 대한 긍정이 가장 낯설고 가혹한 문제일 수 있다. 따라서 니체는 그의 철학에서 삶을 부정하기보다 삶을 긍정한다.

니체는 『비극의 탄생』에서 그리스인도 인생이 끔찍하며, 불가해하고, 위태롭다는 것을 잘 알고 있었다고 말한다. 그럼에도 그리스인은 사람들에게 등을 돌리고 염세주의에 굴복하지 않았다. 그들이 행한 것은 예술을 매개로 하여 세상과 인간의 삶을 변화시키고자 했다. 그들은 그들 자신 삶의 예술현상에 대해 '그렇다'라고 긍정적으로 말했다. 그들에게는 이러한 태도를 취할 수 있는 두 가지 방식이 있었는데, 하나는 디오니소스적인 태도이고 다른 하나는 아폴론적인 태도였던 것이다.

---

[93] GT 3: KSA 1, 31쪽.
[94] 고대의 그리스인은 자신들을 헬레네스(Hellenes)라 부르고, 자신들의 나라를 헬라스(Hellas)라 불렀다. 헬레네스는 헬라스의 거주자들이라는 의미를 갖고 있다.(김재홍, 『그리스 사유의 기원』, 살림, 2013, 5쪽.)

제2장 니체와 그리스 비극: 소크라테스주의 비판

니체와 해체주의

전통적인 서양철학에서는 데카르트 이래로 인간이성을 매개로 회의하는 존재로 여기면서, 중세시대 신중심주의의 사회에서 인간의 이성을 중시하는 인간중심주의 사회로 점차 변화했다. 특히 데카르트는 중세 스콜라 학문에서 벗어나기 위해 새로운 방법을 찾고자 했다. 그는 우리가 확실히 믿을 수 있는 것, 우리가 확실하게 알 수 있는 것은 진정 무엇인가 하는 사색에 사로잡혀 있었다. 인간의 이성은 합리주의에 기초하여 천부적인 인간의 권리와 자율성을 보장하게 된다. 인간이 갖고 있는 이러한 이성의 능력은 절대적 진리, 보편적인 진리를 확보하는 계기를 마련한다.[1] 보편적 진리를 추구하고자 한 고대 그리스의 소크라테스 이래로 이성중심주의는 서양철학의 유산이 되었다. 근대 이후로 갈릴레오, 뉴턴,

---

[1] 데카르트의 현대성과 관련된 자세한 내용은 다음을 참조: 김우창, 「이성의 방법과 서사 -데카르트의 방법과 삶」, 『깊은 마음의 생태학』, 김영사, 2016, 62-99쪽; 이석재, 「데카르트」, 『데카르트에서 들뢰즈까지 -이성과 감성의 철학사』, 서울대학교 철학사상연구소 엮음, 세창출판사, 2015, 1-24쪽.

케플러 등의 과학 혁명가들을 비롯한 이성론자들과 영국 경험론자들에 의해 그 진보의 화살은 더욱 거세게 당겨졌다.

1980년대 이후 포스트모더니즘의 논의는 기존의 이성 중심주의를 전면 거부하고, 이성의 이름으로 자명한 것으로 간주해 왔던 이제까지 모든 지식체계들을 뿌리째 흔들어 전혀 새로운 시각에서 인간과 역사를 재구성했다. 이것은 이성을 비판하고 이성 그 자체를 거부하려는 급진적인 반이성주의였다. 포스트모더니즘은 근대에서 주로 기초로 삼았던 인간 주체·이성·역사의 진보 등을 모든 권력의 억압을 합리화하는 신화에 불과했다. 즉, 계몽과 해방을 담당하던 이성의 총체성은 실제로 억압적이고 전체적인 질서를 옹호하고 정당화하는 것으로서 권력과 지식의 상호작용을 극명하게 보여 주었다. 여기서 언급되었던 "근대는 아직 미완성"[2]된 것이었고, 그러한 근대에 성찰성을 덧붙여서 내재적 비판을 통해 근대를 완성시켜야 했다. 그동안 포스트모더니즘에서 강조했던 이성의 총체성은 후기 자본주의의 실상을 수정하고 내부의 비판을 통해 보다 나은 바람직한 사회의 건설을 추구하는 것이었다.

후기구조주의에서 인식론은 그 이전의 사유체계와 지식을 비판하고 지식을 구하는 방법에 대해 의심하면서 그 안에 숨겨져 있는 편견을 파괴하고 해체하고자 하였다. 이러한 해체주의 현상은 지난 1968년 5월, 전 세계로 확산되었던 사회 개혁적 학생운동과 깊은 연관을 맺고 탄생했다. 뤽 페리(Luc Ferry)와 알랭르노(Alain Renaut)는 『68사상: 현대의 반인간중심주의』에서 '68 프랑스 철학'이라고 표현한다. 이들의 반인간중심주의는 리오타르·라캉·데리다·알튀세·부르디외·들뢰즈, 그리고 푸코 같은 학

---

[2] J. Habermas, "Moderne-eine unvollendetes Projekt," in: W. Welsch(Hg.), *Wege aus der Moderne*, Weiheim, 1988.

자들을 학생운동과 직·간접적으로 지원하고 격려하면서 연대를 맺었다. 뤽 페리와 알랭르노는 『68사상』에서 포스트모더니즘의 대표적인 사상가라 부르는 자들이 독일 사상가로부터 많은 영향을 받았음을 밝혔다. 데리다는 하이데거주의로, 부르디외는 프랑스의 마르크스주의로, 라캉은 프랑스의 프로이트주의자로, 푸코는 프랑스의 니체주의자로 해석한다. 이들 대부분의 사람들은 사회주의 노선과 결별하고 자신들의 독자적인 이론을 세웠다. 이들은 '68프랑스 철학'이 반인간중심주의에서 시작되었다고 보았다. 이는 인간중심주의를 옹호하고 해방의 역할을 자처해 온 인간중심주의가 오히려 억압의 원인이 되었다는 의식에서 문제제기를 한다. 이러한 인간중심주의 이성비판은 니체가 항상 그 중심점에 서 있다.

이렇게 현대의 인식론적인 출발점은 니체의 초기저작인 『비극의 탄생』에서 아폴론과 디오니소스를 등장시키면서 이성과 감성의 첨예한 대립을 선보이는 것에서 드러난다. "니체의 현대비판"[3]은 그 발단에서부터 현대의 기본원리로 간주되었던 진보의 이념과 이성의 우월성 및 현재를 역사화 하는 경향을 비판했다. 니체는 데카르트의 "나는 생각한다. 그러므로 나는 존재한다(Cogito ergo sum)"라는 명제의 분석을 통해 이성의 비판을 제기한다. 이러한 시각으로 "니체와 더불어 포스트모더니즘의 진입"[4]

---

[3] 니체의 포스트모더니즘 혹은 이성의 현대비판에 대해서는 다음을 참조: B. Magnus, "Nietzsche and Postmodern Criticism", in: *Nietzsche-Studien*, Bd. 18. 1989, pp.301-315; F. Kaulbach, "Kant und Nietzsche im zwischen der kopernikanischen Wendung-Ein Betrag zum Problem der Modernität", in: *Zeitschrift für philosophische Forschung*, Bd. 41, 1987, pp.349-372; G. Camm, "Zwischen Antike und Postmoderne-Politische Philosophie bei Nietzsche", in: *Philosophische Rundschau*. 38.Jg. H.1-2. 1991, pp.112-125; R. Gooding-Williams, "Nietzsche's Pursuit of Modernism", in: *New German Critique*, Number. 41. 1987, pp.95-107.

[4] J. Habermas, *Die philosophische Diskurse der Moderne*, Frankfurt. a. M., 1986, 84쪽.

이 시작되었다. 독일의 현대 철학자 벨쉬(Wolfgang Welsch)는 포스트모더니즘의 선구자로서 판비츠(Rodolf Pannwitz, 1881-1969)를 강조한다. 판비츠는 『서양 문화의 위기』(1917)에서 포스트모던을 "스포츠맨십으로 단련된", "국가적으로 의식화된", "군대식으로 훈련된", "종교적으로 격앙된" 등의 형용사로 표현하면서 포스트모던의 인간을 니체의 위버멘쉬(Übermensch, 초인), 또는 데카당스의 니힐리즘을 극복하는 것이라 보았다.[5] 모든 근대 철학에서 주요한 의미를 차지하고 있는 극복의 개념은 점진적인 사유의 진행 속에서 극복의 의미를 새롭게 확인한다.

니체는 이성의 철학보다 감성의 철학 내지 몸의 철학을 내세웠으며, 진리와 비진리에 대한 첨예한 대립의 문제보다 인간의 삶은 무엇 인가에 대해 골몰하였다. 따라서 우리는 현대 이성비판의 초석을 마련한 니체의 초기사상인 『비극의 탄생』에서 드러난 니체의 그리스 비극과 소크라테스(주의)의 비판을 중심으로 고찰해 보자.

니체의 초기 그리스적 사유

1) 그리스 비극의 몰락: 소크라테스의 등장

그리스 비극의 몰락 원인에 대한 설명은 주로 희극작가 아리스토파네스(Aristophanes, B. C. 450-388)의 증언에 의거한다. 그의 작품 『개구리들』[6]에 의하면 아테네의 가장 위대한 시기는 아이스킬로스의 시대이며, 당대는 펠로폰네소스 전쟁 이후의 사회 문화적 변화가 심각하게 발생했다. 이 변화에

---

5 W. Welsch, *Unsere Postmoderne Moderne*, Berlin, 1993, p.13. 판비치의 니체 수용에 대한 자세한 내용은 다음을 참조: Hans-Joachim Koch, "Die Nietzsche-Rezeption durch Rudolf Pannwitz", in: *Nietzsche-Studien*, Bd. 26. 1997, p.441-467.
6 아리스토파네스, 『개구리』, 김해룡 옮김, 동인, 2003.

소크라테스

서 가장 중요한 것은 전통적인 것, 그리스 삶의 안정적 토대에 대한 새로운 지적인 태도를 보이는 것이다. 이러한 주지주의와 계몽주의는 비극시인 에우리피데스와 철학자 소크라테스에 의해서 널리 퍼졌는데, 이 결과 비극이 사망에 이르게 되었다.7

고대 그리스 드라마는 아리스토텔레스(Aristoteles, B. C. 384-322)가 말하는 것처럼 행동을 보여주는 것이 아니라, 파토스(Pathos)를 목표로 한다. 또한 고대 그리스 비극은 줄거리를 보려는 것이 아니라, 파토스를 들으려고 하는 것이다. 그런데 에우리피데스와 그의 관객에게서 변화가 일어나기 시작한다. 에우리피데스에 와서 드라마와 파토스가 대비되고, 드라마가 전면에 나서기 시작한다. 앞에서 살펴본 것처럼 고대 비극의 관객은 문맹이었고, 발생하는 사건에 대해서 직접적으로 반응을 보이는 하나의 의식이었다. 즉, 관객과 배우의 구분이 없었다. 에우리피데스에 의해 관객석에서 무대 위로 나오게 된 것이다. 관객은 에우리피데스에게서 다음과 같이 말하는 것을 배웠다.

"관객들은 이제 에우리피데스의 무대 위에서 자기의 분신을 보게 되었고 그 분신이 그렇게도 말을 잘 하는 것을 보고 기뻐하게 되었다. 그러나 기쁨은 이에 그치지 않는다. 사람들은 스스로 에우리피데스에게서

---

7 GT 11: KSA 1, 111쪽.

말하는 법을 배웠고, 에우리피데스는 아이스킬로스와의 경연에서 이를 자찬하고 있다. 민중은 이제 자기 덕분에 교활한 소피스트 논법에 의거하여 교묘하게 관찰하고, 토론하고, 추론하는 것을 배우게 되었다는 것이다."[8]

이제 에우리피데스는 서민적 범용성(凡庸性)의 발언권을 얻게 되었고, 이 서민적 범용성에 모든 자기의 정치적 희망을 걸었다. 에우리피데스는 공중언어(公衆言語)의 일대 변혁에 의해 새로운 희극을 가능하게 한다.[9] 이러한 비극의 죽음의 배후에는 소크라테스라는 이론적 인간이 있다. 이 소크라테스의 이론적 낙관주의로 인해 비극은 죽음을 맞이했으며, 인류의 문화는 암흑기로 접어들게 되었다.

"디오니소스는 이미 비극의 무대에서 추방되어 있었다. 에우리피데스의 입을 빌어서 말하는 신은 (…) 태어난 다이몬이었다. 그것은 '소크라테스'라고 불리어졌다. 디오니소스적인 것과 소크라테스적인 것 —이것이 새로 태어난 대립이다. 그리스 비극의 예술 작품이 멸망한 것은 이 새로운 대립 때문이었다."[10]

비극은 소크라테스적인 이성주의 때문에 사망한 것이다. 즉, 비극은 에우리피데스를 통해 구현되고 있는 소크라테스주의에 의해서 사망하였다. 소크라테스와 더불어 이성의 시대, 이론적 인간의 시대가 시작된 것이다. 니체에게 소크라테스는 그리스 계몽주의를 대표하는 인물이다. 니

---

8 GT 12: KSA 1, 116쪽.
9 백승영, 『니체, 디오니소스적 긍정의 철학』, 책세상, 2006, 82쪽.
10 GT 12: KSA 1, 116쪽.

체의 『비극의 탄생』은 관념론과 형식적인 형이상학에 반기를 들고, 그리스 비극에서 삶의 실존적 요소를 찾는다.

따라서 니체에게서 실존적 삶을 대변하는 것은 그리스 비극이다. 비극은 단순한 이론이나 실천으로 구성되는 것이 아니라 명확한 이론과 생동감 넘치는 실천에서 이끌어 내야 한다. 즉, 그리스 비극은 아폴론적인 것과 디오니소스적인 것의 조화이다. 니체는 『비극의 탄생』에서 이론화, 형식화된 삶을 이겨내기 위해 그리스 비극을 해명함으로써 삶 자체, 곧 조화로운 삶을 제시했다. 왜냐하면 그리스 비극에서는 아폴론적인 요소와 디오니소스적인 요소가 끊임없이 갈등을 일으키면서도 언제나 새롭고 힘에 넘치는 탄생을 가져오기 때문이다.

> "그러나 소크라테스는 옛 비극을 파악하지 못하고 따라서 주의를 기울이지 못한 그러한 두 번째 관객이었다. (...) 우리는 소크라테스에게서 디오니소스의 적, 디오니소스에 대항하여 일어서는 새로운 오르페우스를 인식하며 (...)"[11]

소크라테스는 동적 삶을 기계장치의 신(deus ex machina)에 종속시켜 비극으로부터 음악을 추방한다. 또한 삶의 근본적인 힘인 충돌을 이론화·형식화하기 때문에 니체는 소크라테스를 부정적으로 평가하지 않을 수 없다. 니체는 소크라테스를 논리적 본성의 대변자로 보며 소크라테스를 통해 논리적 본성의 한계를 통찰한다. 또한 니체는 형식적 이념을 극복하여 이론을 실천으로 지향하고, 삶의 주체를 해명했다. 니체에게 불변하는 이론적 실체는 더 이상 관심의 대상이 될 수 없다. 니체에게 있어서 자발

---

[11] GT 12: KSA 1, 116쪽.

성으로서의 주체는 디오니소스적인 것으로서, 삶에 충만한 역동적인 인간존재의 실존이 『비극의 탄생』에서 드러난다. 아폴론적인 것과 디오니소스적인 것의 결합은 동적인 삶, 곧 비극이 성립하는 근거이다.

에우리피데스가 모든 감상과 창작의 근본이라고 생각했던 것은 바로 지성이었다.[12] 무엇보다 에우리피데스는 소크라테스와 동맹을 맺고 새로운 예술을 창조하고자 했다. 또한 이 양자 동맹은 그리스 비극을 새로운 희곡으로 몰고 갔다. 어떤 의미에서 에우리피데스는 새로운 희극을 통해 계몽된 대중 앞에 등장하였고, 새로운 희극 합창단의 교사가 되었다. 말하자면 약삭빠르고 교활한 것이 지속적으로 승리하고자 하는 새로운 희극이 탄생한 것이다.[13]

소크라테스의 논리적 변증법은 그 삼단논법이라는 채찍을 휘둘러 비극에서 음악정신을 추방해 비극의 본질을 파괴하였다.[14] 소크라테스의 변증법은 제대로 사유체계를 진전시킨다면, 궁극적으로 '존재의 가장 심오한 심연', 즉 '진리'에 다다른다는 신념을 갖고 있다. 그리고 이 소크라테스의 발상이 유럽의 형이상학과 근대 과학의 진리관으로 이어졌다고 니체는 말한다. 소크라테스의 사유체계는 어디까지나 지식과 신뢰를 갖고 올바르게 사고하고 추론하여 진리에 도달하는 것이다. 이는 인간의

---

[12] 니체는 에우리피데스를 가리켜 "비이성적인 시인에 대해서 대립물을 세계에 제시했다."(GT 12: KSA 1.)
[13] GT 11: KSA 1, 77쪽.
[14] GT 12: KSA 1, 120쪽: "디오니소스는 이미 연극 무대에서 사라졌고, 그것도 에우리피데스가 말하는 악마적인 어떤 힘에 의해서였다. 에우리피데스는 어떤 의미에서는 가면에 지나지 않는다." 니체가 에우리피데스를 형식주의자라고 비난하는 이유는 다음의 글에서 찾아볼 수 있다. "말을 하는 그 신은 디오니소스도 아폴론도 아니었다. 그것은 새로 태어난 마신, 소크라테스였다. 이것은 새로운 대립이다. 디오니소스와 소크라테스, 그리고 그리스 비극 예술 작품은 이 대립 속에서 몰락해 갔다."

삶의 방식에서 중요한 방법이라 여긴다. 이러한 생각이야말로 니체가 말하는 소크라테스의 이론적 낙관주의이다. 소크라테스가 처음으로 그리스 세계에 이론적 낙관주의를 전파하면서 디오니소스적인 본질을 가진 그리스 비극의 정신을 결정적으로 사라져 버리게 했다.

2) 소크라테스의 앎의 지(知)

소크라테스(Socrates)의 사상은 크세노폰의 『메모라빌리아』, 플라톤의 대화편인 『아폴론기아』, 『파이돈』, 『아리스토파네스』, 『메논』 등의 저서에 의해 전해져 온다. 소크라테스의 위세는 특히 플라톤과 플라톤학파의 영향 아래에서 떨쳤다. 여기서 소크라테스는 독자적인 철학자로서 점차 인정받게 되면서 이론적 배경을 구축하는 동기를 마련했다. 소크라테스는 오늘날까지 체계적인 학문을 구축하지 않았지만, 삶의 실천가로서 그리고 지혜의 철학자로서 널리 알려져 왔다.[15]

잘 알려져 있듯이, 소크라테스의 핵심사상은 "너 자신을 알라(Gnothi seauton)", 즉 혼(魂, phyche)에 대한 보살핌이다. 이는 무지의 지, 자기의 지식을 자각하는 것, 스스로 무지를 아는 것, '자기인식(Episteme)'을 뜻하는 것이었다. 김정현에 의하면 "소크라테스는 한편으로 고대 그리스 세계의 파괴자로서 묘사하며, 다른 한편으로 새로운 세계의 가능성과 학문의 위대한 개척자로 등장했다."[16]

니체에 의하면 소크라테스야말로 지식과 통찰에 대한 전대미문의 새로운 존중을 가장 예리한 말로 표현했다. 소크라테스는 아테네 시(市)를

---

15 E. Martens, *Die Sache des Sokrates*, Stuttgart, 1992, p.17.
16 김정현, 「니체의 소크라테스적 합리주의 비판과 몸이성 찾기」, 『니체, 생명과 치유의 철학』, 책세상, 2006, 62쪽.

사방으로 돌아다니면서 많은 이들과 비판적으로 대화를 나눈다. 하지만 많은 사람은 도처에서 자기 자신을 '알고 있다'는 착각에 빠진다. 여기서 소크라테스는 자신이 아무것도 알지 못한다고 자인할 수 있는 유일한 사람이라는 사실을 스스로 발견했다고 자평한다.[17] 니체는 소크라테스에 대해 근본형식으로서 다음과 같이 정의한다.

"덕은 지식이다. 죄는 오직 무지에서 비롯된다. 유덕한 자는 행복한 자이다."[18]

하지만 니체는 이러한 세 가지 근본형식의 소크라테스적 낙관주의가 비극의 죽음을 가져왔다는 것이다. 슈미트(Hermann Josef Schmidt)는 니체가 『비극의 탄생』에서 학문, 이론, 낙관주의, 지성의 상실 등은 윤리적 동기에서 낙관주의의 근본형식을 규정하고자 했다고 한다. 니체는 소크라테스의 세 가지 근본형식에 대한 규정을 소크라테스적 사유의 전통적 근본 토대 위에서 덕, 진리, 행복의 정체성을 찾고자 했다.[19] 또한 니체의 관점에서 소크라테스는 기존의 예술과 윤리 모두를 단죄하면서 통찰에 대한 부족함과 현존하는 것들이 내적으로 전도되어 타파되어야 한다는 결론을 이끌어 냈다. 바로 이러한 사실로부터 소크라테스는 한 개인으로서 경멸과 우월에 가득 찬 표정으로 아주 새로운 종류의 문화, 예술, 윤리의 선구자의 입장에서 행복으로 여기는 세계 안으로 걸어 들어갔다.[20] 특히 소크라테스는 혼(마음)에 대한 보살핌을 유독 강조했는데 이는 사람됨의

---

[17] GT 14: KSA 1, 89쪽.
[18] GT 14: KSA 1, 94쪽.
[19] H. J. Schmidt, *Nietzsche und Sokrates*, Meisenheim am Glan, 1969, p.38.
[20] GT 13: KSA 1, 89-90쪽.

원천이 혼(마음)에 있다고 생각하였다.

소크라테스는 "누구나 혼을 가지고 있으며 그 혼이 각자에게 고귀한 것이니 저마다 자신의 혼이 훌륭하도록 보살펴야 한다"[21]라고 강조한다. 혼은 정신이며 숨 쉬는 능력을 가져다주고 원기를 회복시키는 삶의 원천이다. 소크라테스는 어머니처럼 자신은 아이를 낳지 않고 스스로 불임이라고 말하면서 사람들에게 그들이 잉태하고 있는 진리를 낳게 해주려고 노력하였다. 우리는 이러한 소크라테스의 방법을 산파술이라 한다. 왜냐하면 산파의 역할은 아기를 낳는 것을 도와주는 역할을 하는 것이지 직접 아기를 낳는 것은 아니기 때문이다. 이와 마찬가지로 사람들이 살아가는 데 있어서 진리니 지혜니 하고 말하는 것도 직접적으로 그 해답을 제시하는 것이 아니라, 서로 대화를 하는 당사자들이 지혜와 진리를 스스로 깨닫도록 도와주는 것뿐이다. 이런 생각에서 그는 사람들이 갖고 있는 참이나 진리·지혜에 대한 많은 생각들을 도와주었다.

"너 자신을 알라(Gnothi Seauton: 그노티 세아우톤)!"라는 이 말은 그리스 시대 델피(Delphi)의 아폴론 신탁(信託)의 벽면에 새겨져 있는 글귀라 전해져 내려온다. 소크라테스는 이 격언을 자기 가슴 깊숙이 좌우명으로 새겼다. 그는 델피 신전에서 아폴론(Apolon)의 다이몬(Daimon) 소리를 들었다고 전해져 온다. 이 소리는 항상 무엇인가를 하지 말라는 경고로 들려온다. 이 격언은 이른바 자기인식(to gnonai heauton)에 대한 요구이다. 이것이 중요한 이유는 우리가 누구인지를 바르게 알 때에만 우리는 무엇이 자신에게 좋은 것인지 나쁜 것인지를 알 수 있기 때문이다.

---

21 플라톤, 「소크라테스의 변론」, 『에우티프론, 소크라테스의 변론, 크리톤, 파이돈』, 박종현 옮김, 서광사, 2003, 30b, 149쪽.

"만약 우리가 우리 자신을 알지 못하고, 지혜롭지 않다면 우리 자신을 위해 무엇인 나쁘고 무엇이 좋은지를 과연 알 수 있겠는가?"[22]

그 당시에 델피 섬에는 아폴론을 모시는 신전이 있었고, 사람들은 그곳에서 신을 찬미하고 제의를 올렸다고 한다. 특히 큰 행사나 어떤 사건이 발생할 때마다 이곳에 가서 사제로부터 신탁을 얻었다고 전해져 온다. 여기서 신탁이란 '신이 맡겨 놓은 뜻'이라는 말로 '탁선(託宣)'이라고도 한다. 당시 그리스인은 신들이 인간의 팔자를 주관한다고 믿었기 때문에 무신(巫神)의 신전에 가서 그 신전을 지키는 여사제에 물으면 그 뜻을 미리 아는 것도 가능했다고 믿었다. 소크라테스는 좋은 것을 아는 것과 탁월함은 하나라고 단언한다. 그래서 그는 항상 다이몬(Damon)의 소리를 듣는다고 말한다. 이러한 소리는 신적인 존재·신성·수호신이며, 내면의 신적인 목소리·정신·마귀들이라 부르기도 한다. 소크라테스는 자기 자신을 신들 앞에서 겸허하게 낮추고 반성적인 자세로 삶을 살아가고자 했다. 그는 자기 스스로를 살피고, 자기 자신의 깊은 도덕적 반성을 요구하고 자신의 내면적 성찰과 자각을 일깨우고자 애썼다. 그가 이렇게 행하고자 한 이유는 우리가 진정 누구인지 알고자 할 때에만 무엇이 우리 자신을 위해서 가장 좋고, 나쁜 삶인지를 분별할 수 있기 때문이었다. 궁극적으로 소크라테스는 상대방으로 하여금 자기의 무지를 자각시키는 데 있었고, 더 나아가서 아테네 시민들을 도덕적으로 각성시키는 데 있었다. 주고받는 대화는 소크라테스 철학의 중요한 방법이요, 생명선이었다. 이것은 객관적이고 보편적인 절대적 진리의 존재를 확인하고 그러한 진리에 도달하는 방법이었다.

---

22 Platon, *Alkibiades I*, 133쪽.

니체에 의하면 델피의 신탁에는 두 사람의 이름이 나란히 올려져 있었다. 델피의 신탁은 소크라테스를 인간들 중에서 최고 현명한 자로 떠받들고 있다.[23] 현지자(賢智者)들은 이른바 "무엇이 옳은지를 알고 있기 때문에 옳은 일을 하고 있다"고 자랑한다. 이 알고 있음의 명확성의 정도가 당시의 현지자로서 추앙받았던 이유이다.[24] 계속해서 니체는 이러한 소크라테스의 본질을 이해해 주는 핵심개념을 "소크라테스의 다이몬이라 불리는 저 기이한 현상"[25]이라 비판한다.

우리가 자신을 알려면 어떻게 해야 하는가? 먼저 우리는 자기 자신을 향해 근본적인 의문을 제기하는 경험을 익혀야 할 필요를 느낀다. 그러나 의문을 제기한 이후에도 질문에 적합한 답변을 지속적으로 찾아내야 한다. 그래서 소크라테스의 "너 자신을 알라"라는 격언은 "자기인식과 자기반성"에 대한 요구이다. 흔히 비정상적인 인간에게 본능적 지혜는 의식적 인식을 종종 제지하기 위한 것이다. 니체는 '단지 본능만으로'라는 표현으로부터 소크라테스의 심기를 건드렸다. 소크라테스에게 있어서 본능은 비판자가 되는 동시에 의식이 창조자가 된다. 그래서 니체는 소크라테스로부터 모든 신비주의적 성향이 결여되어 있다는 사실을 발견한다. 따라서 니체는 소크라테스야말로 특별한 신비주의 성향이 없다고 단언한다.[26] 니체는 괴테의 『파우스트』 제1부에 나오는 「정령들의 합창」 1607-1611행을 인용하면서 다음과 같이 말한다.

---

[23] 이 신탁은 다음과 같이 전한다. "소포클레스는 현명하다. 에우리피데스는 더욱 현명하다. 그러나 소크라테스는 만인 중에서 가장 현명하다."(GT 13: KSA 1, 89쪽.)
[24] GT 13: KSA 1, 89쪽.
[25] GT 13: KSA 1, 90쪽.
[26] GT 13: KSA 1, 90쪽.

(소크라테스여,) "슬프도다! 슬프도다! 그대는 이 아름다운 세계를 억 센 주먹으로 파괴했도다. 세계는 무너지고 부서진다!"[27]

3) 그리스적 명랑성

니체는 『비극의 탄생』(1872)의 「자기비판의 시도」를 통해 "1870-1871년에 걸친 프로이센-프랑스(보불)전쟁의 격동기 속에서 그리스인과 그리스 예술의 명랑성에 대해 오랫동안 의문"[28]을 품는다. 니체에게서 그리스의 명랑성은 "무언가 불투명한 표현"에서부터 의문을 갖는다. 니체는 명정한 아폴론적인 것 대신에 황홀한 디오니소스적인 것이 서로 상이한 모습을 보일 수 있지만, "공동의 목표로써 아타카 비극"[29]에서 그리스 비극문화가 정점에 우뚝 설 것을 기대했다. 그래서 니체는 소크라테스 이후로 그러한 그리스 비극문화는 현저하게 퇴보했다고 생각했다. 왜냐하면 이는 선하거나 아름답다고 생각하는 합리주의가 소크라테스로부터 시작됐다고 보았기 때문이다. 니체는 이를 가리켜 소크라테스주의라 명명했다. 니체는 당대 그리스 문화를 향해 다음과 같이 묻는다.

"디오니소스적인 무시무시한 현상에서 탄생한 비극은 무엇을 의미하는가? 비극을 죽인 도덕적 소크라테스주의, 이론적 인간의 변증법, 자기만족, 명랑성은 무엇을 의미하는가? 소크라테스주의야말로 몰락과 피곤, 그리고 무질서하게 해체되어 가는 본능의 징조이지 않을까? 그리고 후기 그리스 문화의 그리스적 명랑성이 '단지 황혼에 불과하다면?'"[30]

---

[27] GT 13: KSA 1, 90쪽.
[28] GT 1: KSA 1, 11쪽.
[29] GT 4: KSA 1, 42쪽.

니체는 "디오니소스적인 것"[31]이라는 현상에서 탄생한 비극[32]을 말하고 싶어 한다. 그리고 비극을 사멸케 한 소크라테스주의[33]는 몰락과 피곤, 병 그리고 무질서하게 해체되어 가는 본능의 징조라고 표현한다. 니체는 소크라테스주의를 향해 학문이라는 것이 염세주의에 대한 두려움이자 염세주의로부터의 도피에 불과했다고 보았다. 그리고 소크라테스주의는 도덕적으로 비겁하고 허위와 같은 비도덕적인 교활함을 갖추었다고 맹렬히 비난한다. 그래서 니체는 소크라테스주의를 미숙한 체험들, 즉 도덕적 메시지를 전달할 수 없는 한계에 도달했기 때문에 니체 자신의 책이야말로 소크라테스주의가 넘볼 수 없는 예술의 극치에 이르렀다는 것이다. 이는 학문의 문제가 학문을 토대로 해서는 인식될 수 없기 때문이라는 것이다. 이렇게 니체는 『비극의 탄생』의 역사적인 근본 동기를 그리스 비극 시대에 묻고 있다. 또한 그리스 명랑성의 현상은 지난 기독교 시대에 있어서 내면의 엄청난 본성을 다음과 같이 제공해 준다.

---

30 GT 1: KSA 1, 12쪽.
31 니체는 『비극의 탄생』에서 아폴론적인 것과 디오니소스적인 것이라는 대립적인 개념을 통해 그리스 예술을 설명했다. 하지만 니체는 『자기비판의 시도』를 통해 아폴론적인 것보다 디오니소스적인 것을 더 중요한 개념으로 강조했다. 왜냐하면 예술(비극)의 근원이 디오니소스적인 것이기 때문이다.
32 "니체는 비극의 현상 속에 현실의 참된 본성을 탐지한다. 미학적 주제가 그에게는 하나의 기초적인 존재론적 원리로서의 위치를 얻고 있으며 예술, 비극문학이 그에게는 세계의 본질을 밝히는 열쇠다."(오이겐 핑크, 『니이체 철학』, 하기락 옮김, 형설출판사, 1984, 21-2쪽.)
33 백승영에 의하면 "소크라테스의 주지주의는 논리적이고도 이성적인 사유를 참된 지식과 참된 삶을 가능하게 하는 유일한 방법으로 상정"한다. 니체에 의하면 이성의 역할에 대한 이런 강조는 그리스 비극 시대, 진정한 헬레니즘 문화를 종결짓는 운동의 시작이었으며, 동시에 이성 외적인 인간의 삶, 충동이나 욕구 등을 최대한 억제하는 금욕 운동의 시작이기도 했다. 이것은 곧 인간을 정신으로 용해시키는 것을 의미한다."(백승영, 『니체, 디오니소스적 긍정의 철학』, 책세상, 2005, 149쪽.)

"그리스적 명랑성에 대해 여전히 말할 수 있다면, 이제 그것은 무거운 책임을 질 줄 모르고 위대한 것을 추구하지 않으며 현재의 것보다도 과거의 것이나 미래의 것을 높이 평가하지 않는 명랑성이다. 그리스적 명랑성은 이러한 가상이야말로 기독교 초기 400년 동안 신에 대한 외경심에 차 있던 심원한 인물들을 격분시켰던 것이다."³⁴

여기서 니체는 그리스적 명랑성을 그리스 역사에서 4세기 동안 비극의 시대가 도래 했다고 주장한다. 니체에 의하면 그리스 시대의 명랑성 개념은 지금까지 노예의 명랑성이었다. 현재에 알고 있는 것보다 과거나 미래의 것을 더 높게 평가해서는 안 된다. 하지만 그리스 명랑성의 현상은 기독교의 지난 4세기에 걸친 가장 심오하고 두려울만한 본질이었다. 무엇보다 지난 수백 년 동안 많은 사람 사이에서 고대 그리스관이 그리스 세계를 거의 극복할 수 없게 만들 정도로 집요하게 명랑성이 지배했던 것도 기독교의 영향 때문이었다.³⁵

니체는 진정한 그리스인이라면 이러한 변증법적인 해결에 너무 커다란 기쁨을 맛보았기 때문에 작품 전체에는 명랑한 분위기가 감돈다고 보았다. 이러한 명랑성으로 인해 내면에 드러난 첨예한 성격이 완화되었다.³⁶ 명랑성을 자연의 가장 내면적인 측면에서 설득한다는 것이 그렇게 쉬운 것만은 아니다. 그동안 잘못 이해된 명랑성의 개념은 앞길로 나아가는데 사방에서 걸림돌로 등장한다. 따라서 니체는 '그리스적 명랑성'과는 다른 형식의 명랑성인 "알렉산드리아적 명랑성의 가장 고귀한 형식을 이론적 인간의 명랑성"³⁷이라 본 것이다.

---

34 GT 11: KSA 1, 78쪽.
35 GT 11: KSA 1, 78쪽.
36 GT 9: KSA 1, 66쪽.

"그리스적 명랑성과는 다른 형태의 명랑성 가운데 가장 고귀한 형태는 알렉산드리아적 명랑성인데, 이 명랑성은 이론적 인간의 명랑성이다. 그것은 바로 방금 비디오니소스적 정신으로부터 추론해 낸 것과 동일한 특징을 보인다. −다시 말해 디오니소스적 지혜와 예술을 상대로 싸움을 벌인다는 점, 신화를 해체하려 하며 형이상적 위로 대신에 지상적 조화, 자신의 "기계장치 신, 즉 기계와 도가니의 신, 다시 말해 고도의 이지주의에 봉사한다고 인식되고 사용되는 자연 정령의 힘을 세우려 하며, 지식을 통한 세계 개선과 학문이 인도하는 삶을 믿는다는 점, 그리고 실제로 개인을 극히 협소한 범위의 해결 가능한 과제 속에 가두어서 그가 그 안에서 삶을 향해 "나는 너를 원한다. 너는 인식할 가치가 있다"라고 명랑하게 말하도록 만들 수 있다는 점 등이 알렉산드리아적 명랑성의 특징이다."[38]

여기서 알렉산드리아적 명랑성은 비(非)디오니소스적 정신으로부터 이끌어낸 것과 동일한 특징을 보여준다. 니체의 관점에서 이론적 인간의 명랑성은 "디오니소스적 지혜"[39]와 예술을 공격하고 신화를 해체하는 것이었다. 그리고 형이상학적 위로 대신에 현세적인 협화음을 내세웠으며, 고유한 기계장치의 신을 추켜세웠다. 또한 니체에게 있어서 이론적 인간의 명랑성은 지식 세계를 개선하고자 하지만, 실제로 개인을 극히 협소한 범위에서 해결 가능한 과제 속에 가두어 두었다. 즉, 개인은 그 안에서 삶을 향해 '나는 너를 원한다. 너는 인식할 가치가 있게 명랑하게 말하고

---

[37] GT 17: KSA 1, 115쪽.
[38] GT 17: KSA 1, 114-5쪽.
[39] 니체는 지혜라는 것, 특히 디오니소스의 지혜라는 것은 자연에 거역하는 만행이라 파악한다. 즉, "지혜의 칼끝은 지혜로운 자에게 향한다. 지혜는 자연에 대한 범죄이다."(GT 9: KSA 1, 69쪽.) 이 끔찍한 명제를 신화는 외치고 있다고 우회적으로 자신의 입장을 강조하고 있다.

만들 수 있게' 하는 것이다. 그래서 니체는 그리스적 명랑성의 개념을 진정한 시인이자 종교가였던 소포클레스의 오이디푸스와 아이스킬로스의 프로메테우스[40]로부터 찾았다. 두 비극의 근본 형태는 엄청난 고통과 커다란 죄를 지었다는 공통점이 있다. 니체에게 있어서 아폴론적인 것은 소포클레스적인 영웅의 언어로 볼 때 놀랄만한 발견이었다.

"자기 아버지의 살해자 오이디푸스, 자기 어머니의 남편인 오이디푸스, 스핑크스의 수수께끼를 푼 자인 오이디푸스!"[41]

니체는 그리스 비극의 연극에서 가장 고뇌에 찬 인물이었던 비운의 오이디푸스에 대해 소포클레스는 잘 이해했다고 보고 있다. 지금까지 "가면이라는 아폴론적 현상은 자연 내부의 가공스러운 것을 들여다 본 눈이 만들어 낸 필연적인 산물이다. 말하자면 소름끼치는 밤을 보고 상처 입은 눈을 치료하기 위해 빛나는 점인 것이다. 니체는 이런 측면을 명랑성이라는 개념으로 다음과 같이 설명한다.

"닥쳐오는 운명에 스스로를 단지 고통받는 자로서 내맡긴 채 극도의 불행에 빠진 노인과 이 세상의 것으로 생각되지 않는 명랑성이 대조를 이룬다. 신의 영역에서 내려온 듯한 이 명랑성은 비극적 주인공이 순전히 소극적인 행동을 통해 자신의 생애를 넘어서까지 영향을 미치는 최고 경지의 능동성을 확보하게 되었으며, 반면 과거에 그가 의식적으

---

[40] 아이스킬로스와 프로메테우스사이의 역사적 연관성에 대한 자세한 내용은 다음을 참조: A. Neschke-Hentschke, "Geschichten und Geschichte-Zum Beispiel Prometheus bei Hesiode und Aischylos," in: *Hermes-Zeitschrift für klassische Philologie*, Bd. 111. 1983, pp.385-402.
[41] GT 9: KSA 1, 66쪽.

로 행한 모든 노력과 경주는 그를 단지 수동적으로 이끌었을 뿐이라는 사실을 우리에 암시한다. 이처럼 죽어야 할 운명을 지닌 존재의 눈에는 풀 수 없을 정도로 엉켜 있는 듯이 보이는 오이디푸스 이야기의 매듭들이 서서히 풀린다."[42]

니체는 닥쳐오는 모든 운명에 스스로를 고통받는 자를 말한다. 그리고 그는 스스로 내맡긴 채로 극도의 불행에 빠진 노인과 이 세상과 대비되는 명랑성을 설명한다. 노인은 운명을 피할 수 없어 고통받는다. 니체의 관점에서 "그리스적 명랑성이라는 의미심장한 개념"[43]은 이러한 의미에서 이해할 경우에만 그것을 제대로 파악할 수 있다.[44] 니체는 플라톤이 묘사한 소크라테스를 아주 새로운 형식의 그리스적 명랑성을 본다.[45] 소크라테스는 새로운 형식의 명랑성과 삶의 축복을 받은 교사였다.[46] 이 새로운 형식의 명랑성과 삶의 축복은 행동으로 발산하며, 궁극적으로 천재를 낳게 하는 것을 목적으로 하면서 고귀한 청년들에게 산파술을 교육적으로

---

[42] GT 9: KSA 1, 66쪽.
[43] 니체는 그리스 명랑성의 개념을 그의 친구 로데(Erwin Rohde)에게서 고대 그리스 비극의 올바른 해석을 위한 논쟁과 연관시키고 있다. "내가 고대 그리스의 명랑성에서 잘못된 지혜를 어떻게 증오할까! 디오니소스는 아폴론보다 그리스 비극을 더 극명하게 묘사하고 있다. 이러한 것은 전문직종의 어디서나 볼 수 있다."(B. Reibnitz, *Ein Kommentar zu Friedrich Nietzsche -Die Geburt der Tragödie aus dem Geistes der Musik,* Kap.1-12, Stuttgart: Metzler, 1989, p. 222.) 니체는 그의 그리스 저작에서 『그리스의 명랑성』이라는 제목으로 기술하기를 원했으나 역설적이게도 그렇게 하지 못했다. 그는 궁극적인 제목을 말하고자 했다. 그리스 비극은 슬픈 연주가 아니다. 그래서 니체의 주장은 그리스 비극은 음악에서 탄생했다고 본다.(D. Jähning, Nietzsches Kunstbegriff, Vittrio Klostermann, 1972, S. 39.) 그리스 비극의 명랑성 개념에 대한 자세한 내용은 다음을 참조: D. Jähnig, *Welt-Geschichte: Kunst-Geschichte,* M. DuMont, Schauberg, Köln, 1975, pp.125-131.
[44] GT 9: KSA 1, 65쪽.
[45] GT 15: KSA 1, 101쪽.
[46] GT 15: KSA 1, 101쪽.

감화시키는 것이었다.

4) 플라톤적인 소크라테스(plato's Socrates)

니체가 『비극의 탄생』에서 소크라테스와의 논쟁은 그의 모든 저서에 걸쳐 있는 것은 아니다. 니체는 『황혼의 우상』의 「소크라테스의 문제」라는 제목에서 플라톤 학설의 근본적인 판단을 창조자의 가장 밝고 시적인 것과 함께 논의한다. 니체가 파악한 소크라테스는 고대와 근대의 노예사회에 대한 유약한 데카당스였다.

단하우저(Dannhauser)에 따르면, 소크라테스의 문제는 플라톤의 이해를 주된 핵심과제로 삼고 있다. 이 문제는 소크라테스와 플라톤 사이를 구분하는 근본적인 이해를 필요로 한다. 플라톤은 순수한 소크라테스가 아니다. 왜냐하면 플라톤은 작가가 아니고 말과 귀로 듣는(oral-aural) 사회에서 의사소통신자(communicator)이기 때문이다.[47] 또한 힐데브란트(Kurt Hilsdebrant)에 의하면 한편으로 니체사유의 전개는 이미 19세기에 바그너와의 대립으로 설명할 수 있으며, 다른 한편으로 소크라테스와 플라톤의 경쟁관계에서 관찰되었던 광범위한 전망의 새로운 신화의 대척점으로 설정될 수 있다.[48] 그리고 브로제(Brose)는 소크라테스와 함께 새로운 주신찬가, 수사학의 발견을 새로운 비극에서 시작되었다고 본다. 고대 그리스 비극의 소크라테스에 대한 부정적 입장은 19세기의 노예도덕에서 유래했다.[49]

---

[47] W. J. Dannhauer, *Nietzsche's View of Socrates,* Cornell, 1974, p.95.
[48] K. Hildbrandt, *Wagner und Nietzsche. Ihr Kampf gegen das 19. Jahrhundert*; K. Hildebrant, *Nietzsches Wettkampf mit Sokrates und Plato,* Dresden, 1922; J. Salaquada, "Mythos bei Nietzsche, in: *Philsophie und Mythos,*" Berlin, 1979, p.175 재인용.
[49] K. Brose, *Sklavenmoral: Nietzsches Sozialphilosophie,* Bouvier: Bonn, 1990, p.93.

플라톤

니체는 그리스 비극의 아폴론적 부분을 대화에서 찾았다. 여기서 대화는 표면적으로는 단순하고 아름답게 보이지만 그리스인을 모방한 것이다.[50] 니체는 플라톤의 이데아를 모상과 구별하였고, 플라톤을 통해 그리스 비극의 본질을 대화에서 찾았다.[51] 그래서 니체는 그리스 비극의 대화에서 그 본질을 조명해 냈다. 테제라(V. Tejera)는 『니체와 그리스사상』(1989)에서 니체가 그리스 비극을 통해 대화의 본질을 찾았다고 주장한다. 즉, 테제라가 보기에 니체는 플라톤의 유명한 "동굴의 비유"에서 대화의 완전성, 이데아의 모사에 대해 깊이 천착했다.[52]

잘 알려져 있듯이, 플라톤은 『국가편(Politeia)』 제7권 서두에서 동굴의 비유를 통해 이원론적 세계관을 묘사한다. 이 지상의 세계는 하나의 동굴과 같다. 플라톤은 '동굴의 비유'를 통해 발목이 쇠사슬에 묶인 채 동굴에 갇혀 생활하는 인간들을 묘사한다. 플라톤은 그가 말하는 실체를 이해하기 위해 커다란 동굴 속에 살고 있는 몇 사람의 죄수들을 상상할 것을 요구한다. 이들은 오직 맞은편 동굴 벽에 있는 오직 앞에만 볼 수 있도록 사지와 목이 쇠사슬과 포박으로 고정된 상태이다. 죄수들이 볼 수 있는

---

[50] GT 9: KSA 1, 64쪽.
[51] GT 10: KSA 1, 71쪽.
[52] V. T. *Nietzsche and Greek Thought*, Martinus Nijhoff Publischers: Boston, 1987, p.82.

것은 그들 앞에 있는 벽에 비친 그림자가 전부이며, 그 그림자는 사람들이 불 앞으로 걸을 때 비친 반영이었다. 그들은 대상물이나 그것을 나르는 사람을 결코 볼 수 없으며, 그 그림자들이 다른 사물들의 그림자인지 어떤지도 전혀 알 수 없다. 이 걷고 있는 사람의 뒤에는 불이 타고 있으며, 그보다 훨씬 뒤에 동굴의 입구가 있다. 배후의 동굴의 입구 앞을 온갖 사물들이 부단히 횡단하고 있다. 그들의 뒤에는 그들이 앉아 있는 바닥으로부터 돌연히 솟아오른 높은 지대가 있다. 이 높은 지대에는 물건들을 나르면서 앞뒤로 걷고 있는 또 다른 사람들이 있다. 그들이 나르는 물건들은 나무와 돌과 그 밖의 다양한 물질들로 만들어진 동물과 인간의 상(像)들이었다. 그러나 평생 벽만 보고 살아온 죄수들은 등 뒤에서 일어나고 있는 일들에 대해서 전혀 알지 못하고, 심지어 자신들이 묶여있다는 사실조차 느끼지 못한다. 그리고 자신들이 보고 있는 그림자들이 이 세상의 전부라고 믿는다. 그곳에서 그들은 발과 목에 사슬이 묶여 있기 때문에 움직일 수 없다고 생각하였다.

그런데 한 죄수가 사슬에서 풀려나 뒤를 돌아서서 사물을 직접 보게 된다. 그 다음에 동굴을 빠져 나와서 태양의 빛(善의 이데아) 속에 나서면, 처음에는 눈이 부시어 아무 것도 볼 수 없으나 얼마 안가서 태양의 빛으로 사물들을 보게 되고, 드디어는 태양 자신을 보게 된다. 인간이 다시 어두운 동굴 속으로 돌아오면 처음에는 아무 것도 볼 수 없다. 그리고 동굴 안의 사람들로부터 조롱을 받는다. 그러나 차츰 어둠에 젖어서 그곳의 사물들을 볼 수 있게 된다. 이때부터 인간은 이전에 본 밝은 세계(이데아계)를 향하여 상기(想起)하며 살아간다는 줄거리이다.

니체는 소크라테스의 『오디세이아』에 나오는 눈이 하나뿐인 거인인 키클롭스(Cyclopid)의 눈처럼 큰 눈으로 비극을 바라보는 모습을 상상하고 있다. 그 눈에는 한 번도 예술적 감동의 불꽃이 불타오른 적이 없었다.[53]

그리고 니체는 비극예술의 본질을 "디오니소스적인 심연 속에 기쁜 마음으로 들여다볼 수 없었는지54"에 대해 생각해 볼 것을 제안한다.

니체에 의하면 플라톤이 『고르기아스』에서 표현하였던 "숭고하고 높이 찬양받는 비극예술에서 그 눈은 본래 무엇을 보아야만 했던가?"라고 묻는다. 이런 물음에 대한 니체의 답변은 "원인 없는 결과이거나 결과 없는 원인과 같이 비합리적인 것을 보았다"55라는 것이다. 독일의 니체 전공자인 게하르트(V. Gerhardt)에 의하면 플라톤적인 소크라테스는 우리 스스로 받아들인 비합리적이고 "개별적인 자아가 우리들이 행위 하고자 하는 목적과 충동, 그리고 몸이 그것을 수행하는 경우, 추상적으로 머물러 있는 조정심판관이 아니라는 것"이다. 그래서 그는 자아의 행위에 관련된 개념이 소크라테스가 강조했던 개인의 자기의식, 도덕과 비교할 수 있는 다양한 예시들에서 나타난다고 보았다.56 우리는 니체에게서 다음과 같은 플라톤의 주요한 단서를 발견할 수 있다.

"플라톤이 이전 예술에 가했던 주된 비난은 그것이 어떤 가상의 모방이라는 것, 따라서 경험적인 세계보다 더 열등한 낮은 영역에 속한다는 것이었지만, 이러한 비난은 무엇보다 이 새로운 예술 작품에 가해져서는 안 되었다. 그래서 우리는 플라톤이 현실을 초월하여 저 사이비 현실의 근저에 놓여 있는 이데아를 표현하려고 노력하는 것을 보게 된다. 이와 함께 사상가 플라톤은 시인으로서 고향이었던 곳, 즉 소포클레스와 과거의 예술 전체가 플라톤의 저 비난에 엄숙히 항의하는

---

53 GT 14: KSA 1, 92쪽.
54 GT 14: KSA 1, 94쪽.
55 GT 14: KSA 1, 92쪽.
56 V. Gerhardt, "Das individuelle Gesetz. Über eine sokratische-platonische Bedingung der Ethik," in: *Allgemeine Zeitschrift für Philosophie*, Vol. 22. Num.1. 1997, p.15-9.

근거지였던 곳에 우회로를 통해서 도달하게 된 것이다. 비극이 이전의 모든 예술 장르들을 자신 안에 흡수했다고 한다면, 약간 다른 의미에서 우리는 플라톤의 대화편을 동일하게 말할 수 있을 것이다. 플라톤의 대화편은 기존의 모든 형식과 문체를 혼합함으로써 형성되었기 때문에 이야기, 서정시, 연극, 산문과 운문 사이에서 부유(浮游)하고 있으며 통일된 언어형식이라는 이전의 엄격한 법칙을 깨뜨리고 있다."[57]

여기서 니체는 플라톤의 대화형식에서 복잡다단한 천재의 흔적을 찾는다. 플라톤은 그 이전의 예술에 대해 공격했던 비난에 대해 어떤 가상의 모방, 현실을 초월하여 사이비 현실의 근저에 놓여 있는 이데아를 표현하고자 했다. 그러나 니체의 관점에서 플라톤은 아직 예술형식으로서 예술의 통합성과 적절한 효과성을 받아들이거나 지각하지 못했다.

소크라테스를 이해할 수 있는 유일한 문학 장르는 과연 무엇인가 하는 물음이 니체의 의문점이었다. 그것은 이솝우화[58]였다. 니체가 보기에 플라톤적인 이솝우화는 18세기의 우화작가였던 겔레르트(Ch. F. Gellet)가 꿀벌과 암탉의 우화에서 시가를 찬미할 때 지었던 부드럽게 미소 짓는 것과 동일한 것이었다. 이솝우화는 윤리적으로 어느 정도 효과를 볼 수 있지만, 문학적 형식으로는 잘못된 범주화였다. 즉, "다이몬적인 소크라테스의 압력으로 인해 플라톤도 시가(詩歌)를 소설의 지위로 내몰았다."[59] 일찍이 플라톤의 대화는 이솝우화화보다도 시가에 훨씬 가깝게 있었다. 하지만 플라톤은 소크라테스의 제자가 되기 위해서 가장 먼저 자신의 시작

---

[57] GT 14: KSA 1, 93쪽.
[58] "시가(詩歌)가 무슨 소용이 있는지는 나를 보면 알리라.
그다지 지성을 갖지 못한 사람에게
비유를 통해서 진리를 말해 주는 것."(GT 14: KSA 1, 92쪽.)
[59] GT 14: KSA 1, 94쪽.

품들을 불태워버렸다. 소크라테스적인 힘은 여전히 강력하다. 소크라테스의 거대한 힘은 합리주의와 연합하여 시가(詩歌, Poesie)를 새로운 자리에 차지하게 했다.[60] 따라서 니체가 보기에 "플라톤처럼 소크라테스도 비극은 단지 기분 좋은 것만 표현하고 유익한 것은 표현하지 않는 대중에 아부하는 예술"[61]이었다. 결국 니체의 입장에서 플라톤적 소크라테스의 새로운 예술형식의 접근은 특별한 "철학적 혹은 초월적 현실의 목적"을 지닌 "사이비 현실의 근저에 놓여있는 이데아를 표현"했다.

5) 미학적 소크라테스

벨러(E. Behler)에 따르면, 니체의 미학적 소크라테스의 관점은 "소크라테스주의의 세계사적 거대한 현상"[62]에서 기인한다. 잘 알려져 있듯이, 소크라테스주의는 지식 위주의 지식낙관주의적인 태도를 일컫는다. 소크라테스의 합리주의는 인간의 지성으로 자연을 알아낼 수 있으며, 자연 세계에서 추정할 수 있는 모든 신비는 무지의 소산이라는 관점이다.

니체는 소크라테스 운동이 진행된 이후 "논리적 소크라테스주의"[63]의 거대한 흐름이 일어났다고 보았다. 니체가 찬양한 비극작가는 아이스킬로스와 소포클레스였다. 반면에 니체는 에우리피데스에 대해서는 거세게 비하했다. 니체는 소크라테스의 영향 아래에서 활동한 에우리피데스가 비극적 드라마를 합리적인 담론으로 변형시켰다고 비판한다. 즉, 에우리피데스는 세계의 신비를 해체했고, 이 해체는 신비의 요소를 파괴함으

---

60 GT 14: KSA 1, 92쪽.
61 GT 14: KSA 1, 92쪽.
62 E. Behler, "Sokrates und die griechische Tragödie," in: *Nietzsche-Studien*. Bd. 18. 1989, p.147.
63 GT 14: KSA 1, 91쪽.

로써 성취했다. 이는 바로 신화와 음악이다.[64] 니체는 에우리피데스를 미학적 소크라테스의 핵심인물로 보았다. 왜냐하면 에우리피데스의 이성적인 방법으로는 그리스 비극을 제대로 이해하지 못하며, 그 시대의 삶에 대한 긍정과 생동감을 유린했기 때문이다.

앞장에서 살펴보았듯이, 니체는 에우리피데스를 가리켜 "비이성적인 시인에 대한 대립된 세계를 제시했다"[65]라고 강하게 비판한다. 또한 "모든 대상은 아름답게 하기 위해 의식적이어야 한다"라는 근본명제를 제시한다. 소크라테스가 "선하기 위해 모든 대상은 의식적이어야 한다"[66]라는 명제와 동일하다. 따라서 에우리피데스는 미적인 소크라테스주의 시인으로 간주한다.[67] 니체는 에우리피데스와 소크라테스의 고대비극의 몰이해로 인해 미학적 소크라테스주의는 살인적 원리라 불러도 무방하다고 말한다. 따라서 니체는 미학적 소크라테스주의가 "고대 예술의 디오니소스적인 것을 지향하고 있었다면, 소크라테스는 디오니소스의 적, 새로운 오르페우스를 보게 된다"[68]라고 강조한다. 그래서 니체는 미학적 소크라테스주의의 본질을 자세히 살펴보아야 한다고 주장한다.[69] 여기서 최고의 법칙은 "아름답다는 것은 모두 이성적으로 이해될 수 있어야만 한다." 이것은 소크라테스의 명제인 "아는 자만이 유덕하다"[70]와 병행한다. 이런 점에서 소크라테스는 그의 학문적 경향을 에우리피데스와 밀월관계를 구축하였으며 이성주의의 최초의 완성자였다.

---

[64] 승계호, 『철학으로 읽는 괴테 니체 바그너』, 석기용 옮김, 반니, 2014, 437쪽.
[65] GT 12: KSA 1, 87쪽.
[66] GT 12: KSA 1, 87쪽.
[67] GT 12: KSA 1, 87쪽.
[68] GT 12: KSA 1, 87-8쪽.
[69] GT 12: KSA 1, 85쪽.
[70] GT 12: KSA 1, 85쪽.

소크라테스는 에우리피데스와 동맹을 맺고, "새로운 예술창조의 선구자"[71]가 되었다. 그리고 소크라테스가 에우리피데스와 서로 친밀한 관계를 맺고 있다는 사실은 당시 사람들도 잘 알고 있었다. 에우리피데스의 "프롤로그(Prolog)"[72]는 합리주의적 방법이 갖는 한 실례이다. 니체는 에우리피데스의 연극 중에서 프롤로그만큼 우리의 무대기술에 맞지 않는 것도 없다고 비판한다. 니체에 의하면 작품의 서두에 한 사람이 무대에 나와 자신이 누구인지, 가장 먼저 어떤 일이 일어날 것인지, 지금까지 무슨 일이 일어났었는지, 심지어 작품을 진행하는 가운데 어떤 일이 일어날 것인지를 이야기한다는 것은 근대의 연극작가에게는 긴장 효과를 고의적으로 포기하는 행동이다.[73] 계속해서 니체는 에우리피데스를 가면을 뒤집어 쓴 자라고 다음과 같이 비판한다.

"에우리피데스 역시 어떤 의미에서는 가면에 지나지 않는다. 그의 입에서 나온 신은 디오니소스가 아니었으며 아폴론도 아니었다. 그것은 새로 태어난 마신(魔神) 소크라테스였다. 디오니소스적인 것과 소크라테스적인 것 —이것은 새로운 대립이다. 그리스 비극의 예술은 이러한 대립으로 몰락했다. 에우리피데스가 자신의 경향을 취소함으로써 우리를 위로하려고 했을지라도 그것을 도움이 되지 않았다. 에우리피데스는 아이스킬로스의 비극과 투쟁하였고 그것에 승리했던 것이다."[74]

---

[71] GT 12: KSA 1, 87쪽.
[72] 그리스 고대비극의 프롤로그에 대한 자세한 내용은 다음을 참조: B. Seidensticker, "Beziehungen zwischen den beiden Oedipusdramen des sophokles," in: *Hermes-Zeitschrift für klassischen Philologie*, Bd. 100. 1972, p.255-76.
[73] GT 12: KSA 1, 85쪽.
[74] GT 12: KSA 1, 83쪽.

여기서 대립은 처음부터 디오니소스와 아폴론 간의 첨예한 변증법적인 대립[75]이 아니라 디오니소스와 소크라테스 사이에 심각한 대립이 있었음을 뜻한다. 니체는 디오니소스 비극에 대립하는 이유도 비극이 죽음으로 몰고 간 까닭도 아폴론이 아니라 새로 태어난 마신(魔神) 소크라테스였다고 강력하게 비판한다. 또한 소크라테스는 디오니소스적이지도 않고 아폴론적이지도 않았다. 따라서 그리스 비극은 디오니소스와 아폴론의 대립으로 끝난 것은 아니다. 들뢰즈(Gilles Deleuze)에 의하면 소크라테스가 자신의 삶에 전력을 다하지 않고, 그의 삶에 대한 비판이 전적으로 부정적으로 비춰진 것은 아니라는 것이다. 그래서 비극적 인간은 순수한 긍정 속에서 자기의 고유한 본질을 발견함과 동시에 자기와 대립하는 지독한 적(敵)을 발견해야 했다. 니체는 이러한 계획을 엄격히 현실화시켰다. 그리고 고통을 해소하기 위해 디오니소스와 아폴론의 반테제는 오히려 신비로운 디오니소스의 아리아드네의 보완으로 대신하게 되었다. 따라서 들뢰즈의 관점에서 니체의 『비극의 탄생』은 디오니소스와 소크라테스의 대립이 첨예한 대립으로 대체되었다는 것이다.[76]

니체의 입장에서 소크라테스는 이상한 전복(顚覆)에 의해 다음과 같이 정의된다. "모든 생산적인 모든 인간에게 본능이야말로 긍정적이고 창조적인 힘이며, 의식은 비평적으로 부정적인 힘인 반면에 소크라테스에게서 본능은 비판적인 것이 되고 의식은 창조적인 것이 된다."[77] 소크라테

---

[75] 슈미트(A. Schmidt)에 의하면 "니체의 사유운동은 변증법적이다"라 말한다. 하지만 니체가 사회 철학적이거나 과학적인 관점에서는 종종 변증법적이지 않다고 본다.(A. Schmidt, "Über Nietzsches Erkenntnistheorie, Zur Frage der Dialektik in Nietzsches Erkenntnistheorie(1963)", in: *Nietzsche*(Hg.), J Salaquard: Darmstadt, 1980, p.125.)
[76] 질 들뢰즈, 『니체와 철학』, 이경신 옮김, 민음사, 1999, 41-2쪽.
[77] GT 13: KSA 1, 90쪽; 니체의 본능과 의식에 대한 자세한 논의는 다음을 참조:

스는 퇴락(데카당스)의 최초의 천재이다. 왜냐하면 그는 관념을 대립시키고, 삶을 관념으로 판단하며, 삶을 관념에서 파산되고 정당화되고 예속되는 것으로 놓기 때문이다. 그가 우리에게 요구하는 바는 부정의 무게로 짓눌린 삶이 그 자체로 욕망되고 그 자체로 체험할 만한 가치가 없는 것으로 마침내 생각하도록 만드는 것이다. 즉, 소크라테스는 이론적 인간의 유형이자 시조이며 비극적 인간의 단 하나의 참된 대립자이다.[78] 니체에 의하면 마부의 자리에 가장 어울리는 사람은 소크라테스였다. 왜냐하면 소크라테스는 "그 이전에는 전혀 없었던 삶의 양식을, 즉 이론적 인간의 유형을"[79] 잘 보여 주었기 때문이다. 니체는 여기서 이론적 인간과 예술가적 인간을 대비한다. 이 두 인간 유형은 "눈앞에 있는 것에 무한한 기쁨을 느끼면서"[80] 염세주의적 실천을 비껴간다는 점에서 공통점이 있다. 하지만 기쁨과 만족을 느끼는 최종적 대상이 서로 다르다고 니체는 기술한다. 즉, 예술가는 진리의 베일 배후의 것(진리 자체)에 시선을 고정하는 반면, 이론적 인간은 성공적인 베일을 벗기기 위한 과정에서 기쁨을 얻는다는 것이다.[81] 여기서 니체는 이론적 인간의 이론적 활동인 학문이 진리 자체를 대상으로 삼았을 경우를 가정해 보자고 제안한다. 또한 니체는 소크라테스의 문화를 오페라 문화의 전형이라 간주한다.

> "소크라테스의 문화를 오페라의 문화라 부른다면, 그 내면적 내용을 가장 예리하게 표현한 것이다. 왜냐하면 두 문화는 오페라의 문 안에서

정낙림, 「현대는 소크라테스와 더불어 시작되었다: 니체의 소크라테스 비판」, 『철학연구』 제92집, 대한철학회, 2004, 401-3쪽.
[78] GT 15: KSA 1, 98쪽, 100쪽, 116쪽.
[79] GT 15: KSA 1, 98쪽.
[80] GT 15: KSA 1, 98쪽.
[81] GT 15: KSA 1, 98쪽.

본연의 소박함을 가지고 자신들의 의지와 인식에 대해 말해서 우리를 놀라게 하기 때문이다. 다시 말해 오페라의 발생과 오페라 발생의 사실적 측면을 아폴론적인 것과 디오니소스적인 것이라는 영원한 진리들과 비교해 보면 우리는 이 점을 알 수 있다."[82]

위와 같이 니체는 알렉산드리아적이며 이론적인 소크라테스의 문화를 오페라 문화라고 불렀다. 즉, 오페라의 등장은 소크라테스적 문화의 산물이라 니체는 주장한다. 왜냐하면 오페라 배우들이 무대 위에서 자신들의 의지와 인식에 대해 말하고 있기 때문에 우리를 당황스럽게 한다. 오페라 무대는 일상언어를 사용하여 우리가 알아들 수 있도록 하지만, 그 시대 청중들은 그것이 오히려 놀랄 만하고 당황스러운 것이었다. 궁극적으로 니체는 소크라테스 문화를 논리적 소크라테스주의, 미학적 소크라테스주의, 이론적 낙관주의자, 디오니소스의 적(敵)이라는 명칭들을 부여하면서 신랄하게 비판한다.

음악을 하는 소크라테스는 가능한가?

앞서 살펴본 것처럼, 니체가 디오니소스적인 것을 내세워 소크라테스주의와 대립각을 세웠던 이유는 이성중심적이고 이론적인 것을 배제하고자 하기 때문이다. 그러나 니체는 소크라테스의 감성적인 측면을 버리지 않는다. 피갈(Günter Figal)에 의하면 니체의 『비극의 탄생』의 출판은 니체 르네상스의 붐을 일으켰으며, "디오니소스적 현상의 이해는 점차 자기인식을 하는 계기가 되었다는 것이다. 니체의 이러한 기여는 소크라테

---

[82] GT 19: KSA 1, 98쪽, 120쪽.

스의 비판과 이성의 비판을 통해 니체의 전반적인 이해를 가능하게 했다고 말한다.[83]

니체는 다음과 같이 음악에 대해 묻는다. "음악을 하는 소크라테스가 형성하는 것이 가능할까?"[84] 음악은 아폴론적 예술에서 두 가지 측면으로 작용한다. 첫째, 디오니소스적인 보편성을 비유의 형식으로 관조하게 해주며, 둘째, 비유적인 형상이 최고의 의미를 갖게 한다.[85] 니체는 이러한 사실로부터 다음과 같은 주장을 도출한다. "음악의 능력은 신화, 즉 가장 유의미한 실례, 다름 아닌 비극적 신화를 낳는다." "음악은 디오니소스적 인식을 비유의 형식으로 이야기하는 신화를 낳는다." 니체는 서정시인과 음악의 관계, 말하자면 "음악은 서정시인"[86]에게서 아폴론적 형상을 빌려 자신의 본질을 알리려고 고군분투하고 있다고 회상하면서, 그 적절한 표현 방식을 비극적인 개념에서 찾아냈다.[87]

특히 『비극의 탄생』 16장에서 니체는 아폴론적 조형예술과 디오니소스적 음악 사이에는 거대한 대립이 존재한다고 보았다. 쇼펜하우어는 이러한 대립을 누구보다 앞서서 다음과 같이 파악했다.

"그리스 신화의 상징적 표현의 안내를 받지 않고도 음악에 모든 다른

---

83 G. Figal, "Nietzsches Dionysos," in: *Nietzsche-Studien*, Bd. 37. 2008, p.53.
84 GT 15: KSA 1, 102쪽.
85 GT 16: KSA 1, 107쪽.
86 서정시인은 우선 디오니소스적 예술가로서 근원적 일자와 근원적 일자의 고통 및 모순과 완전히 일체가 된 것이며 이 근원적 일자의 모상을 음악으로 만들어낸다. 이 점에서 음악이 세계의 반복, 세계의 두 번째 주조라고 불린 것은 정당하다. 그러나 음악은 서정 시인에게 마치 '비유적인 꿈의 영상'처럼 아폴론적인 꿈의 작용에 의해서 눈에 보이는 것이 된다. 근원적인 고통은 처음에는 형상도 개념도 없이 음악 속에 반영되었지만 이제는 가상 속에서 구원을 받음으로써 개개의 비유, 실례로서의 두 번째 반영을 만들어 내는 것이다.
87 GT 16: KSA 1, 107-8쪽.

예술과는 다르면서도 그것들보다 뛰어난 성격과 근원이 있음을 인정했다. 왜냐하면 음악은 모든 다른 예술처럼 현상에 대한 모사가 아니라 의지 자체의 직접적인 모사이며, 따라서 세계의 모든 물질적인 것에 대해서 형이상학적인 것, 모든 현상들에 대해서 물자체를 표현하기 때문이다."[88]

니체는 쇼펜하우어의 그러한 인식이야말로 모든 미학 가운데에서도 가장 중요한 인식이자 미학이 비로소 시작되는 인식이라 격찬한다. 이러한 점에 있어서 바그너(R. Wagner)도 쇼펜하우어와 동일선상에 있는 인물로 평가된다. 바그너는 『베토벤론』에서 "음악은 결코 아름다움의 범주가 아닌 모든 조형예술과는 전혀 다른 미학원리에 의해 측정돼야 한다"[89]라고 강조한다. 니체에 의하면 소크라테스는 옥중에서 친구들에게 종종 꿈속에 나타나서 '소크라테스여, 음악을 하라!'[90]고 언제나 똑같은 말을 되풀이했다는 것이다. 소크라테스는 최후의 날이 가까워질 때까지 자신의 철학적 사색이 최고의 뮤즈(미의 여신)의 예술이라 자신했으며, 신이 '비속하고 대중적인 음악'을 생각하고 있으리라고는 감히 믿지 않았다.[91] 따라서 니체는 학문의 정신을 음악의 신화창조적인 힘에 적대적으로 대항하는 장소를 아티카의 새로운 주신찬가에서 찾았다. 즉, 이것은 음악을 내적 본질[92], 곧 의지 자체를 표현하는 것이 아니라 현상의 불충분한 개념

---

88 A. Schopenhauer, Die *Welt als Wille und Vorstellung I*, Hamburg, 1988, p.310; GT 16: KSA 1, 104쪽.
89 GT 16: KSA 1, 104쪽.
90 GT 14: KSA 1, 96쪽.
91 GT 14: KSA 1, 96쪽.
92 음악은 바로 존재 그 자체이다. 비극의 몰락과 함께 존재와 의식의 불협화음이 시작되었다. 의식은 존재에 대해 문을 닫고 있으며 그럼으로써 피상적이다. 본래의 열정적 비극의 종말과 함께 새로운 로고스의 비극이 시작되었다고 니체는 믿고

들에 의한 모방형식을 재현한 것에 불과하다. 비디오니소스적 정신은 새로운 주신찬가가 전개되는 과정에서 음악을 자기 자신으로부터 소외시켜 현상의 노예로 전락했다.[93] 왜냐하면 디오니소스와 아폴론의 반테제는 진정한 대립을 위해서라도 사라졌어야 했다.

결국 니체의 관점에서 디오니소스와 아폴론의 대립은 스스로 변화해야 하며 전형적인 영웅으로서의 소크라테스에 만족해서는 더 이상 안 된다는 것이다. 왜냐하면 소크라테스도 그리스인이었으며 "음악을 하는 소크라테스"[94]로서 디오니소스적인 음악과 가까이 있었기 때문이다. 이런 점에서 니체가 강조하고자 하는 비극의 노래나 음악은 "광기, 의지, 비통하는 존재의 어머니"[95]를 찾아가는 과정이었다. 그 이름은 다름 아닌 "광기, 의지, 비통함"이었다. 궁극적으로 니체는 "디오니소스의 삶과 비극을 재탄생시켜 디오니소스의 축제 행렬에 가담"[96]할 것을 강력하게 외쳤다.

있었다.(뤼디거 자프란스키, 『니체, 그의 생애와 사상의 전기』, 오윤희 옮김, 문예출판사, 2003. 94쪽.)
93 GT 17: KSA 1, 111쪽.
94 GT 15: KSA 1, 102쪽.
95 GT 20: KSA 1, 132쪽.
96 GT 20: KSA 1, 132쪽.

제3장 니체와 그리스 비극: 쇼펜하우어와 바그너

니체와 쇼펜하우어 그리고 바그너

니체는 『비극의 탄생』에서 바그너(Richard Wagner, 1813-1883)와 쇼펜하우어(Arthur Schopenhauer, 1788-1860)의 철학에 많은 영향을 받았다. 우연한 계기로 쇼펜하우어의 『의지와 표상으로서의 세계』(1819)[1]를 접하게 된 니체는 초기에는 쇼펜하우어의 형이상학에 의존하여 자신의 예술철학을 전개한다. 니체의 그 당시의 상황을 다음과 같이 기술하고 있다.

"어느 날 바람에 쓰러진 나무처럼 서 있는 고서점에서 이 책을 발견했다. 생전 처음 보는 낯선 책이었다. 그 책을 손에 들고 책장을 넘겼다. 나는 모르겠다. 어떤 정령이 내 귀에다 대고 말을 했는지. '이 책을 집으로 가져가라.' 어쨌든 책을 살 때 서두르지 않는 나의 습관과는 전혀 다른 일들이 벌어졌다. 집에 도착하자마자 나는 이 획득한 보물을 가지고 소파 구석에 몸을 던졌다. 그리고 시작했다. 그 에너지 넘치는

---

[1] A. Schopenhauer, *Die Welt als Wille und Vorstellung*, Band. I. Hamburg, 1988.(쇼펜하우어, 『의지와 표상으로서의 세계』, 권기철 옮김, 동서문화사, 2008.)

 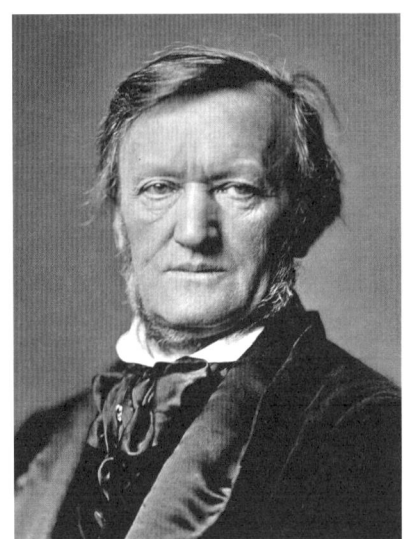

쇼펜하우어　　　　　　　　　바그너

음울한 정령이 내게 영향을 끼치도록 내버려 두었다. 여기에는 모든 문장이 부정, 거부, 체념에 대한 외침을 담고 있었다. 여기에서 나는 세상, 삶 그리고 멋진 것 속에 담겨 있는 본래의 정서를 들여다보게 하는 하나의 거울을 보았다. 아무런 이해관계가 없는 예술이라는 태양의 눈이 나를 바라보고 있었다. 여기에서 나는 병과 회복, 추방과 피난처, 지옥과 천당을 보았다. 자기 인식, 아니 자기 분쇄에 대한 욕구가 나를 무자비하게 휘어잡았다. 이때의 변화에 대한 증거들은 그 당시 쓰인 불안하고 우울한 일기장의 페이지들 속에 담겨 있다. 쓸데없는 신세 한탄과 인간의 핵심 전체의 회복과 개조에 대한 절망스런 시선이 함께 들어 있는 그 일기장 속에. 나는 모든 나의 특성과 계획들을 음울한 자기경멸의 법정 앞에 세움으로써 쓰라리고 부당하며 제어할 수 없이 나 자신에게 대항하는 증오 속에 빠져 있었다."[2]

이렇게 니체는 생전처음 보는 낯선 책을 손에 들고 책장을 넘기며 쇼펜하우어 철학에 푹 빠졌다. 줄리안 영(Julian Young)은 니체의 『차라투스트라는 이렇게 말했다』(1885)에서 '힘에의 의지' 개념 역시도 쇼펜하우어의 단어를 그대로 빌려온 것이며, 형이상학적 개념에서 벗어나지 못했다고 말한다. 그래서 니체의 예술이론은 쇼펜하우어의 영향권을 크게 벗어나지 못했다. 니체는 쇼펜하우어를 따라 세상과 인간의 세계에 자신을 전개해 나가는 '원형적 통일체(Primordial Unity)'를 가정한다.[3] 그리고 그는 인생을 끔찍하고 비극적인 것으로 묘사하고, 천재의 작품에 의한 인생의 변화에 대해 종종 말한다.

그러나 니체는 쇼펜하우어와는 다른 관점에서 자신만의 독창적인 예술관을 전개했다.[4] 이것은 예술의 생리학이라 부르는 후기 니체의 예술관에서 더욱 선명하게 드러난다. 니체는 예술의 생리학을 통해 예술가의 생의 긍정과 창작의 충동, 그리고 예술가의 몸을 중요하게 여겼다. 학생 시절 바그너의 음악을 듣고 그의 추종자가 된 니체는 바그너의 예술에서 비극정신의 체현을 본다. 니체의 『비극의 탄생』에서 바그너의 영향은 지대하다. 니체는 바그너에게 바치는 서문에서 비극의 부활에 대한 논쟁과 의지를 명백하게 보여주었다. 그리고 니체의 바그너에 대한 초기의 생각

---

2 W. Abendroth, *Schopenhauer*, Reinbek bei Hamburg, 2007, p.41.
3 니체의 『비극의 탄생』에서 쇼펜하우어 철학과의 관계에 대한 자세한 글은 다음을 참조: F. Decher, "Nietzsches Metaphysik in der 'Geburt der Tragödie im Verhältnis zur Philosophie Schopenhauer", in: *Nietzsche-Studien*, Bd. 14. 1985, 110-25쪽; H. Topfer, *Deutung und Wertung der Kunst bei Schopenhauer und Nietzsche*, Leipzig, 1933; R. Dowerg, *Friedrich Nietzsche Geburt der Tragödie in ihren Beziehungen zur Philosophie Schopenhauer*, Leipzig, 1902; M. Riedel, "Ein Seiten Stuck zur Geburt der Tragödie-Nietzsches von Schopenhauer und Wager und Wende zur Philosophie", in: *Nietzsche-Studien*. Bd. 24. 1995. pp.44-61; S. L. Gilman, "Hegel, Schopenhauer and Nietzsche see the black", in: *Hegel-Studien*, Bd. 16. 1981, pp.163-87.
4 J. Young, *Nietzsche's Philosophy of Art*, Cambridge University Press, 1992, p.137.

은 차츰 주목을 받게 되었다. 니체는 몇 년간 바그너에 대해 심리적인 갈등을 겪다가 1868년 초에 바그너 추종자가 되었다. 1868년에 바그너를 개인적으로 만나고 알게 된 후 그는 열광적이며 헌신적인 바그너 추종자가 되었다. 그것은 그의 나머지 일생 전체에 영향을 미치게 된다. 그의 바그너 추종적인 사상은 음악의 영역에만 국한되지 않고 그의 관점이나 다른 학문들을 평가하는데도 영향을 미쳤다. 그는 1869년에 바그너의 모든 이론적인 결과물을 읽었고, 1870년대 초반 이후 깊은 영향을 받게 된다. 또한 그는 음악 주간지(Musikalisches Wochenblatt)에서 다른 추종자들의 간행물을 포함해 바그너에 관한 많은 책을 읽었다. 그는 음악주간지에 자신의 글을 투고하기도 했다. 1870년대 초에 니체는 바그너와 함께 새로운 간행물을 만들려는 계획을 갖고 논의하기도 하였다.

　니체는 『비극의 탄생』과 『반시대적 고찰(Unzeitgemabe Betrachtungen)』(1875)에서 스트라우스와 바그너에 대해, 그리고 역사와 쇼펜하우어에 관한 광범위한 논증을 통해 그 시대에 인정을 받았다. 그리고 니체는 정신적 붕괴가 오기 이전까지 바그너 추종자였고, 바그너의 생각을 거의 모든 책의 후기에 적었다. 그 당시 니체에게 바그너의 음악을 소개한 사람은 바그너 추종자였던 그의 친구 구스타프 크룩(Gustav Krug)이었다. 크룩은 바그너에 흥미를 갖고, 니체에게 영향을 끼쳤던 게르마니아(Germania)라는 문화적 단체를 결성했다. 1860년에서 1863년 사이 에세이, 시, 작곡을 매달 투고하며 서로에게 매년 4번씩 강연을 부탁하기도 했다.

　크룩의 거의 모든 흥미는 음악과 작곡에 직접 관련되어 있었고, 종종 바그너 추종자들의 테마를 글로 쓰거나 강의하였다. 이러한 흥미는 그들이 게르마니아를 위해 구입한 몇 권의 책과 악보들에 그대로 나타나 있다. 니체는 진지하게 음악에 관심을 갖게 되었고, 그의 음악에 관한 생각과 작곡 방법들은 1860-1864년 사이에 급격히 변하게 된다. 그가 게르마니아에 투고한 작품 가운데 상당수는 작곡과 관련되어 있다. 니체가 본(Bonn)으로 떠나기 직전까지 게르마니아 일원들은 매일 만나 음악, 문학, 그리고 철학 주제에 관한 글을 읽었다. 1861년 봄 방학 때 크룩은 한스 폰 뷜로(Hans von Bülow, 1830-1894)에게서 ≪트리스탄과 이졸데≫[5]의 성악부분 복사본을 빌려 왔고, 그 다음 해에 크룩의 제안에 따라 게르마니아의 회비로 그 복사본을 사들였다. 이 당시 바그너에 대한 니체의 지식은 제한적이었지만, 회의 기록에는 바그너 음악은 종종 토론주제가 되었다.[6]

이 기간에 니체는 바그너에 대해서 아주 드물게 언급하였지만, 그의 여동생은 1862년에 며칠 동안 니체와 크룩이 바그너의 노래를 피아노로 연주하고 열정적으로 노래 불렀다고 말한다. 그는 바그너 음악의 힘을 강조했고, 공통의 주제에 대한 초안과 음악잡지를 발췌하기도 했다. 그래서 1862-1864년에 니체는 이미 바그너에 대한 열정과 많은 지식을 갖고 있었다. 니체의 열정이 식은 것처럼 보였다면, 그것은 반(反)바그너주의자 음악이론가였던 한슬릭(Eduard Hanslic, 1825-1904)이 부분적으로 영향을 끼쳤을 가능성이 높다. 1858년부터 기록한 한슬릭의 자서전에는 니체가 고전 음악에서 표현한 강렬한 표현과 현대 음악을 향한 강한 적대심을 표현하고 있다. "나는 현대 음악과 고전적이지 않은 모든 것에 대한 억누를 수 없는 증오를 느낀다. 오직 모차르트와 하이든, 슈베르트와 멘델스존, 베토벤과 바흐만이 내가 발견한 독일 음악의 기둥들이다."

---

5 ≪트리스탄과 이졸데(독일어: Tristan und Isolde)≫는 바그너가 작곡하고 대본을 작성한 3막의 독일 오페라이다. 대본은 대부분 트리스탄과 이졸트의 이야기에 바탕을 둔 고트프리드 폰 슈트라스부르크의 낭만 소설을 기초로 작성되었다. 1865년 6월 10일 뮌헨에서 한스 폰 뷜로의 지휘로 초연되었다. 때는 전설 시대의 콘월, 브리타니, 아일랜드 앞바다 / 1막은 "항해 중인 배의 갑판 위" / 2막은 "늦은 밤, 마르크 왕의 궁전 정원" / 3막은 "브리타니에 위치한 트리스탄의 성"으로 구성되어 있다.
6 김문환, 『바그너의 생애와 예술』, 도서출판 느티나무, 2006, 274쪽.

그러나 니체는 1888년 『바그너의 경우』에서 바그너의 음악을 쇼펜하우어의 철학과 마찬가지로 "데카당스"[7]하다고 규정하기에 이른다. 그는 바그너를 질병이라고 간주하고 바그너가 음악까지 병들게 했다고 비난한다.[8] 쇼펜하우어의 경우와 마찬가지로 니체는 바그너의 예술에 대립하여 자신만의 예술철학을 전개한다. 니체는 삶의 근원인 고통을 마주보고 긍정하는 고통받는 자의 예술인 디오니소스적 예술을 쇼펜하우어의 예술에 대립되는 것으로 제시하면서, 예술의 생리학으로 나아간다. 우리는 니체에게서 그의 미학 이론을 계획하고 형성하는 데 많은 영향을 끼쳤던, 이른바 유명한 고전 음악가들인 하이든(J. Hayden, 1732-1809), 모차르트(W. A. Mozart, 1756-1791), 베토벤(L. Beethoven, 1770-1827), 슈베르트(F. Schubert, 1797-1828), 멘델스존(B. Mendelssohn, 1809-1847), 슈만(R. Schmann, 1810-1856) 등의 낭만주의 음악을 통해 니체 음악관의 흔적을 발견할 수 있다.[9] 니체는 베토벤의 서거 45주년이 되던 해에 그의 처녀작인 『음악정신으로부터 비극의 탄생』을 출간하면서 바그너의 음악과 쇼펜하우어의 철학과의 밀접한 관계를 그의 미학 이론에서 전개한다. 니체는 이 책의 첫 출판에서 쇼펜하우어의 철학과 바그너의 음악 정신을 그리스적인 의미와 독일 문화로 표현하고 있다. 즉, 그는 삶과 예술에 비극을 연결하여 심도 있는 고찰[10]을

---

[7] 니체는 데카당스를 독일어로는 붕괴(Verfall), 몰락(Niedergang), 소모(Erschöpfung)의 뜻으로 사용하여 삶의 의지를 쇠약하게 만들고 삶에 해악을 가져오는 것으로 이해한다.
[8] GT 1: KSA 1, 12쪽.
[9] 니체는 1865-1866년 겨울에 라이프치히(Leipzig)에서 바그너, 리스트(Liszt), 베를리오즈(Berlioz)의 음악 연주회였던 "미래의 마티네(Zukunftmatineen)"에 참석했다. 하지만 우리는 그가 들었던 것에 대해 어떻게 반응을 했는지는 모른다. 6개월 후에 그는 피아노에 관한 바그너의 발퀴레(Walkiire)를 연구했다. 그리고 이후에 대단히 아름다운 부분과 태양이 무(無)가 되기 위하여 똑같이 장엄한 부분을 담고 있다고 썼다.(Vgl. B. Schmitt, *Der ethische Aspekt der Musik. Nietzsches Geburt der Tragödie und die Wiener klassische Musik*, Würzburg, 1991, pp.8-9.)

함으로써 고전 그리스 시대[11]의 시와 바그너의 악극, 오페라 등의 음악과 결합을 꾀했다. 이러한 시도는 이른바 19세기의 낭만적인 문헌학을 설명하면서 그의 미학 이론을 동시에 연결시켰다.

니체는 쇼펜하우어의 형이상학적 음악, 낭만주의 문학과 음악을 서술했다. 1869년과 71년의 시기 동안에 『비극의 탄생』을 저술할 당시 니체는 바그너로부터 영향을 크게 받았다.

첫째, 니체 이전에 바그너는 고대극과 현대 오페라 사이의 관계를 논의했다. 니체는 『비극의 탄생』에 있는 고대극과 오페라에 대한 많은 예시를 언급했다. 바그너는 니체가 깨달았던 것보다 그리스 비극에 관해 훨씬 상세하고 앞선 논의를 했다. 이는 고전학자인 슈아데발트(W.Schadewaldt)가 그의 강의 "리차드 바그너와 그리스(Richard Wagner und die Griechen)"에 의해 처음으로 상세하게 보여 주었다. 바그너는 이미 1849년에 다음과 같이 언급했던 적이 있다. "음악의 재탄생: 아이스킬로스, 데카당스, 에우리피데스"라고 기술했다. 바그너의 작품 『오페라와 드라마(Oper und Drama)』(1851)에서 그는 신화와 악극 사이의 관계에 대한 문제를 논의했다.

둘째, 니체에 대한 바그너의 편지이다. 이 편지는 1871년 2월 12일 전에 쓴 것으로, 여기서 바그너는 니체에게 철학자로서 남아있기를 요구했

---

10 V. Gerhardt, *Friedrich Nietzsche*, München 1995, p.11. Vgl. F. Roth, "Die Absolute Freiheit des Schaffens. Ästhetik und Politik bei Nietzsche", in: *Nietzsche-Studien*. Bd. 26. 1997, p.89.

11 니체에게서 초기 그리스 음악의 수용은 그의 작품인 『디오니소스적 세계관(1870 여름)』에 의해 그 단초를 찾을 수 있다. "그리스인은 그리스 신에게서 그들의 세계관의 비밀학으로 표현하거나 비밀스럽게 표현하는데서 그리스 예술의 이중성을 아폴론과 디오니소스의 두 신으로부터 형성된다."(GT, 553쪽.) 니체는 그리스 음악을 그 이전의 "하모니의 결핍", "조화로운 표현 수단의 풍부함" 등으로 표현하였고, 그 모형을 그리스의 키타라(Kithara)와 아우로스(Aulos) 음악에서 찾았다.(R. Fietz, Medienphilosophie. *Musik, Sprache und Schrift bei F. Nietzsche*, Würzburg, 1992, p.69.)

다. 또한 바그너의 부인이었던 코지마 바그너와의 편지에서도 니체가 철학자로 성공하기를 소망하는 마음이 상세히 기록되어 있다.[12]

셋째, 니체는 바그너의 많은 책들을 읽음으로써 크게 영감을 받았으며, 특히 그의 '베토벤'이라는 책에서 그러했다. 니체는 바그너와의 친분을 통해 음악사의 관점을 이해하는 데 풍부한 지식을 갖게 해 주었으며, 특히 니체의 『비극의 탄생』은 베토벤을 중요하게 다루었다. 니체는 이 저서에서 베토벤의 음악을 유독 강조하였고, 그 당시 바그너 이전에 가장 중요한 빈(Wien)의 작곡가였던 하이든이나 모차르트 등의 음악을 다루고 있지 않은 것을 보더라도 베토벤은 니체에게서 독일정신의 우상과도 같은 위대한 존재였다. 니체에게서 독일정신은 의지, 디오니소스적인 것, 근원적 일자(Ur-Eine) 등으로 표현하였고, 음악은 일반적인 언어였다. 즉, 그 당시 니체에게서 음악은 디오니소스적인 내용을 함축하고 있었다. 디오니소스적인 음악은 의지로서의 음악이며 근원적 일자의 심장부에서 나타나는 근본적인 모순덩어리이자 고통스러운 모습을 한 상징적인 관계다.[13]

니체가 그리스 비극에서 주목한 것은 디오니소스와 아폴론적인 예술 원리이다. 니체는 아폴론과 디오니소스의 두 관계를 『비극의 탄생』 여러 부분에서 자신의 입장을 표명한다. 즉, 그리스 비극에서 디오니소스와 아폴론의 형제 관계는 타자의 언어를 통해 예술 일반의 최고의 목적을 이루는 데 있었다.[14] 니체는 비극을 이해하기 위해 예술의 최고 형식으로서 미적인 영역을 예외적으로 추가했다. 그리고 예술의 최고 형식으로서

---

[12] E. Trierbach(Hg), *Die Briffe Cosima Wagners an Friedrich Nietzsche*, Weimar, 1940.
[13] GT 6: KSA 1, 50-1쪽.
[14] GT 21: KSA 1, 140쪽; Vgl. L. Ellrich, "Rhetorik und Metaphysik. Nietzsches 'neue' ästhetische Schreibweise", in: *Nietzsche-Studien*, Bd. 23. 1994, p.255.

비극과 관련된 개별적인 미적 쾌락에 관해 질문을 설정했다.[15] 그 안에서 니체는 바그너로 향한 예술의 길을 추구했다. 물론 바그너는 디오니소스적인 현상과 디오니소스에 대한 신뢰를 구축하여 그의 표제음악을 전개했다.[16] 즉, 바그너의 오페라나 음악극(Musik Drama)은 디오니소스적이고 아폴론적인 결합을 통해 음악과 무대의 현장에서 서로 일치하는 모습을 표현했다.

바그너는 예술이 가진 본래의 힘을 회복해야 한다고 역설(力說)하였고 그 근거를 그리스 비극에서 찾았다. 왜냐하면 그리스 비극은 그리스인이 생각했던 세계와 삶의 문제에 대해 고찰한 집약체였기 때문이다. 따라서 바그너는 그의 이런 확신을 그의 음악극으로 구체화하였다. 바그너의 음악극은 오페라와 달리 줄거리나 대사의 비중을 최소화하여, 사건이나 이야기보다는 음악이 만들어 내는 상황과 분위기 자체에 더 중심을 두었다. 즉, 바그너는 음악이 가진 본질적인 힘을 내보이려고 했다.[17] 마치 그리스 비극처럼 바그너의 음악극은 디오니소스적 음악의 성격이 중심을 이루고 있는 것이다. 이와 같은 점에서 니체는 바그너의 음악극 ≪트리스탄과 이졸데≫를 그리스 비극의 완벽한 부활이라 지칭했다.

니체는 『비극의 탄생』에서 예술가-형이상학, 낭만주의, 허무주의의 주요 개념을 후기의 저서에서도 그의 기본적 입장을 지속적으로 전개했다. 따라서 니체는 예술가-형이상학의 단초로서 디오니소스와 아폴론의 두 원리를 근거로 미적인 형이상학을 구축했다. 디오니소스의 격정적인 예

---

[15] C. Menke, "Tragedy and the free spirits. On Nietzsche's theory of aesthetic freedom", in: *Philosophy & social criticism*, Vol. 22. 1996, p.2.

[16] M. Fleischer, "Philosophische Aspekte von Wagners Tristan und Isolde", in: *Perspektiven der Philosophie*. Bd. 8. 1982, p.159.

[17] 홍사현, 「니체의 음악적 사유화 현대성」, 『니체 연구』 제10집, 한국니체학회, 2006, 75쪽.

술 원리에서 진정한 예술 현상과 진리를 파악했다. 그러므로 니체는 『비극의 탄생』에서 "그리스의 사유"[18]를 제대로 인식하고자 했다. 비록 니체의 저서가 어둡게 보이거나 폐기된다고 할지라도 "디오니소스적인 예견"[19]을 인식하는 것이었다.[20]

이러한 관점에서 우리는 니체의 『비극의 탄생』에서 드러난 디오니소스적 예술관, 특히 디오니소스의 음악관을 구체적으로 살펴보기로 하자. 특히 니체와 쇼펜하우어의 예술철학과의 관계를 실존적 비극의 음악관을 중심으로 살펴보도록 하자.

데카당스: 바그너의 경우

쇼펜하우어는 자신의 의지철학을 바탕으로 예술에 대한 통찰, 특히 음악을 중심으로 서술했다. 쇼펜하우어에 따르면, 음악은 예술과 다르게 세계의 의지를 직접 묘사한다. 그러한 쇼펜하우어의 음악에 대한 근본적인 사유는 니체에 앞서 바그너에 의해서 재발견했다. 이를테면 쇼펜하우어와 바그너는 니체의 음악정신에 풍부한 기반을 제공했다. 바그너에 따르면, 근대의 과다한 분화와 개별화의 원리로 초래한 부작용은 근대의 문화에서 파편화된 개인과 그들이 만들어낸 문화, 특히 예술에서 적나라하게 드러났다. 예술은 그리스 문화처럼 더 이상 개인과 공동체, 인간과 자연의 이상적 조화에 기여하는 공공재로서의 역할을 더 이상 하지 못한다. 이제 예술은 시장에서 교환되는 일종의 상품이 되었고, 또한 예술은

---

[18] GT 1: KSA 1, 11쪽.
[19] GT 20: KSA 1, 133쪽.
[20] Vgl. E. Heftrich, Die Geburt der Tragödie. Eine Präfiguration von Nietzsches Philosopie, in: *Nietzsche-Studien*. Bd. 18. 1989, pp.111-12.

개인의 오락물이나 장식품으로 전락하였다. 이런 상황에서 바그너는 예술의 본래적 가치를 찾을 필요가 있다고 주장한다. 여기서 등장한 예술이 바로 그리스 비극이다. 그리스인이 신화를 통해 세계와 삶의 문제에 관한 예리한 통찰력을 얻었듯이, 바그너 역시 신화가 지닌 원초적인 힘에 주목했다. 그리고 그의 이러한 태도는 니체의 디오니소스적-아폴론적 예술 충동으로 작용하게 된다. 니체는 『비극의 탄생』을 저술하는 과정에서 바그너의 음악이 근대 소크라테스적 문화의 대척점에서 그 문화를 극복하고 새로운 비전을 제시할 수 있으리라는 믿음에서 그에 대한 찬양으로 다음과 같이 표현한다.

> "(...) 독일 정신의 디오니소스적 기반으로부터 하나의 힘이 솟아올랐다. 이 힘을 소크라테스적 문화의 근본 조건과는 아무런 공통점을 갖지 않으며 소크라테스 문화에 의해서 설명할 수도 변호할 수도 없다. 오히려 그것은 소크라테스 문화에 의해서 두렵고 설명할 수 없는 것으로, 압도적이고 적대적인 것으로 받아들여진다. 그 힘이란 독일 음악이다."[21]

하지만 니체는 바그너의 음악을 쇼펜하우어의 철학과 마찬가지로 데카당스하다고 규정한다. 니체는 당시 프랑스에서 사용하던 용어를 그대로 들여와서 바그너와 결부시켰다. 니체는 부르제(Paul Bourget)가 현대 심리학에서 데카당스의 요소를 보들레르를 통해 발견한다. 부르제는 보들레르의 문학적 양식을 데카당스하다고 파악하면서 유기체를 모델로 삼아 설명한다. 즉, 유기체의 부분들이 각각 독자적으로 활동하기 시작하여

---

[21] F. Nietzsche, *Nachgelassene Schriften 1870-1873*, Berlin·New York, 2001, pp.199-200.

전체의 유기체가 무정부 상태가 되는 것을 데카당스하다고 말한다. 문학의 형식으로 보자면, 단어가 문장에서 튀어나와 주도권을 행사하여 문장 전체의 의미를 모호하게 만들며, 전체를 더 이상 전체가 아니게 만드는 것이다. 정치적으로는 개인의 자유를 최대로 요구하는 경우가 이에 해당한다.22

니체는 데카당스를 '붕괴(Verfall)', '몰락(Niedergang)', '소모(Erschöpfung)'의 뜻으로 사용한다. 그래서 삶의 의지를 쇠약하게 만들고 삶에 해악을 가져오는 것으로 이해하며, 바그너와 관련해서는 질병이라 말한다. 바그너는 인간이기보다는 질병으로서 그가 만지는 모든 것은 병이 든다. 바그너는 음악을 병들게 한다.23 바그너는 무한한 어떤 것을 음악으로 표현하고자 했다.

니체에 따르면 바그너의 이념은 삶의 긍정이 아니라, 그 반대의 것, 감각과 정신에 대한 광적인 증오를 표현한다. 예컨대 바그너의 최후의 작품인 ≪파르지팔(Parsifal)≫이 그러하다. 말하자면 니체가 바그너의 음악극이 그리스 비극과 그다지 관계가 없음을 알아차린 것은 바그너의 ≪파르지팔≫에 의해서이다.

≪파르지팔≫은 그리스도교 신에게 무릎을 꿇으면서 구원을 간청한다. 바그너가 그리스도교에 무릎을 꿇을 때 니체는 바그너에게서 반디오니소스적인 예술가를 목격한다.24 ≪파르지팔≫에는 기독교 너머에 과연 무언가 존재하는 것이 있느냐의 물음이 주된 관심사이다. 바그너는 기독교 너머에 기독교와의 단절이 아니라 기독교 자체의 완전한 긍정이

---

22 P. Bourget, *Essais de Psychologie contempoaine*, Librairie Plon: Paris, 1924. p.20.
23 F. Nietzsche, *Die fröhlich Wissenschaft*, 6. Berlin, 1980, p.21.
24 정낙림, 『니체와 현대예술』, 역락, 2012, 108쪽.

라는 생각을 갖고 있었다. 니체는 더 이상 기독교는 구원의 원리가 아니며, 오직 기독교적인 형상을 갖추고 미적인 긍정이 탈기독교와 탈이념화를 기독교 너머의 어디에서 찾을 수 있다고 보았다.[25] 그래서 니체는 바그너의 "이 작품은 타락한 삶의 구원은 기독교를 따르는 순수한 영혼을 통해 가능하다는 것을 묘사한다."[26]

> "파르지팔은 삶의 전체에 대항하는 책략과 복수욕과 은밀한 독이 섞여 있는 산물이다. 파르지팔은 나쁜 작품이다. ―순결을 설교하는 것은 반자연에 대한 선동이다. 나는 파르지팔을 인륜성에 대한 암살계획이라 느끼지 못하는 모든 사람을 전부 경멸한다."[27]

이렇게 니체가 바그너를 전형적인 데카당스의 예술가로 간주한 이유는 다양하다. 예컨대 바그너의 오페라가 악극으로서 음악이라기보다는 연극에 초점을 둔 것, 무한 선을 통해 음악의 리듬을 왜곡한 것, 예술에 종교적 힘을 불어 넣었지만 실제로 사기라는 것, 쇼펜하우어의 염세주의가 구현된 것 등 다양하다. 바그너의 오페라는 전체가 구원과 관련되어 있으며, 가장 혁명적으로 보였던 '니벨룽겐의 반지'에서도 바그너는 쇼펜하우어적 염세주의에 의해 구원받았다. 구원에 대한 바그너의 이러한 갈망은 내면의 공허함과 감성세계의 붕괴를 반영한 것이다. 니체는 쇼펜하우어의 염세주의에 대해 다음과 같이 비판한다.

> "비극은 쇼펜하우어가 의미했던 헬레네인들이 염세주의를 입증하는

---

[25] 알랭 바디우, 『바그너는 위험한가』, 김성호 옮김, 북인더 갭, 2012, 151쪽.
[26] KSA 1, 475쪽.
[27] KSA 6, 431쪽.

것과는 거리가 멀다. 비극은 오히려 그런 것에 대한 결정적인 거부와 반대 절차로 간주되어야 한다. 삶 자체에 대한 긍정이 삶의 가장 낯설고 가장 가혹한 문제 안에도 놓여 있는 것이다. 자신의 최고 유형의 희생을 통해 고유의 무한성에 환희를 느끼는 삶의 의지 —이것을 나는 디오니소스라 불렀으며, 비극 시인의 심리에 이르는 다리로 파악했다."[28]

니체는 쇼펜하우어의 그리스 비극성이 그리스인의 염세주의를 입증하는 것과 너무 동떨어져 있으며, 삶의 긍정이 결여되어 있다고 말한다. 우리에게서 나타나는 관능적인 것과 정신적인 것에 대한 증오는 밖으로는 히스테리와 유사한 증상을 나타낸다. 그것은 몽롱하고 어둡고 애매한 것을 동경하며 도취상태에 빠져 있는 것을 의미한다. 물론 이러한 도취상태는 디오니소스적인 것과 구별되어야 한다. 데카당스의 도취상태에서는 감각과 정신이 억압되는 몰아의 무력감과 연결되지만, 디오니소스적인 도취는 이와 반대로 감각을 해방하고 힘을 북돋아 자아를 강화한다. 니체는 바그너의 데카당스한 음악을 비제의 카르멘을 든다. 이러한 반대의 예는 역설적이어서 도덕적으로부터 해방된 카르멘의 감성을 떠올린다면 니체의 의도를 짐작할 수 있다.

바그너는 자신의 이념을 도출하기 위해 무대에서는 심오하고 숭고한 동작을 만들고 청중을 몽롱하고 꿈꾸는 상태로 이끈다. 그러나 바그너의 내면은 니힐리즘에 침몰되어 공허하기 때문에 그가 그려내는 숭고함은 허위이며 거짓이다. 바그너는 히스테리 환자처럼 자신의 내면에 대한 반작용에 의해 이념을 추구하였기 때문에 음악은 그러한 이념을 암시하고

---

28 KSA 6. 432쪽.

표출하기 위한 수단에 불과했다. 그는 어떠한 대가를 치루더라도 풍부하게 이념을 표현하지 않으면 안 되었다. 이것이 바그너가 과장된 몸짓을 할 수밖에 없는 음악으로 치달은 이유이다. 바그너는 모든 계산과 조작을 다하여 감정을 과도하게 불러일으키기 때문에 정신은 약해지고 힘이 빠진다. 그의 예술은 감각을 기형화하고, 신경을 과도하게 긴장시켜 일종의 히스테리 상태에 빠지게 하여 여기에는 형식이라고 할 것도 없다.29

이에 반해 니체는 디오니소스적인 예술은 위대한 양식이 있는 것이라고 주장한다. 후기 낭만주의 예술은 절대적 이념에 대한 동경으로서 파토스를 거리두기보다 상위에 두기 때문에 고전주의와 같은 형식을 지킬 수 없다. 근대인에게 거리의 파토스가 사라지게 되고, 동일함의 파토스가 중심을 차지했다.30 그러나 니체는 거리두기가 창조활동의 기본적인 것임을 승인한다. 그리고 파토스와 거리두기를 함께 아우르는 위대한 양식을 통해 디오니소스적 예술의 기본 형태로 생각한 것이다. 이렇게 니체는 바그너의 경우를 검토하면서 디오니소스적인 예술을 구체화했다. 디오니소스적인 예술은 바그너의 경우에서 나타나는 것과 같은 세기말적인 데카당스 현상, 즉 허무로의 의지에 대한 반대운동에서 자리 잡는다. 니체의 이러한 반대운동을 힘에의 의지로서 삶을 자극하며 삶을 강화하는 디오니소스적인 예술은 올바로 이해된 생리학이며, 이는 힘에의 의지에 대한 가르침 이외에 다른 것이 아니기 때문이다.31

클로소프스키(Pierre Klossowski, 1905-2001)는 다음과 같이 묻는다. "니체는 데카당스의 개념으로부터 벗어났는가? 아니면 벗어나려고 노력했는가?

---

29 KSA 13, 365쪽.
30 KSA 5, 182쪽.
31 W. Müller-Lauter, *Nietzsche, Seine Philosophie der Gegensätze und und die Gegensätze seiner Philosophie*, Walter de Gruyter: Berlin, 1971, p.69.

데카당스라는 용어는 최후까지 나타나고, 건강과 질병이라는 기준도 다시 보인다. 왜냐하면 아마도 질병과 데카당스의 긍정적인 모든 특성은 그 복잡함의 동일한 특성을 의문시하기 때문일 것이다. 니체 자신은 병자의 가장 아름다운 발명에 복종했다."[32] 니체는 데카당스를 다음과 같이 표현한다.

"그리고 모든 인간은 그들의 삶의 어느 시기에는 병들어 왔다. 거대한 감동, 힘의 열정, 사랑, 복수는 깊은 장애를 수반한다. 그리고 데카당스에 관해서는 요절하지 않는 모든 인간은 온갖 의미에서 데카당스를 표현한다. 그러므로 인간은 데카당스에 속하는 본능도 체험에 의해 알고 있는 것이다. 인간은 인생의 절반을 데카당으로 보낸다."[33]

이렇게 쇼펜하우어의 음악에 대한 형이상학적 이해는 그대로 바그너에게로 이어졌다. 바그너에게서 근대의 과다한 분화와 개별화의 원리로 초래된 부작용은 근대의 문화 속에서 파편화된 개인과 그들이 만들어낸 문화, 특히 예술 속에서 잘 드러나고 있다고 비판했다.

실존의 미적 정당화

1) 쇼펜하우어의 미적 정당화와 두 예술의 이중성

니체가 '도덕'을 '미학'으로 환원해야 한다고 주장할 때, 자연스럽게 제기되는 질문은 "왜 '도덕'에 의한 정당화가 아니라 '미적 현상'에 의한 정당화인가"를 묻는다. 우리는 이 질문에서 '실존의 미적 정당화'에 관한

---

32 피에르 클로소프스키, 『니체의 악순환』, 조성천옮김, 그린비, 2010, 256쪽.
33 KSA 13, 365-7쪽.

'실존(Dasein)' 개념과 긴밀한 연관을 갖고 있다고 본다. 여기서 '실존'은 구체적으로 인간을 지칭한다.

니체는 자연주의적 관점에서 인간을 감성적 존재로 이해한다. 니체가 인간을 설명하는 핵심개념은 충동과 정서이다. 도덕은 감성적 존재로서 인간의 충동과 정서를 억압하거나 제어되어야 한다는 측면에서 '반자연적'이다. 이런 점에서 니체는 '초자연적인 개념들'에 근거하여 인간을 이해한다. 그리고 이러한 인간 이해를 바탕으로 자연스러운 인간의 성향을 억압하는 '반자연적인 도덕'에 의해 인간의 삶이 정당화되는 것은 부당하다고 주장한다. 따라서 니체는 실존의 도덕적 정당화가 아니라 실존의 미적 정당화를 주장했다. 그리고 니체는 도덕을 미학으로 환원하려는 반자연적인 도덕을 충동과 정서로 이해했다. 이러한 단초는 쇼펜하우어의 『의지와 표상으로서의 세계』에서 "세계는 나의 표상이다"[34]라는 문장에서 영감을 얻었다. 이 문장에서 사용된 어휘의 의미는 다소 낯설다. 하지만 쇼펜하우어는 '표상', '세계', '의지'와 같은 개념들에서 독특한 의미를 부여해 형이상학을 구축했다.

잘 알려져 있듯이 쇼펜하우어의 철학은 칸트철학의 연구에서 출발했다. 니체가 보기에 칸트와 쇼펜하우어의 비범한 용기와 지혜는 가장 힘든 승리를 쟁취했다.[35] 니체는 『비극의 탄생』을 집필할 당시, 칸트와 쇼펜하

---

[34] 쇼펜하우어의 '표상'은 우리의 의식이나 지성 앞에 위치한 모든 것, 또는 제시된 모든 것을 지시하기 때문에 "표상으로서의 세계", 또는 "나의 표상"은 우리가 생각하는 것을 지시할 뿐만 아니라 듣고 느끼는 것, 또는 다른 방식으로 지각하는 것을 의미한다. 결국 세계가 어떤 이론적 범주 안에서 존재한 것이 아니라 인식되는 여부에 따라 개별적으로 판단되는 것을 뜻한다.(양해림, 『대학생을 위한 서양철학사』, 집문당, 2015, 260쪽.)

[35] GT 1: KSA 1, 118쪽; 니체의 칸트이해에 대한 자세한 내용은 다음을 참조: 이상엽, 「니체의 칸트 수용과 비판」, 『니체의 문화철학』, 울산대학교 출판부, 2007, 79-110쪽.

우어에 열광했다. 니체의 이들에 대한 열광은 칸트와 쇼펜하우어의 "인식의 자기파괴와 인식의 최종적인 한계들에 대한 통찰"을 이끌어 냈다. 니체는 이러한 인식의 파괴와 한계들에 대한 통찰에서 점차 예술로 나아갔다. 니체의 칸트에 대한 사유는 1872년 여름과 1873년 초의 한 유고에서 잘 기술하고 있다.

> "칸트는 (비판의 두 번째 머리말에서) 말한다. 나는 신앙을 위한 자리를 얻기 위해 지식을 폐기해야만 했다. 형이상학의 교조주의, 다시 말해 순수 이성 비판 없이 형이상학에서 전진하려는 선입관이 도덕성에 어긋나는 모든 무신앙의 원천이며, 이 무신앙이야말로 교조적인 것이다. 대단히 중요하다! 문화적 위기가 그를 움직였다! 지식과 신앙이라는 별난 대립! 그리스인은 이에 대해 어떻게 생각했을까? 칸트는 이것 이외에 다른 대립을 알지 못했다! 그러나 우리는! 문화적 위기가 칸트를 움직였다. 그러나 하나의 영역을 지식에서 구조하려 한다. 모든 높고 깊은 것의 뿌리, 즉 예술과 윤리를 이 영역에 놓는다. – 쇼펜하우어."[36]

쇼펜하우어가 말하는 공간, 시간, 인과율은 꿈꾸는 자를 더 깊이 잠들게 할 뿐이었다.[37] 칸트는 세계를 시간과 공간의 제약을 받고, 인과율의 지배를 받는 현상세계와 우리의 인식능력을 넘어선 물자체(Ding an sich)[38]의 세계로 구분한다. 칸트는 공간, 시간, 인과율의 단순한 현상을 최고의 유일한 실재라 보았다. 여기서 사물의 가장 내적인 본질을 대비시켜 이 본질에 대한 진정한 인식을 불가능하게 만드는 데 기여했다.[39] 칸트의

---

36 KSA 10. 239쪽.
37 GT 10: KSA 1, 118쪽.
38 쇼펜하우어는 칸트의 물자체(Ding an sich)를 '삶을 위한 맹목적 의지'로 해석하여 세계의 실체는 의지의 주의설(主意說)에 입각한 형이상학적 체계를 세웠다.

방식으로 보자면, 표상(Vorstellung)은 '현상'에, 의지(Wille)는 물자체에 비교될 수 있다. 표상으로서의 세계는 그의 학위논문 「충족이유율의 네 겹의 뿌리에 대하여(Über die vierfachen Wurzel des Satzes vom zureichenden Grund)」에서 이미 기본적 범주를 보여준다.

충족이유율이란 존재하는 일체의 것은 존재하기 위해 필연적 이유와 근거를 갖는다. 충족이유율의 네 가지 근거는 "생성, 존재, 인식, 행위"[40]와 관련된다. 쇼펜하우어는 칸트의 12개 범주를 하나의 범주, 즉 충족이유율로 통합하여 의지와 표상으로서의 세계에서 네 개의 충족이유율도 인과성으로 단순화된다. 여기에 칸트의 '선험적 감성형식'인 시간과 공간이 경험세계를 설명하는 기본 범주가 된다. "인식을 위해 존재하는 것, 즉 전체 세계는 주관과의 관계 속에서 존재하는 객관에 지나지 않으며, 직관하는 자의 직관이 곧 표상이다."[41] 쇼펜하우어는 이것을 표상(Vorstellung)의 세계와 의지(Wille)의 세계로 표현한다. 우리가 지각할 수 있고 인식할 수 있는 현상 세계가 '표상의 세계'이며, 인식할 수도 지각할 수도 없는 사물자체의 세계가 바로 '의지의 세계'이다. 칸트에게서 물자체의 세계는 현상세계에 매우 제한적인 방식으로 개입하지만, 쇼펜하우어에게 표상의 세계는 전적으로 의지에 지배받는다는 차이점이 있다. 쇼펜하우어에게 의지의 세계는 본질적인 세계이며, 표상의 세계는 표면적인 세계이다.[42] 쇼펜하우어에게서 "세계는 나의 표상이다"라는 명제는 생생하게 인식하

---

[39] GT 10: KSA 1, 118쪽.
[40] 쇼펜하우어는 현상세계를 지배하는 원리로서, 첫째, 생성의 충족이유율인 인과율, 둘째, 인식의 충족이유율인 논리법칙, 셋째, 존재의 충족이유율인 시간과 공간의 순수직관, 넷째, 행위의 충족이유율인 동기로서의 법칙을 말한다.
[41] 쇼펜하우어, 『의지와 표상으로서의 세계』, 동서문화사, 2008, 47쪽.
[42] 이서규, 「쇼펜하우어의 예술개념에 대한 고찰」, 『동서철학연구』 제52호, 한국동서철학회, 2009, 5쪽.

고 있는 모든 존재에 해당하는 진리이다. 다만 이 진리를 반성하고 추상화할 수 있는 존재는 인간뿐이기에 인간이 인식하는 철학적인 사유가 중심이 된다. 그렇기 때문에 인간이 대상을 아는 것이 아니라, 대상을 보고 느낄 수 있는 감각만 있는 것이다. 따라서 인간을 에워싸고 있는 세계는 표상으로만 존재할 뿐이다.[43]

현존하는 모든 객관을 단순한 '표상'[44]이라고 쇼펜하우어는 말한다. 하지만 그 상태에서 우리가 행위 하는 운동이나 행동을 제대로 설명할 수 없다. 이에 대해 쇼펜하우어는 자기 현상을 푸는 열쇠로써 '의지'를 언급했다. 의지는 자기 자신의 본질, 행위, 운동을 일으키는 원인이다. 즉, 그는 의지로부터 말이나 생각을 실천하는 몸의 활동을 유발하게 한다. 이는 의지와 육체의 일치라는 인식을 갖게 한다. 여기서 '나의 몸은 나의 의지이다.'[45]라는 결론에 도달한다. 그는 이런 '표상'과 '의지'의 표현을 음악을 통해 구현했다.

니체는 『비극의 탄생』에서 바그너와 쇼펜하우어의 음악에 지대한 영향을 받고 낭만주의적 사유를 전개했다. 독일 초기의 낭만주의[46]는 절대정신과 연관된다. 니체에게서 절대적 정신은 의지, 디오니소스적인 것,

---

[43] 쇼펜하우어, 앞의 책, 39쪽.
[44] 위의 책, 48쪽.
[45] 위의 책, 14쪽.
[46] 니체의 초기 낭만주의와의 관계는 복잡한 양상을 띠고 있다. 대표적으로 쇼펜하우어와 바그너를 비롯해, 하이네(Heine), 후고(Victor Hugo), 슐레겔(Schelegel), 괴테(Goethe), 셸링(Schelling), 쉴러(Schiller), 바하(Bach), 하이든(Hayden), 베토벤(Beethoven), 슈만(Schmann), 멘델스존(Mendelssohn), 브람스(Brahms) 등 다양한 문학가, 예술가, 철학가들과 관계를 맺고 있다. 자세한 내용은 다음의 논문을 참조: E. Behler, "Nietzsche und die frühromantische Schule", *Nietzsche-Studien*. Bd. 7. 1978, pp.58-95; P. Heller, "Nietzsches Kampf mit den Romantischen Pessimismus", in: *Nietzsche-Studien*. Bd. 7. 1978, pp.26-58.

근원적 일자로 대변된다. 쇼펜하우어의 음악 이해는 독일 문학의 낭만주의에 뿌리를 두고 있다. 달하우스(Carl Dahlhaus)가 언급한 것처럼, 쇼펜하우어 음악의 근거는 "절대음악"[47]의 낭만주의적 형이상학에 기인한다. 그의 음악은 철학적으로 의지의 형이상학과 연관된다.[48] 그의 절대음악의 이념은 『비극의 탄생』에서 드러난 철학적 관점을 구성했다.

쇼펜하우어는 음악철학에서 근본적인 사유 방식을 현상에서만 기억하는 것이 아니라 모든 현상의 내적 본질인 의지에서 표현했다.[49] 여기서 쇼펜하우어의 음악은 절대감정으로 표출된다. 즉, 그의 음악 특성은 의지의 형이상학에 기반한다. 여기서 음악은 일반적 언어로 표현된다. 음악은 디오니소스적이거나 음악에서의 의지로 묘사된다.[50] 즉, 근원적 일자에 대한 모방은 디오니소스의 음악에서 드러난다. 음악은 근원적 일자의 중심으로서 근원적 모순과 고통의 상징화와 연관된다.[51] 음악은 모든 언어의 근거이며, 언제나 개념의 언어로서 표현된다. 음악과 언어는 노래나 오페라처럼 늘 마주친다. 그래서 음악언어는 서정적인 시에서 미적인 형이상학으로 다음과 같이 표현된다.

"서정시인은 먼저 디오니소스적 예술가로서 전체적으로 근원적 일자, 고통, 모순과 더불어 생성된다. 이러한 것 이외에도 법과 함께 세계의

---

[47] 절대 음악의 개념은 언어, 프로그램, 기능 등이 그 자체적으로 분리된 세계를 의미하며 무한성의 표현으로 고찰하고 있다. 절대 음악은 음악 속에서 내적인 순수 언어로서 청취자가 초월적인 언어로 청취하거나, 쇼펜하우어적인 의미에서 직접적으로 계시성을 드러낸 의지 세계의 본질로 지각된다.(B. Schmitt, 앞의 책, p.27.)

[48] C. Dahlhaus, *Die Idee der absoulten Musik*, Kassel, 1978, p.37.

[49] C. Dahlhaus, *Wagners Konzeption des musikalischen Dramas*, München, 1999, p.149.

[50] GT 4: KSA 1, 50쪽.

[51] GT 4: KSA 1, 51쪽.

반복이 그 다음 차례에도 똑같이 되풀이되었을 때, 근원적 일자의 모방은 음악에서 드러난다. 그러나 현재 이러한 음악은 아폴론적인 꿈의 전개를 통해서 비유적인 꿈의 형상 속에서 다시 가시화된다. 음악에서 근원적 고통은 각각 무형태적이며 개념화되지 않은 채 반영되고 있으며, 가상 속에서 구제의 모습은 현재의 개별적인 비유나 실례로서 그 다음 차례에도 반영으로서 생성된다. 음악의 주체는 이미 예술가를 디오니소스적인 과정으로 부여한다."[52]

여기서 우리는 니체가 예술가들을 디오니소스의 음악을 통해 이해하고 있다는 것을 알 수 있다. 이것은 형상에서 꿈의 세계를 아름다운 가상으로 묘사된다. 니체에게서 세계는 미적 현상으로서 반복된다. 세계의 복잡한 구성은 주체성의 가상으로 등장하는데, 가상의 세계는 근원적 일자로서 분열을 거듭한다.[53] 그렇게 될 때 음악은 현존재와 세계의 미적인 정당화를 실행한다. 니체는 음악을 쇼펜하우어 체계의 미학에서 종종 인용했다. 음악은 이 세계 안에서 모방과 반복의 관계에 있으나, 모방이라는 측면에서 본질적으로 다양하게 존재한다. 그 밖에도 예술은 이념을 인식하기 위해 개별적으로 서술한다. 예술은 이념의 관계에서 현상세계와 표상으로서의 세계다. 그런데 음악은 이념의 단순한 모방이 아니라 의지의 직접적인 모방이다.[54] 그렇기 때문에 음악의 모방은 다른 예술보다 아주 강렬하고 인상적으로 표현된다. 따라서 니체는 쇼펜하우어의 의지 개념을 통해 근원적 일자의 개념에 접근했다. 쇼펜하우어의 음악은

---

[52] GT 3: KSA 1, 43-4쪽.
[53] Karl Kauffmann, "Gondeln, Lichter, Musik", in: *Nietzsche-Studien*. Bd. 17. 1988, p.165.
[54] Arthur Schopenhauer, *Die Welt als Wille und Vorstellung*. Bd. I. Hrsg. Von W. F. von Löhneyen, Frankfurt a. M., 1986, p.359.

절대음악의 낭만주의적 형이상학과 의지의 형이상학으로 이해할 수 있다. 그의 음악철학에서 근본적인 사유방식은 현상 속에서만 기억하는 것이 아니라 모든 현상의 내적 본질인 의지에서 표현한다. 그런 만큼 쇼펜하우어의 음악은 절대적인 감정으로 표출된다. 특히 그는 음악의 특성을 의지의 형이상학에 토대를 두고 음악이 진정 일반적인 언어로 표현되기를 원했다. 따라서 쇼펜하우어는 근원적 일자(Ur-Eine)를 모방하여 니체가 디오니소스의 음악으로 전개해 가는 근거를 마련했다.[55]

이런 쇼펜하우어의 음악이론은 초기 니체 사상에 고스란히 녹아든다. 니체는 쇼펜하우어의 『의지와 표상으로서의 세계』의 모델에 따라 의지를 디오니소스의 세계로, 표상을 아폴론적 세계로 이해한다. 말하자면 니체는 쇼펜하우어의 현상 세계와 의.지 세계의 대립을 아폴론-디오니소스적인 이중성으로 표현했다. 그 이중성에서 아폴론의 세계는 디오니소스적인 형이상학을 수용한다. 이런 점에서 니체의 초기 예술관의 핵심 사상은 아폴론적이고 디오니소스적인 이중성[56]의 관계에서 찾을 수 있다.

---

[55] 홍사현, 「니체의 음악적 사유화 현대성」, 『니체연구』 제10집, 한국니체학회, 2006, 73쪽.

[56] 니체는 이중성이라는 개념을 칸트로부터 차용했다. 칸트는 자연의 질서를 성(性)의 이중성으로 연결했다. 이중성은 매번 인간의 이성을 위해 사유의 심연과 경이로움을 부각시켰다.(I. Kant, *Anthropologie in pragmatische Hinsicht*, Akademie-Ausgabe, Bd. VII. 1798, p.177) 칸트에게서 이중성의 개념은 낭만주의 자연철학과 연결되어 있다. 여기서 이중성은 일반적인 세계 법칙으로서 양극성 법칙의 근거가 된다. 이중성은 크기, 힘, 통일성과 관련된 복잡한 요소를 띠고 있다. 특히 이러한 의미에서 이중성은 자연의 이념과 실제의 관계에 대한 셸링의 논문에서 잘 드러나 있다.(Babara von Reibnitz, *Ein Kommentar zu Friedrich Nietzsche -Die Geburt der Tragödie aus dem Geistes der Musik*, Metzler: Stuttgart, 1992, pp.58-9 Vgl; 강영계, 「니체의 예술철학 -『힘에의 의지』를 중심으로」, 『니체연구』 제2집, 한국니체학회 편, 이문출판사, 1996, 134-6쪽.)

"우리는 논리적인 통찰만이 아니라 직접적으로 직관의 확실성을 얻고자 할 때, 미적인 학문을 위해 많은 것을 획을 할 수 있다. 이러한 예술의 전개는 아폴론적이고 디오니소스적인 이중성(Duplicität)과 서로 결부되어 있다."[57]

니체의 미적인 학문에서 디오니소스와 아폴론의 이중성은 서로 대립적인 예술원리다. 아폴론이 분명한 형상을 보이고 있다면, 디오니소스는 도취적이고 술에 취한 모습을 보인다. 아폴론이 거울같이 반영적이라면, 디오니소스는 소모적이고 퇴폐적인 형태로 나타난다. 아폴론과 디오니소스의 이중성은 낭만주의에서, 그리고 형이상학적-심리학적 이중성으로 파악된다. 그런데 니체의 미적 학문은 이러한 이중성의 두 원리를 대립시키고 있지만, 디오니소스의 예술 충동으로부터 미학의 진정한 의미를 찾고자 했다. 즉, 니체의 아폴론적이고 디오니소스적인 이중성은 "디오니소스적인 것을 더욱 더 수용"하려는 의도가 강했다. 따라서 우리는 디오니소스적 사유에서 니체 미적인 학문의 새로움을 볼 수 있다.[58] 디오니소스의 새로운 발견은 창조의 특성을 부각시켜 음악의 경험에서 발견한다. 니체는 이미 그의 친구인 로데(Erwin Rohde)[59]에게서 "어떤 의미에서 우주론적인"[60] 그리스 비극의 신화에서 디오니소스적인 음악의 힘을 여

---

[57] GT 1: KSA 1, 25쪽.
[58] D. Jähnig, Jähning, Dieter, "Nietzsche Kunstbegriff(erläutert an der Geburt der der Tragödie)", in: H. Koopmann (Hg.), Beiträge zur Theorie der Kunste in 19. Jahrhundert. Bd. 2 Frankfurt a. M., 1972, p.38; D. Jähnig "Welt-Geschichte; Kunst-Geschichte", M. Du Mont Schauberg, Köln, 1975, p.137.
[59] 리츨은 니체에게 다음과 같은 편지를 썼다. "우리는 운명에 놀아나는 광대와 같다. 몇 주 전에 편지를 쓰려고 했다. 함께 화학을 공부하자고 할 참이었다. 그리고 문헌학 따위는 던져버리자고. 이 학문은 시조 할아버지의 살림살이에나 속하는 것이 아니겠는가. 그런데 지금은 '운명'이라는 악마가 문헌학의 교수를 손에 들고서 나를 유혹하고 있다니."(Ivo Frenzel, *Friedrich Nietzsche*, Hamburg, 2000, p.38.)

러 측면에서 제시한다. 음악은 "디오니소스인 내용"[61]을 함축하고 있으며, "의지로서의 음악"[62]으로 표현된다.

아폴론적인 것은 잠정적으로 "조형가의 예술"[63]로 규정되며, 디오니소스적인 것은 "음악의 비형상적인 예술"[64]로서 표현된다. 니체가 강조하였던 것처럼, 두 예술 충동(Kunsttrieben) 사이에는 근본적으로 유래[65]와 목적에 따라 서로 대립되어 왔으나, 궁극적으로 그리스 비극은 디오니소스적인 것이 아폴론적인 예술 작품을 창조한다.[66] 니체에게서 아폴론적이고 디오니소스적인 예술 충동은 예술가의 매개 없이 자연 그대로의 것으로서 나타난다.[67] 이러한 예술 충동은 꿈의 아폴론적 예술세계와 도취의 디오니소스적인 예술 세계로 출현한다. 두 예술 충동을 분명히 부각하기 위해 니체는 생리학적(Physiologische) 대립 파트너인 "꿈과 도취"[68]의 예술

---

60 G. Lenzinger, *Das Problem der Musik und musikalischen bei Nietzsche*, Phil. Diss. Freiburg, 1951, p.190; Vgl. E. Rohde, Kleine Schriften, Bd. 2. Tübingen·Leipzig 1904, p.345.

61 GT 4: KSA 1, 50쪽.

62 GT 4: KSA 1, 51쪽: Th. Ahrend, Das Verhältnis von Musik und Sprache bei Nietzsche, in: *Nietzsche-Forschung*. Bd. 2. Berlin, 1995, p.155. 니체의 『비극의 탄생』에 대한 음악관은 다음을 참조: B. Schmidt, *Der ethische Aspekt der Musik. Nietzsches Geburt der Tragödie und die Wiener Klassische Musik*, Diss. Phil. K & N: Würzburg, 1991.

63 GT 4: KSA 1, 25쪽.

64 GT 1: KSA 1, 25쪽.

65 니체에게서 그리스의 종교적, 예술적 세계의 이중성은 유럽 형성기에서 아폴론적이고 디오니소스적인 관계로 소개되었다. 디오니소스의 유래에 관한 자세한 내용은 다음을 참조: K. Kerenyi, *Die Herkunft der Dionysosreligion nach dem heutigen Stand der Forschung*, Köln·Opladen, 1956, pp.5-21.

66 GT 1: KSA 1, 26쪽: GT 1: KSA 1, 26쪽: M. Vogel, *Apollinisch und Dionysisch*, Regensburg, 1966, p.11.

67 GT 1: KSA 1, 30쪽.

68 GT 1: KSA 1, 26쪽.

세계를 끌어들였다. 여기서 아폴론적이고 디오니소스적인 대립적인 파트너는 꿈과 도취의 대립 속에서 다시 반영된다. 니체는 쇼펜하우어의 현상세계와 의지세계의 대립을 아폴론과 디오니소스적인 이중성으로 표현했다. 앞서 언급했듯이, 아폴론적인 개별화의 원리와 디오니소스적인 개별화 파괴의 원리도 쇼펜하우어의 의지 철학에서 기원한 것이었다.

니체가 보기에 쇼펜하우어는 마야의 베일에 사로잡혀 있는 사람들에 대해 약간은 벗어난 의미를 지니지만, 아폴론에 대해서는 타당했다. 즉, 니체에게서 고통의 한가운데 인간 개개인은 개별화의 원리를 믿고 의지하면서 고요히 앉아 있는 자세가 아폴론의 형상에서처럼 숭고하다. 따라서 니체는 아폴론을 개별화의 원리를 상징하는 신상이라 불러도 좋다고 간주했다.

2) 본질적인 세계로서의 '의지'

쇼펜하우어는 '의지(Wille)'[69]라는 용어를 분명하게 설정한다. 우리는 의지를 이성적인 개인이 소유한 속성이나 기능으로 일반적으로 간주한다. 왜냐하면 우리가 일상적으로 어떤 방식으로 행동해야 할 것을 결정하는 데 '의지'라는 용어를 종종 일상적으로 말하기 때문이다. 그러므로 의지가 이성의 영향을 받는다는 사실에는 그다지 의문의 여지가 없다.[70]

하지만 쇼펜하우어의 의지 개념은 그리 쉽게 판단할 수 없다. 쇼펜하우어 방식의 의지 개념은 칸트의 물자체 이론에 대한 차이에서 시작된다. 쇼펜하우어는 칸트로부터 물자체에 대해 아무것도 알아낼 수 없는 데 반해, 쇼펜하우어는 이를 의지라고 주장했다. 칸트는 우리가 사물을 있는

---

69 쇼펜하우어, 위의 책, 150쪽.
70 백승영, 『니체, 디오니소스적 긍정의 철학』, 책세상, 2011, 175쪽.

그 자체에서 결코 인식할 수 없다. 우리는 언제나 사물들 외부에 있으므로 그것의 내적 본질을 쉽게 관통할 수 없다. 그러나 쇼펜하우어는 이와 다른 의견을 제시한다. 그에 따르면, 우리가 영원히 사물의 외부에 있다는 관념도 중요한 예외가 있다. 그것은 바로 우리 각자가 스스로 의지작용에 의한 경험이나 인식이다. 우리의 육체적 행동은 일반적으로 의지작용의 산물로 간주한다. 그러나 쇼펜하우어에게 의지 작용과 행동은 서로 다른 별개의 것이 아니라 동일한 것이다.[71] 세계의 내면은 의지이며, 만물의 원인 역시 의지이다.[72] 이를테면 의지 자체가 절대적 근원이며, 만물을 낳는다. 따라서 의지에는 그 이상의 근거는 없다.

쇼펜하우어는 인도된 의지, 동기에 따르는 의지 이상(以上)으로 의지를 표현한다. 말하자면 자연계에 존재하는 아주 약하고 희미한 의지, 식물의 성장이나 결정을 만드는 수정 같은 광물의 힘과 같은 의지이다. 이러한 견해에 따라 개체에는 모든 것이 의지현상의 작용으로서 행동의 자유가 없다. 하나하나의 개체는 자신의 본성에 적합한 형태로써 현실에 있으며, 그 이외에는 있을 수 없다. 즉, 개체는 의지에 바탕을 둔 개인적인 자유라는 것이 인정되지 않는다. 다만 의지에 바탕을 두지 않는 것은 동물의 본능뿐이다.[73]

쇼펜하우어는 표상이 객관이면 의지는 주관이라 말한다. 주관은 모든 것을 인식하며 그 누구에게도 인식되지 않는 것이 곧 주관이다. 이 주관은 현상되는 모든 것을 객관으로 성립된다. 물론 우리 자신의 몸도 표상

---

[71] 이진우, 『니체 전집 3』, 2001, 52쪽.
[72] 쇼펜하우어, 위의 책, 330쪽.
[73] Wencho Li, "Der Wille ist meine Vorstellung", D. Birenbacher (Hrsg.), *Schopenhauer in der Philosophie der Gegenwart*, Konigshausen & Neumann, 1996, 120쪽.

이며 보이는 객관으로 분류된다. 즉, 주관은 인식되는 것이 아니므로 시간·공간의 형식에도 벗어나 있고, 다수성이나 단일성에도 벗어난, 단지 주관으로만 존재한다. 이를테면 모든 것을 인식하면서 어떠한 것에 의해서도 인식되지 않는 것이 주관이다. 따라서 쇼펜하우어에게서 주관은 세계의 담당자이며, 모든 현상과 객관에 널리 관통하며 언제나 그 전제조건이다. 왜냐하면 모든 존재하는 것은 주관에 의해서만 존재하기 때문이다.

3) 세계는 나의 표상이다

"세계는 나의 표상이다."[74] 이는 쇼펜하우어의 『의지와 표상으로서 세계』의 첫 문장이다. 쇼펜하우어에서 표상은 시간과 공간, 그리고 인과율의 지배를 받는 개별화의 원리에 따라 작동한다. 이는 현상세계가 우리에게 드러나는 방식이다. 세계는 의지와 관련된 또 다른 어떤 것, 한마디로 표상이다. 세계는 나와 너의 표상, 모든 사람의 표상이자 세계 자신에 대한 표상이다.[75]

쇼펜하우어의 '표상(Vorstellung)'은 관념(idea)의 의미로는 제대로 전달되지 않는다. 쇼펜하우어가 사용한 표상이라는 단어는 문자 그대로 '앞에 놓인(set in front of)' 또는 '앞에 위치한(placed before)' 것, 또는 '제시(presentation)'된 것을 의미한다. 이것은 우리의 의식이나 오성 앞에 위치한 모든 것, 또는 제시된 모든 것을 지시한다. 쇼펜하우어에게서 '표상으로서 세계', 또는 '나의 표상'은 우리가 '생각하는 것'을 지시할 뿐만 아니라 우리가 듣고 느끼는 것, 또는 다른 방식으로 지각하는 것을 지칭한다. 거기에는 우리가 지각하는 것 이외에는 어떤 다른 객관도 존재하지 않는다.

---

74 같은 책, 45쪽.
75 토마스 만, 『쇼펜하우어·니체·프로이트』, 원당희 옮김, 세창미디어, 2009, 25쪽.

그러면 "세계는 나의 표상이다"라는 쇼펜하우어 명제의 의미는 무엇인가? 이것은 세계에 대한 어떤 개인의 표상도 완전하지 않다는 것에서 출발한다. 즉, 나의 표상이나 타자의 표상 그 어떤 것도 똑같지 않으며 그 어느 것도 완전하지는 않은 것이다. 각 개인은 자신이 지각한 것, 또는 나의 오성 앞에 있는 것과 다른 세계에 대해 내가 어떤 것도 인식하지 못한다는 원칙에 따라 등장한 것이 바로 "세계는 나의 표상이다"[76]라는 단순한 결론을 도출한다. 표상이란 마음속으로 생각하고 그려보는 일, 심상, 상상, 관념 등을 뜻한다. 즉, 우리가 무엇을 보고 그것을 상상하는 일이다. 여기서 주목할 점은 '나의 표상'이다. 내가 인식하는 세계나 형상은 '나의 표상'인 것이다. 이러한 관점에서 쇼펜하우어의 "세계는 나의 표상이다"라는 명제가 성립된다. 이러한 논리는 '주관과 객관의 분열'이라는 원리가 숨겨져 있다. 즉, 세계나 형상이 주관과 객관의 관계에 있어서 객관에 지나지 않으며, 보는 자(주관)가 있고 보이는 세계(객관)만이 있음을 뜻한다. 결국 객관은 표상에 지나지 않는다는 결론에 도달하게 된다.

나라는 주관이 사물이라는 객관을 보았을 때, 사물이라는 표상이 생기는 것이다. 만물은 단지 주관에 대해 존재하는 객관이다. 또한 "세계는 표상이다"라는 표현은 주관과 객관의 분열을 뜻한다. 왜냐하면 우리의 육체 역시도 객관이기 때문에 우리는 육체 역시 표상이라 부른다. 왜냐하면 육체는 객관이며, 객관의 법칙에 지배받기 때문이다. 육체는 직관의 모든 대상과 마찬가지로 다수성을 일으키는 모든 인식의 형식, 즉 시간과 공간 속에 위치해 있다.

---

[76] 정낙림, 『니체와 현대예술』, 역락, 2012, 98쪽.

4) 맹목적인 삶의 의지

쇼펜하우어에게서 의지는 개별화의 원리의 지배를 받지 않는 현상계 너머에 있지만, 현상계를 절대적으로 지배하는 세계의 본질이다. 즉, 표상의 세계는 주체인 나를 통해 직접 표현되는 삶의 맹목적인 충동으로서의 의지이다. 동시에 그는 자연의 세계에서도 의지의 객관화된 현상을 고찰한다. 즉, "모든 객체는 그것의 기원이 어디에 있든 간에 이미 주체에 의해 조건 지어진 객체로서 존재하므로, 단지 주체의 표상일 뿐이다. 표상은 감성과 오성의 근본 형식인 공간과 시간, 그리고 인과성에 의해 질서 있게 배열된 주관적인 상태이다. 표상의 배후에 있는 사물 자체에 대한 탐구는 우리의 사유를 자연 세계로 돌리는 한, 무의미한 일이다."[77] 나의 신체로서 지각에 나타나는 것은 참된 나의 의지이다. 즉, 대부분 인간을 고통스러운 삶의 운명으로 몰아넣는, 방향 없는 맹목적 의지이다.[78]

쇼펜하우어에게 있어서 세계는 관념인 동시에 의지이며 세계의 본질은 의지다. 즉, 인간에게 목표를 설정해 주는 것은 이성이 아니라 의지 그 자체이다. 따라서 의지가 지성의 도덕적 행위를 보증하는 것은 아니다. 쇼펜하우어는 이러한 상태를 의지의 객관화라 불렀다. 의지의 객관화는 특정한 행위에서 적응한 특별한 이념으로 간주한다.[79] 그리고 의지의 객관화는 의지의 표현인 생식기관을 통해 드러난다. 예컨대 식물의 광합성작용, 동물의 본능 그리고 인간의 욕망도 모두 의지의 객관화이다. 신체의 부분들도 의지가 객관화된다. 즉, "치아, 목구멍, 장기는 객관

---

77 쇼펜하우어, 앞의 책, 343쪽.
78 위의 책, 358쪽.
79 위의 책, 214쪽.

화된 배고픔이고, 생식기는 성욕의 객관화이며, 물건을 잡는 손이나 재빠른 발은 그것들이 표현하는 것 보다 간접적으로 된 의지의 노력과 상응한다."[80] 쇼펜하우어에 따르면 자연의 중력과 인력도 의지의 산물이며, 식물의 광합성 작용과 동물의 본능, 그리고 인간의 욕망도 모두 의지의 객관화된 것이다. 더 나아가 신체의 부분들에도 의지가 객관화된다. 의지의 객관화에서 생성된 표상은 바로 의지를 위해 규정된 것이지, 유기조직들의 목적을 위한 것이 아니다. 다만 이는 의지의 목적을 성취하기 위한 수단이다.

쇼펜하우어가 궁극적으로 추구한 것은 의지의 부정이라는 고통스러운 삶으로부터의 해방이다. 의지는 삶의 의지이기 때문에 무한한 욕구에서 벗어날 수 없는 고통을 안겨준다. 그래서 쇼펜하우어는 의지의 부정을 말한다. 즉, 쇼펜하우어의 예술관은 철저한 의지의 부정으로서 맹목적인 삶의 의지(der blinde Will zum Leben)이다. 말하자면 맹목적인 삶의 의지는 인간이 자신의 욕망을 실현하는 에너지의 원천이 된다. 자신의 의욕(Wollen)을 실현하려는 열정과 도취는 모두 맹목적인 삶의 의지에서 비롯된다. 맹목적인 삶의 의지는 자신의 생물학적 욕구의 충족에 집착한다. 예컨대 '성애(Geschlechtsliebe)'는 어떻게 맹목적인 속성과 집착이 인간을 지배하는지를 잘 보여준다. 인간이 비록 스스로 자유의지를 갖고 이성적으로 판단하고 결정할 수 있는 존재이지만, 인간 행위의 배후에는 성욕과 같은 맹목적 의지가 차지한다. 의지는 인간에게 다양한 형태의 의욕으로 표출된다. 인간 개개인은 자신들의 욕구를 충족할 것을 언제나 갈망한다.[81] 이 욕구는 생물학적 차원에서 추상화된 형태의 권력을 지향한다. 하지만 이

---

80 위의 책, 404쪽.
81 위의 책, 404쪽.

러한 욕구의 충족은 밑 빠진 독에 물을 붓는 행위와 같다. 인간은 자신의 욕구를 충족시켰을 때 단기간에 순간적인 행복을 얻을 수도 있지만, 이 행복 또한 또 다른 욕구가 나타나면 바람 앞의 촛불처럼 곧 언제든지 사라진다.

표상의 세계에서 의지에 대해 그 세계에 비치는 거울이 생겨나며, 이 때문에 의지는 자신을 인식하게 된다. 의지는 순수하게 그 자체에서 인식이 없다. 예컨대 무기적 자연이나 식물적 자연이나 그들의 법칙들에서 우리 생활의 식물적인 부분에서 나타나 보이는 맹목적이며 제어할 수 없는 충동에 불과하다. 그런데 그 충동에서 발전된 표상의 세계가 부가됨으로써, 의지는 자신의 의욕에 관한 인식과 자신이 의욕을 갖는 것이 무엇인지 인식하게 된다. 즉, 의지가 의욕을 가지는 것은 이 세계이며, 바로 현재 있는 그대로의 '삶'만을 인식하게 된다. 그리고 삶은 의지의 의욕이 표상에 대해 나타내는 것을 뜻하는 것으로써 결국 의지가 의욕을 갖게 되는 것은 언제나 삶이다. 따라서 우리가 단적으로 의지라고 부르는 것은 '생에 대한 의지'인 것이다.

그리스 비극의 이중적 구조

1) 예술가-형이상학

우리는 앞장에서 니체의 『비극의 탄생』에서 함축하고 있는 쇼펜하우어의 의지와 표상에 대해 살펴보았다. 니체가 스위스의 실스 마리아(Sils Maria)에서 서술한 『자기비판의 시도』(1866)는 그의 바젤 시절의 처녀작인 『비극의 탄생』[82] 에서 예술가-형이상학(Ästhetische-Metaphysik)을 근본적인

---

82 니체는 『비극의 탄생』을 출판한 이후로 로데(Erwin Rohde), 빌라모비치-묄렌도르프

스위스 실스 마리아 전경 (출처: 포토리아)

사유로써 제시했다. 니체는 1883년『비극의 탄생』을 검토하면서 현존재의 미적인 정당화를 표현하고 있으며, 1866년 두 번째 머리말에서도 예술가-형이상학을 주요 사상으로 내세운다. 먼저 니체는 자기비판을 시도하면서 예술가-형이상학의 모든 그리스 시대의 배후에 숨겨져 있는 예술가의 의미를 드러내 보였다. 니체의 관점에서 예술철학의 체계는 "예술가-형이상학"[83]으로 규정된다. 이러한 예술가-형이상학은 니체철학의 전체

(Ulrich von Wilamowitz-Moellendorff), 바그너(Richard Wagner) 등의 비판과 칭찬, 조소 등 학계나 예술계에서 상당히 민감한 반응을 불러일으켰다. 이에 대한 자세한 논의는 다음을 참조: I. Frenzel, *Friedrich Nietzsche*, Hamburg, 1966, pp.44-56; K. Gründer(Hg.), Der Streit um Nietzsches "Geburt der Tragödie", Hildesheim, 1969; M. S. Silk & G. P. Stein, *Nietzsche on Tragedy*, Cambridge University Press: London, 1981, pp.90-131.

83 GT 1: KSA 1, 12쪽. 'Ästhetisch'의 번역과 관련하여 'ästhetisch'라는 개념은 중첩성을 띤다. 이는 '예술가' 혹은 '미적'으로 번역하기도 한다.(임홍빈,「미적 실존의

니체 하우스 앞의 독수리 동상

를 이해하는데 중요한 역할을 한다. 왜냐하면 니체에게서 "예술현상이 중심에 놓일 때 모든 세계의 수수께끼가 풀린다"라고 생각했기 때문이다.84 그러면 니체에게서 예술이란 무엇일까?

니체는 예술을 삶의 위대한 자극제라는 것을 강조한다. 즉, 그리스 비극의 예술가는 끔찍한 것과 의문스러운 것, 공포를 불러일으키는 것, 이러한 대상 앞에서 용기와 자유를 느낀다. 이런 승리하고자 하는 상태가 바로 비극적 예술가들이 선택하고자 한 것이 바로 니체가 찬미했던 예술이었다.85 니체는 긍정적이고 동적인 사유, 서양을 지배해 왔던 반동적이고 부정적인 사유를 이제 파괴해야 한다고 주장한다. 거기서 그는 예술적 사유를 제시했다. 핑크(Eugen Fink)에 의하면 니체가 『비극의 탄생』에서 존재에 대한 근본 통찰을 미학의 범주86로서 공식화할 수 있다고 보았다. 이러한 사실

조건들」, 『철학연구』 제36권, 고려대학교 철학연구소, 244쪽.) ästhetisch로 파생된 단어들의 맥락에 따라 '예술가' 라 일컫는다. 그 이유는 『비극의 탄생』에서 주로 아티카 비극이라는 특정한 예술 장르를 중심으로 논의되어 왔기 때문이다. 하지만 '감성적'이라는 용어는 이해하는데 다소 어려움이 있다. 니체는 『즐거운 학문』이나 그 이외의 자연주의적 관점이 반영된 저작에서 '미적'이라는 용어를 한다. 여기서 『즐거운 학문』에서 실존의 ästhetische Rechtfertigung을 다룬다.
84 오이겐 핑크, 『니이체 철학』, 하기락 옮김, 형설출판사, 1984, 17쪽.
85 GT 4: KSA 1, 42쪽.
86 니체는 『비극의 탄생』에서 미적인 범주를 아폴론적이고 디오니소스적인 개념으로 설명했다. 이것은 특히 제1장에서부터 제6장에 걸쳐 그리스 세계에서 예술의

은 낭만적인 성격을 포함하고 있다는 관점에서 예술가-형이상학이라 불렀다. 앞서 언급했듯이, 예술 현상이 중심에 놓일 때 모든 세계의 수수께끼가 풀린다는 것이다. 니체가 『자기비판의 시도』에서 공식화하고 있듯이, 예술은 "인간의 진정한 형이상학적 활동"[87]으로 설명할 수 있으며, 자주 인용되는 미적 형이상학의 표현은 다음과 같이 정식화된다.

"단지 미적인 현상으로서만 현존재와 세계가 영원히 정당화된다."[88]

니체에게서 초기의 미적 형이상학의 표현은 후기에도 계속 현존재와 세계의 미적 정당화의 형식으로 다시 등장한다. 니체는 바그너의 영향 아래서 『비극의 탄생』을 수용하는 가운데 바그너적인 문화적 헤게모니를 미적 정당화의 사유를 단초로 한다. 이러한 니체의 사유는 미적 형이상학의 전환을 통해 이루어졌다. 그런데 니체가 현존재의 미학화에 대한 계획을 세운 것은 쇼펜하우어의 그늘에서 이미 고안되고 있었다. 특히 정당화의 사유를 낭만주의의 미학과 연결시키고 있었고, 이는 실러의 체

근본적인 충동과 관련하여 일반적인 예술의 원리를 자세히 분석하고 있다. 이러한 『비극의 탄생』의 제1장부터 제12장까지 자세하고 방대한 보충서를 출간하여 분석한 라이브니츠(Babara von Reibnitz)의 박사 학위 논문은 니체의 예술의 원리를 이해하는 데 탁월한 주석서로 평가받고 있다. 이에 대해서는 다음을 참조: Babara von Reibnitz, *Ein Kommentar zu Friedrich Nietzsche. der Geburt der Tragödie aus dm Geiste der Musik,* Stuttgart, 1992.

[87] GT 1: KSA 1, 24쪽.
Vgl. B. Neymeyr, "Ästhetische Subjektivität als interesseloser Spiegel? Zu Heideggers und Nietzsches Auseinandersetzung mit Schopenhauer und Kant", in: *Philosophisches Jahrbuch.* 102. 1995, p.246.

[88] GT 4: KSA 1, 47쪽.
Vgl. H. Reiss, "Nietzsches Geburt der Tragödie", in: *Zeitschrift für Philologie,* Bd. 92. 1973, p.505; V. Gerhardt, 'Von der Ästhetischen Metaphysik zur Physiologie der Kunst", in: *Nietzsche-Studien.* Bd. 13. 1984, p.375.

계적이고 역사적인 접근 속에서 찾고 있었다. 이와 관련하여 앞서 살펴보 았듯이, 니체는 실러의 「비극에서 드러난 합창의 사용에 대하여」라는 논문에서 미적 정당화의 계획을 조심스럽게 다음과 같이 암시하고 있었다.

"시적인 작품은 그 자체로 정당화되어야만 한다. 그런데 그 사실이 어디에 있는지 말하려는 것은 아니다. 왜냐하면 그 낱말은 많은 말을 필요로 하지 않기 때문이다. 우리가 그 낱말을 고유한 언어로 말하려는 것은 합창에서 전달된다."[89]

니체는 실러가 고대 그리스 비극에서 제시한 합창의 역할에 관해 설명한다. 실러의 예술과 철학은 음악적 정감과 연결되면서 니체의 디오니소스 음악과 긴밀한 관계를 맺고 있다. 여기서 실러와 마찬가지로 니체는 현존재와 세계의 미적 정당화를 요구했다. 즉, 현존재와 세계의 미적으로 정당화하려는 시도는 직접 영향을 받은 것에 대해 어떠한 말도 필요하지 않다. 그런데 미적 형이상학은 명확한 언어를 필요로 하지는 않으나 예술의 생리학(Physiologie der Kunst)[90]과 종종 마주친다. 이러한 미적 형이상학과

---

[89] F. Schiller, *Werke in der drei Bänden*, München/Wien, 1966, p.471; Vgl. M. H. Kerkhoff, *Physis und Metaphysik. Untersuchungen zur Herkunft der Auseinandersetzung zwischen Dionysischem und christlichem Lebensideal auf Grund der Wiederkehr archaisch-mythischer Wertungen im Denken Friedrich Nietzsches*, Phil. Diss. München, 1963, p.213.

[90] 니체에게서 예술의 생리학은 초기 작품인 『비극의 탄생』에서나 주요 작품인 『힘에의 의지』에서 체계적이고 철학적 입장에서 전개된다. 예술의 생리학은 과학주의적 토대에서 드러나듯이 자연 과정의 개별 과학과 관련되어 있다. 이러한 예술의 생리학은 미로(Labyrinth)를 통해 혼란을 해결하는 실마리(Ariadne-Faden)와 연결한다. 무엇보다 생리학은 19세기에서 그 연결점을 찾을 수 있으며, 동시에 은유(Metapher)라는 단어를 의미하였다. 즉, 생리학은 저술가의 재치나 사회생활의 교제 범위, 자연스럽게 논의되는 예술, 즉 브릴라트-사바랭(Brillat-Savarin), 발자크(Balzac), 보들레르(Baudelaire) 등의 예술가들에게서 나타난다고 보았다.(H. Pfotenhauer,

예술의 생리학과의 만남은 처음부터 끝까지 니체철학의 전반에 걸쳐 긴밀하게 연결되어 있다.[91] 즉, 예술의 생리학은 모든 사건을 새로운 해석으로 시도한다. 모든 사건의 새로운 시도는 현존재와 세계를 정당화하려는 가능성과 결합한다. 니체는 예술의 생리학을 예술가들의 심리학에서 찾았으며 디오니소스의 도취에서 현존재와 세계의 미적인 정당화를 연관시켰다.[92] 말하자면 디오니소스적인 것은 항상 예술의 생리학에 의해 그 기반을 이룬다는 것이다. 현존재와 세계의 미적 정당화의 형식은 외부의 목적에 의해 근거짓는 시도를 받아들이지 않는다.

게하르트(Volker Gerhardt)에 따르면, 니체는 초기의 예술가-형이상학의 관점에서 세계를 인간의 격정과 함께 생동한다. 세계는 어떠한 목적, 의도나 원인에 의존해 있지 않으며, 신, 이성, 인간의 의지도 필요로 하지 않는다. 세계는 단지 예술 작품에서처럼 그 자체에서 정당화된다.[93] 세계는 전반적인 예술 작품의 영역 안에서 예술을 보며, 언제나 전체적인 것으로 파악한다. 세계는 어떠한 계획을 세워서 수행되는 것이 아니라 "예

"Physiologie der Kunst als Kunst der Physiologie?", in: *Nietzsche-Studien*. Bd. 13. 1984, p.399; 김정현, 『니체의 몸철학』, 지성의 샘, 1995, p.219; 예술의 생리학에 대한 자세한 내용은 다음의 논문을 참조. B. Lypp, "Dionysisch-Apollinisch: Ein Unhaltbarer Gegensatz. Nietzsches Physiologie der Kunst als Version dionysischen Philosophierens", in: *Nietzsche-Studien*. Bd. 13. 1984, pp.356-73; V. Gerhrdt, "Von der ästhetischen Metaphysik zur Physiologie der kunst", in: *Nietzsche-Studien*. Bd. 13. 1984, pp.374-93; 김미기, 「니체의 진리 개념 비판에서 본 예술과 여성의 본질」, 한국니체학회 편, 『니체연구』 제3집, 이문출판사, 1998, 41-72쪽.

91 Vgl. F.-P. Hudek, Die Tyranni der Musik, Würzburg, 1989, pp.185-90; J. Köhler, "Der Wille zum Schein, Nietzsches Spätphilosophie einer ästhetische Bemächtigung", in: *Philosophisches Jahrbuch*. 94. 1987, pp.246-68.
92 B. Lypp, 앞의 논문, p.357.
93 V. Gerhardt, 앞의 논문, p.376; Vgl. F. Becker, "Ästhetik als Korrektiv der Vernunft", in: *Zeitschrift für Ästhetik und allgemeine Kunstwissenschaft*. Bd. 34/1. 1989, p.47.

술의 희극(Kunstkomödie)"[94]에서처럼 나아간다. 이러한 의미에서 미적인 정당화는 세계의 철저한 자기 충족감의 표현이기는 하지만, 결코 세계에서 벗어난 의미 관계로 서술하지 않는다.[95] 니체가 본래 예술가-형이상학을 생각한 이유는 존재자를 비극적 예술현상의 관점으로 그 전반을 규정하고자 했다. 그래서 이는 태초의 예술가(Urkünstler)로서 이해된 존재자의 근본적인 모습으로 나타난다. 즉, "비극적 예술은 세계의 비극적 본질로 인식된다."[96] 니체에게서 "비극의 인식은 형이상학을 요구하며 완전한 세계의 경험을 체험하거나 현존재의 형상을 완성하려는 예술가적인 환상(Illusion)을 필요로 한다. 결국 형이상학적인 것은 미학적인 모습으로 다시 등장한다."[97] 따라서 비극적 예술은 아폴론과 디오니소스적 두 예술에서 등장하게 된다. 결국 그리스 비극은 아폴론적인 예술에 의해 디오니소스적인 지혜의 모델을 이해하게 된다.

우리가 주목하는 삶과 예술의 공통점은 예술에 대한 가치평가, 창조, 그리고 아름다움을 갖고 있다는 점이다. 그리고 아름다움의 창조는 그것을 가능하게 하는 의지를 정당화해 준다는 사실이다. 이러한 의지는 존재를 잊지 않고 기억하는 대로 존재하고자 한다. 다시 말해 의지는 본래 존재하는 것이며, 필연적으로 고유한 자기 자신으로 하는 의지다. 니체는 자유로운 자의 존재와 세계는 오직 미적 현상으로서만 정당화될 수 있다고 말한다.

---

[94] GT 4: KSA 1, 47쪽.
[95] V. Gerhardt, "Artisten-Metaphysik", in: *Pathos und Distanz-Studien zur Philosophie Friedrich Nietzsches*, Stuttgart, 1988, p.59.
[96] Th. Böning, *Metaphysik, Kunst und Sprache beim frühen Nietzsche*, Walter de Gryter: Berlin, 1988, p.212.
[97] M. Riedel, "Ein Seitenstück zur Geburt der Tragödie", in: *Nietzsche- Studien.* Bd. 24. 1995, p.50.

니체의 정당화는 세계에 들어 있는 고통과 괴로움이 예술에 의해 지양된다는 의미이다.[98] 그는 고통이 현상계의 개별자뿐만 아니라 "근원적 일자"[99]에도 내재한다고 보았다. 그러나 니체는 음악에서 불협화음이 쾌감으로 변화되는 것처럼, 근원적 일자에서 보여주는 고통도 결국은 삶의 쾌락으로 변화될 수 있다고 믿었다. 디오니소스적인 도취에서 개별자들은 자신을 망각하여 근원적 일자의 창조적 행위의 조건으로서 인식되기 때문에 고통(Leid)도 기쁨으로 승화된다. 고통이 창조적인 산고(産苦)가 되어 미적 유희로 변형되고, 여기에서 현실의 고통이 정당화된다. 이제 고통은 창조, 즉 삶의 가치를 창조하는 작업에 필요한 것이다.

고통은 연민과 공포를 단순히 해소하기 위한 것이 아니므로 위험한 감정을 격렬하게 방출시켜 낸다. 그래서 그 감정은 자기 자신을 정화하는 것만이 아니라 연민과 공포를 넘어 생성의 기쁨과 영원한 기쁨을 창출해 낸다.[100] 이러한 기쁨을 경험하는 것이야말로 비극의 고유한 즐거움의 원천이다. 니체는 고통이 예술가의 창조적 활동에서 기쁨으로 변화한다는 기본적인 태도를 유지한다. 예술가가 고통을 예술행위에 의해 기쁨으

---

[98] 여기서 니체가 강조하고 있는 고통은 독일어로 Leiden이다. Leiden은 물론 외부의 자극에 의한 우리 신체의 물리적 고통을 의미하지는 않는다. 그것은 오히려 포괄적 의미에서 그리스어 파토스(Phatos)와 친화적 관계를 갖추고 있다. 즉, Leiden은 세계를 있는 그대로 수용하는 양태를 뜻한다. 다시 말해 로고스(Logos)가 세계에 대한 능동적 해석을 의미한다면, 파토스는 세계를 있는 그대로 받아들일 수 있는 수동적 수용을 뜻한다. 이런 맥락에서 '고통에 대한 능력을 갖고 있음'은 바로 세계를 아무런 해석 없이 있는 그대로 수용할 수 있는 태도를 뜻한다. Leiden은 신체(Leib)와 함께 니체의 철학을 이해하는 데 있어 주요한 실마리이다.(프리드리히 니체,『비극적 사유의 탄생』, 이진우 옮김, 문예출판사, 1997, 219쪽.)
[99] 니체는『비극의 탄생』에서 근원적 일자(Ur-Eine)를 통해 자신의 형이상학을 언급한다. 여기서 근원적 일자(Ur-Eine)라는 개념은 세계의 영원한 고통, 즉 세계의 유일한 근거이며 사물의 영원한 모순이다.
[100] GT 6: KSA 1, 82쪽.

로 승화시키는 것은 사지가 찢겨 죽임을 당한 디오니소스의 부활신화에 기반을 둔다. 이것은 예술행위가 고통과 괴로움의 승화라고 하는 현대의 이론과도 부합된다.

　니체는 『즐거운 학문』(1887)에서 전통적인 형이상학에 대한 부정은 '신은 죽었다'라는 선언으로 이어졌다.[101] 이러한 선언은 필연적으로 삶에 대한 무의미와 부조리를 인식하게 하고, 인간을 파멸로 이끌 수 있다. 니체는 이러한 파멸로부터 우리를 구원할 수 있는 것이 바로 '예술'이라 보았다. 이러한 예술은 현실을 가상의 것으로 변화시켜 우리의 현존재를 견딜 수 있게 한다. 여기서 니체는 모든 기존의 가치체계, 즉 도덕, 종교, 철학 등을 전복시킴으로써 예술을 새롭게 정립한다. 왜냐하면 모든 가치의 근본은 바로 예술에 있기 때문이다.

　근대미학에서 조형예술의 미는 조화와 균형, 완전성의 표현, 상상력의 유희, 감정을 움직이는 다양한 개념으로 이해된다. 근대미학은 아름다움 그 자체를 삶이나 형이상학적 의미와 분리했다. 물론 니체가 아름다움의 속성들을 모두 부정하려는 것은 아니다. 다만 그것의 진정한 의미는 단지 아름답기 때문이 아니라, 예술이 고통과 투쟁으로 가득 찬 삶에 위안을 주고 있기 때문이다. 이런 점에서 니체의 이해는 고대나 중세 철학자의 이해와도 다르다. 고·중세 철학자들은 미를 신적인 완전성에서 감각적으로 나타난 것이라고 봄으로써 아름다움을 형이상학화했다. 그러나 니체에게 있어서 세계 배후의 신적인 것은 완전한 것이 아니라 오히려 모순과 고통에 차 있다. 아름다움은 신적인 것의 특성이 아니라 자신의 고통을 위안하는 데 필요로 한다.[102]

---

101 KSA 6, 312쪽.
102 니체는 초기의 예술가형이상학의 관점에서 세계를 인간의 격정을 파악한다. 세계는 어떠한 목적·의도나 원인에 의존해 있지 않으며, 신·이성·인간의 의지도

또한 니체는 예술가-형이상학에서 음악에 독자성을 부여한다.103 음악은 형상을 전혀 사용하지 않으며, 현상세계를 전혀 모사하지도 않는다. 그러므로 음악은 아름다운 가상을 제공하는 아폴론적 예술과는 전혀 다르다. 음악이 제공해 주는 것은 근원일자 자체와의 합일이다. 음악을 듣는 사람은 근원일자의 감정과 일체가 되어 근원적 일자에서 만들어진 세계에 가득 찬 고통과 모순을 그대로 긍정하게 된다. 이러한 음악의 효과에서 볼 때 음악은 형상, 개념 등 아폴론적인 모든 것보다 심오하다.104

근대미학에서 조형예술의 미는 조화와 균형, 완전성의 표현, 상상력의 유희, 감정을 움직이는 것 등 여러 가지로 설명한다. 근대 미학은 아름다움 자체를 삶이나 형이상학적 의미와 분리된다. 물론 니체가 아름다움의 속성들을 모두 부정하려는 것은 아니다. 다만 그것이 진정으로 의미가 있는 것은 그저 아름답기 때문만이 아니라, 예술이 고통과 투쟁으로 가득 찬 삶에 위안을 주기 때문이라는 점을 강조한다. 근대미학에서 음악은 미학적 논의의 중심에서 벗어나 있었다.105 음악의 예술형식은 고대에 근

필요로 하지 않는다. 세계는 단지 예술 작품에서처럼, 그 자체에서 정당화되는 것이다.(V. Gehardt, *Von der ästhetishchen Metaphysik zur Physiologie der Kunst*, p.376; Vgl. F. Becker, "Ästhetik der Korrektiv der Vernunft", in: *Zeitschrift für Ästhetik und allgemeine Kunstwissenschaft*. Bd 34/1. 1989, p.47.)

103 디오니소스적인 것과 아폴론적인 것은 명백히 쇼펜하우어의 '의지'와 '표상'에 대응한다. 디오니소스적인 것과 아폴론적인 것은 각각 의지와 표상, 본질과 현상, 진리와 가상에 상응한다. 이때 디오니소스적인 것은 합창대의 노래, 아폴론적인 것은 연극에 해당한다. (...) 니체는 여기서 음악, 곧 디오니소스적인 것이 본질적인 것이고, 그 본질을 예술로 성립시켜 주는 아폴론적 형식이 연극이라고 말한다.(고명섭, 앞의 책, 129쪽.)

104 진은영, 『니체, 영원회귀와 차이의 철학』, 그린비, 2007, 60-3쪽.

105 바움가르텐(Baumgarten)은 미학이라는 학명을 최초로 제시한 인물이다. 그는 미학을 다음과 같이 정의한다. "미학(Äthetik)은 자유로운 예술들에 관한 이론(Theorie der freien Küste), 하위 인식론(untere Erkenntnislehre), 아름다운 사유의 기술(Kunst des schöen Denkens) 그리고 유사 이성의 기술(Kunst des der Vernunft analogen Denkens)로서 감

대에 이르기까지 언제나 존재해 왔지만, 미학적 관점은 조형예술이나 문학을 중심으로 논의됐다. 그런데 니체는 바로 이러한 음악의 무형상성을 음악의 근본적인 특성으로 보았다.106 니체에게 있어서 음악은 오랫동안 중요한 예술형식이었으나 미학의 초점에서 벗어나 있던 음악을 가장 중요한 예술형식으로 부각한다. 즉, 니체에게서 "비극적 인식의 철학은 형이상학을 요구한다. 거기서 완전한 세계의 경험을 체험하거나 현존재의 형상을 완성하고자 하는 예술가적인 환상에서 첨예하게 드러난다. 결국 형이상학적인 것은 미학적인 모습으로 다시 등장한다."107

따라서 니체가 그리스 비극의 예술에서 서사와 음악이 갖고 있는 지형을 간파할 수 있었던 것도 니체가 예술가-형이상학적인 도식을 중요하게 생각했기 때문이다. 그리고 니체의 해석은 그 이전의 거의 모든 비극 해석이 기초하고 있던 아리스토텔레스 비극이론과 비판적 거리를 두었다. 왜냐하면 니체가 보기에 아리스토텔레스의 비극이론은 음악을 비극에서 나타나는 단순한 효과만을 강조하였기 때문이다. 그래서 니체는 아리스토텔레스의 비극이론과 차별화했다.108 아리스토텔레스는 서사시, 희극,

---

각적 인식의 학문이다."(cf. A.G. Baumgarten, *Texte zur Grundlegung der Äthetik*, Hamburg, 1983, p.79.) 이러한 바움가르텐의 미학에 대한 정의는 "미학을 이성적 인식의 논리학을 보완하는 감성적 인식의 논리학으로서 철학의 한 분과로 자리매김"했다. (바움가르텐 미학의 일반적인 설명은 다음을 참조: 김수현, 『미학의 역사』, 미학대계간행회 편, 서울대학교출판부, 2007, 259-75쪽.) 박영선은 바움가르텐의 미학을 설명하면서, 라이프니츠와의 연관성을 상세히 설명하고 있다. 이는 바움가르텐에게서 미학의 발전과정을 조망하는 설명이다.(박영선, 「미적 자율성의 확립으로서의 칸트 미학」, 『칸트와 미학』, 민음사, 1997, 49-60쪽.)

106 이는 바그너의 영향이라 볼 수 있다. 니체는 바그너의 영향 아래 『비극의 탄생』을 수용하여 바그너적인 문화적 헤게모니를 미적 정당화의 사유를 단초로 한다.(양해림, 『디오니소스와 오디세우스의 변증법』, 철학과현실사, 2004, 28쪽.)

107 M. Riedel, "Ein Seitenstück zur 'Geburt der Tragödie", in: *Nietzsche-Studien*. Bd. 24. 1995, p.50.

108 GT 1: KSA 1, 32쪽.

디튀람보스 시 등과 구분되는 비극의 구성요소를 찾았다. 그것은 플롯, 성격, 어법, 사상, 정경, 선율이었다.[109]

니체의 비극 해석은 비극이라는 특정한 예술 작품에 대한 이론을 제시한 시도라기보다는 비극작가로서 예술가가 비극을 산출하고 공연함으로써 대중들에게 공연을 누리게 만든 동기에 관한 이론을 구성해 보려는 작업으로 규정될 수 있다.[110] 이런

아리스토텔레스

의미에서 니체에게서 비극은 단순히 하나의 예술 장르에 불과한 것이 아니라 문화단계를 특징짓는 개념이다. 그리고 니체의 "형이상학적 비극 해석"[111]의 이와 같은 특징들을 가장 집약적으로 보여주는 결정적인 두 요소가 바로 아폴론적인 것과 디오니소스적인 것의 대립 쌍이다. 그런데 이러한 두 가지 요소는 제한적이기는 하지만 쇼펜하우어의 표상과 의지

---

109 Aristoteles, Poelica, 1450a.5. 아리스토텔레스의 비극에 관한 자세한 내용은 다음을 참조: 강영계, 「아리스토텔레스와 니체의 비극」, 양해림 외, 『니체의 미학과 예술철학』, 북코리아, 2017, 138-70쪽.
110 니체에게 비극은 인간 경험의 한 가지 영역에 제한된 것이 아니라 문화형태의 토대이자 그것을 안내하는 힘이다. 그리고 비극만이 낙관주의적 철학이나 종교가 몰락한 이후의 텅 빈 공간을 채울 수 있다.(Richard Schacht, "Making life worth living: Nietzsche on Art in The Birth of Tragedy", *Nietzsche*, Oxford University Press, 2001, p.202.)
111 형이상학적 비극 해석이란 역으로 비극에 대한 사회 정치적 해석의 배제를 함축한다.(Silk & Stern, 앞의 책, p.69.)

라는 개념의 영향 아래서 이해될 수 있다.[112] 물론 니체는 이미 초기에 쇼펜하우어와 의식적으로 거리를 두고 자신의 입장이 쇼펜하우어와 뚜렷하게 구분될 수밖에 없음을 분명하게 인식했다. 그런데도 아폴론적인 것과 디오니소스적인 니체의 메타포는 쇼펜하우어 철학의 영향에서 벗어나 있다.

쇼펜하우어는 이 세계를 의지와 표상으로 파악한다. 그의 근본적인 역할을 부여한 것은 의지이다. 의지가 스스로 생존하기 위해 만들어 낸 것이 표상이고 그러한 표상으로 구성된 세계가 우리가 사는 이 세계다. 쇼펜하우어의 이러한 입장은 개별적 의지들의 생존투쟁이 끊임없이 지속되고 고통을 가져온다는 점에서 염세주의(pessimism)라 규정한다. 쇼펜하우어에 의하면 고통과 모순이 참된 것이며 쾌락의 조화는 단순한 가상일 뿐이다. 그는 이러한 현상세계의 고뇌에서 벗어나는 두 가지의 방법이 예술과 금욕적 삶이라 보았다.

쇼펜하우어는 비극에서 오랜 투쟁과 고뇌를 거친 후, 우리가 이때까지 추구했던 목적들과 인생의 모든 향락을 영원히 단념하거나 인생 그 자체를 포기하는 것을 보게 된다고 말한다. 그에게서 인생이란 하나의 고뇌에 찬 꿈에 불과하다는 것을 증언해 준다. 여기에서 그는 비극의 참된 의미를 목격했다. 즉, 그에게서 비극은 의지를 부정하는 데서, 또는 의지를 부정하려는 욕구에 따르는 현상으로 해석해 냈다. 그의 염세주의는 우리의 존재 자체의 무목적성과 부조리함에서 비롯된다. 염세주의는 현상계의 어떠한 조건을 개선하거나 개량한다고 하여 변화될 수 있는 것이 아닌 형이상학적 염세주의인 것이다. 불행한 것은 물자체의 기본적인 성격에 기인한 것이다. 쇼펜하우어의 염세주의는 니체의 『비극의 탄생』을 이해

---

112 강대석, 『미학의 기초와 그 이론의 변천』, 서광사, 1984, 165쪽.

하는 데 중요하게 작용한다. 니체는 초판을 출판했을 때 제목을 『음악정신으로부터 비극의 탄생(Die Geburt der Tragöie aus dem Geiste der Musik)』이라고 붙였다가 재판을 출간했을 때는 『비극의 탄생』, 또는 『그리스 정신과 염세주의(Die Geburt der Tragöie, oder Griechenthum und Pessimismus)』로 변경한다. 이는 니체가 『비극의 탄생』에 담긴 '염세주의'의 의미를 직접 전달하려는 의도를 가졌던 것으로 이해할 수 있다.

솔(Soll)에 따르면 니체는 쇼펜하우어의 '염세주의'에 대한 기본적인 아이디어를 받아들이면서도 특정한 유형의 '염세주의'에 대해 비판적인 자세를 취했다. 이와 관련하여 솔은 '염세주의'를 다음과 같이 언급한다. 첫째, 염세주의의 기술적 측면(descriptiveaspect of pessimism)이다. 이 관점은 인간의 실존에서 고통이 기쁨이나 만족보다 우위를 차지하고 있다는 것이다. 둘째, 부정적 기술에 기반을 둬 모든 삶의 가치에 대해 부정적인 가치평가적 측면(evaluative aspect)이다. 삶에 대한 염세주의적 기술, 혹은 평가에 기초하여 특정한 태도나 행동을 권고하는 측면이다. 이는 염세주의의 권고적 측면(recommendatory aspect)이다. 셋째, 염세주의의 권고적 측면에서 삶으로부터 가능한 한, 회피하여 살아갈 것을 권고한다. 니체의 경우 세 번째 관점의 염세주의를 논의 대상으로 삼는다. 니체는 쇼펜하우어의 비관주의, 혹은 의지의 형이상학을 비판적으로 수용한다. 이러한 비판적 수용은 그리스 비극에서 나타난 세계를 긍정하는 것이 그리스인의 세계관이다.[113] 니체는 그리스 비극에 나타난 비극적, 긍정적 세계관을 적극적으로 수용함으로써 쇼펜하우어의 비관주의에서 벗어난다.

---

113 쇼펜하우어와 그리스인의 페시미즘적 세계 진단은 일치하는 반면 그에 대한 처방은 서로 다르다. 유대 기독교적 신앙이나 역사적 진보 혹은 인간의 완전성이라는 신화에 의존하지 않고 예술을 통해 삶을 긍정했던 그리스인의 입장에 주목했던 인물은 니체다.(R. Schacht, 앞의 책, pp.187-9.)

"쇼펜하우어는 비극에 관해 어떻게 생각했는가? 모든 비극적인 것에 감정을 고양시키는 독특하게 영감을 부여하는 것은 (...) 세계와 삶은 우리에게 진정한 만족을 줄 수 없고, 따라서 우리가 그것에 집착할 만한 가치가 없다는 인식의 열림이다. 여기에 비극적 정신이 존재한다. −그러므로 비극적 정신은 체념으로 인도한다. 오 디오니소스는 나에게 얼마나 다르게 말해 주었던가! 오 바로 이 체념주의 전체가 당시의 나에겐 얼마나 먼 것이었던가!"[114]

쇼펜하우어의 염세주의는 우리의 주변에서 발견할 수 있는 고통과 불행의 양이 즐거움과 행복보다 많다는 사실에서 비롯되는 것은 아니다. 그의 염세주의는 존재 자체의 무목적성과 부조리에서 비롯된다. 또한 현상계의 어떤 조건을 개선하거나 개량한다고 해서 변화될 수 있는 것이 아닌 형이상적 염세주의이다. 우리가 불행한 것은 물자체의 기본적인 성격에 기인한다. 그래서 니체도 『비극의 탄생』에서 쇼펜하우어를 뒤따라 인생을 끔찍하고 비극적인 것으로 묘사한다.[115] 그리고 예술, 창조적 천재의 작품에 의해 인생이 변화될 수 있다고 언급한다.

그러나 쇼펜하우어와 니체에게서 비극의 본질에 대한 개념은 상반된 것이었다. 쇼펜하우어는 비극에서 긴 투쟁과 고뇌를 거친 후에, 우리가 이때까지 추구했던 목적들과 인생의 모든 향락을 영원히 단념하거나 인생 그 자체를 포기하는 것을 보게 된다고 주장한다. 결국 쇼펜하우어는 인생이란 하나의 고뇌에 찬 꿈에 불과하다는 것을 증언해 주는 데 비극의 참된 의미가 있다고 보았다. 즉, 그는 비극을 의지를 부정하는 데 따르는, 또는 의지를 부정하려는 욕구에 따르는 현상으로 해석했다. 그의 염세주

---

114 GT 1: KSA 1, 19-20쪽.
115 GT 5: KSA 1, 58쪽.

의는 우리의 존재 자체의 무목적성과 부조리함에서 비롯하는 것이며, 현상계의 어떠한 조건을 개선하거나 개량한다고 해서 변화될 수 있는 것이 아닌 형이상학적 염세주의인 것이다. 우리가 불행한 것은 물자체의 기본적인 성격에 기인한다.[116]

쇼펜하우어 사상의 깊이는 의지로부터 도피를 모색하고 물질적인 개인의 존재를 경멸하는 삶의 부정 태도에는 반드시 대안이 있어야 한다.[117] 비극은 쇼펜하우어가 강조했던 헬레네인들의 염세주의를 입증하는 것과는 거리가 멀다. 니체는 『비극의 탄생』에서 그리스 사람들의 인생이 끔찍하며, 불가해하고, 위태롭다는 것을 잘 알고 있었다. 그럼에도 그리스인은 사람에게 등을 돌리고 염세주의에 굴복하지 않았다. 그들이 행한 것은 예술을 매개로 하여 세상과 인간의 삶을 변화시킨 것이다. 그들은 미적 현상으로서 세상에 대해 '긍정'을 말할 수 있었다. 그들에게는 이러한 긍정적 태도를 보일 수 있는 두 가지 방식이 바로 디오니소스와 아폴론적인 태도였다.

2) 근원적 일자(Ur-Eine)

니체에게서 미학적 형이상학의 중심은 근원적 일자(Ur-Eine)다.[118] 근원적 일자개념[119]은 형이상학적 주체에서 다루어진다. 형이상학적 주체는

---

[116] GT 1: KSA 1, 22쪽.
[117] GT 3: KSA 1, 31쪽.
[118] M. Fleischer, "Dionysos als Ding an sich. Der Anfang von Nietzsches Philosophie in der ästhetischen Metaphysik der "Geburt der Tragödie", in: *Nietzsche-Studien*. Bd. 17. 1988, p.80.
[119] 니체에게서 근원적 일자(Ur-Eine)의 개념은 다양한 동의어로 표현된다. 우리의 내적인 본질과 우리 모두의 일반적 토대(GT 1, 27쪽), 세계의 가장 내적인 근거(GT 1, 27쪽), 자연의 본질(GT 1, 31쪽), 본질의 비밀스러운 원인(GT 1, 38쪽), 진리적-존재하는 영원히 고통받는 모순적인 것(GT 1, 38쪽), 자연의 가장 내적인 핵심

예술가의 주체이자 자연과 연관된 근원적 일자이다. 여기서 형이상학적 주체는 모든 자연을 망라한다. 니체는 『비극의 탄생』 제4장에서 자연을 다음과 같이 말한다.

> "내가 자연 속에서 모든 강렬한 예술 충동과 가상을 동경하고 가상을 통해 구제를 보증 받을수록, 나는 점점 더 형이상학을 수용하도록 재촉 받는다."[120]

이러한 니체의 형이상학적 주체는 쇼펜하우어 철학에서 이해된다. 쇼펜하우어는 『의지와 표상으로서의 세계』에서 "예술의 형이상학을 위하여", 또는 "아름다움과 미학의 형이상학을 위하여"라는 표제에서 그의 이론을 전개해 나갔다.[121] 그런데 니체 미학의 구조는 쇼펜하우어의 미학과는 다소 다르게 구성되어 있다. 니체에게서 쇼펜하우어가 주장하는 표상으로서의 세계나 의지로서 세계의 구분은 아폴론적이고 디오니소스적인 예술 원리에 근거한다. 니체에게서 디오니소스적인 것은 근원적 일자와 의지에게서, 아폴론적인 것은 가상(Schein)과 더불어 나타난다. 두 예술의 신인 아폴론과 디오니소스의 두 예술 세계는 미학적인 형이상학의 모습을 드러내면서 두 예술의 신은 가상(아폴론적인 것)과 근원적 일자(디오니소스적인 것)로 묘사했다.

니체는 쇼펜하우어의 의지 개념을 근원적 일자에 대해 차별화를 시도

(GT 1, 39쪽), 근원적 고통과 세계의 개별적 근거(GT 4, 39쪽), 고통을 잉태하는 모순(GT 4, 41쪽), 세계의 심장(GT 4, 44쪽), 개별적이며 진리적인 영원한 것(GT 4, 45쪽), 진실되게 존재하는 주체(GT 4, 47쪽), 물 자체와 사태의 영원한 핵심(GT 6, 59쪽), 근본적인 존재(GT 6, 62쪽) 등으로 표현된다.

[120] GT 3: KSA 1, 38쪽.
[121] A. Schopenhauer, *Die Welt als Wille und Vorstellung III*, 39장, 19장 참조.

했다. 니체는 근원적 일자를 "맹목적인 삶의 의지"로 표현되는 쇼펜하우어의 학설에서 따왔다. 그런데 니체의 근원적 일자는 쇼펜하우어의 의지 개념과 같은 맥락은 아니다. 물론 니체에게서 근원적 일자는 물자체로서 존재론적 상태를 수용하고 있지만, 의지는 현상의 단계로서 근원적 일자의 객관성으로 파악한다. 쇼펜하우어는 『의지와 표상으로서의 세계』에서 의지와 물자체를 동일시하고 있으나, 니체에게서 의지는 단지 현상으로서만 우리에게 가장 근본적이고 일반적인 현상을 근원적 일자로 파악한다. 니체에게서 근원적 일자에 가상이 필요할 때, 모순의 본질이 드러난다. 가상은 영원한 모순을 재현시키며 어떤 사태(Dinge)의 시발점이며, 가상에서 새로운 가상의 세계를 일으킨다.[122] 근원적 일자는 결함과 모순, 공허함과 차이를 통해 모든 현상(Erscheinungen) 앞에서 제시된다.[123] 현상세계는 예술과 생성, 다수성의 세계로서 근원적인 일자에서 드러난다. 니체는 형이상학적 수용을 "진리적-존재론적인 것과 근원적인 일자에서 영원히 고통받고 모순에 가득 차 있는 것"[124]으로 묘사한다.

"이제, 세계의 조화라는 복음에서 각자는 자신의 이웃과 결합되고, 화해하고, 융해되어 있음을 느낄 뿐만 아니라, 마치 마야의 베일이 갈가리 찢겨져 신비로운 근원적 일자 앞에서 조각조각 펄럭이고 있는 것처럼 자신의 이웃과 하나가 됨을 느낄 것이다. 인간은 노래하고 춤추면서 보다 높은 공동체의 일원임을 표현한다. 그는 걷는 법과 말하는 법을 잊어버리고, 춤추며 허공으로 날아오르려 한다. 그가 마법에 걸려 있음이 그의 몸짓에서 나타난다. 이제 짐승이 말을 하고 대지에는 젖과

---

122 GT 3: KSA 1, 39쪽.
123 R. Fietz, 앞의 책, p.42.
124 GT 3: KSA 1, 38쪽.

꿀이 흐르는 것처럼 그 자신도 황홀해지고 고양되어 돌아다닌다. 인간은 더 이상 예술가가 아니다. 그는 예술 작품이 되어 버린 것이다. 근원적 일자의 최고의 환희를 위하여 전체 자연의 예술적 힘은 여기 도취의 소나기 아래서 스스로 나타난다."[125]

세계와의 조화, 이것이 디오니소스의 마력이다. 이것은 자신의 이웃과 하나 됨을 실현해 주고, 노래하고 춤추며 공동체의 일원임을 표현한다. 니체는 이것을 근원적 일자라는 말로 표현했다. 니체에게서 고통과 모순도 근원적 일자를 분명하게 규정하기 위한 것이었다, 하지만 그는 고통과 모순을 같은 것으로 파악한다. 니체에게서 고통은 근원적 일자의 개념을 수용하여 형이상학으로 전개했다. 니체에게서 형이상학은 환희에 가득 차 어떤 전망을 제시하거나 쾌락적인 가상의 모습에서 항상 구제를 해야 하는 것으로 기술한다.[126] 근원적 일자에 의해 영원히 도달하고자 하는 목적은 가상을 통해 구제하는 것이다.

하지만 근원적 일자는 격정적이고, 그 자체가 모순투성이다. 근원적 일자는 찢겨 모순적으로 보이고 세계의 영원한 원초적 고통을 갖고 있지만, 원초적 고통을 영원히 구제하고자 노력한다. 여기서 원초적인 고통과 구제하려는 움직임은 동시적이며 영원하다. 근원적 일자에서 구제의 단계는 디오니소스에게서 나타난다. 디오니소스는 아폴론을 매개한 자기구제이다. 그래서 디오니소스의 근원적 일자는 아폴론의 가상이 필요하다. 디오니소스에게서 자기구제는 인간에게 접근하여 마야의 베일(Schleier der Maja)[127]을 찢어내고 벗겨낸다. 찢어진 조각에서 비밀스러운 근원적 일

---

125 GT 3: KSA 1, 29-30쪽.
126 GT 4: KSA 1, 38쪽.
127 쇼펜하우어는 칸트철학을 비판하는 데 마야의 베일을 인용한다. 마야의 베일은

자가 그 앞에서 나부낀다.[128] 찢긴 근원적 일자는 세계의 정당화에 관한 물음을 설정하여 구제의 단계가 무엇인지를 찾아낸다.

앞장에서 고찰하였듯이, 이런 점에서 "미적 현상으로써만 현존재와 세계가 영원히 정당화된다"[129]는 미적 형이상학의 유명한 문구가 등장하게 된다. 니체의 이 문장은 세계의 미적인 정당화의 형식과 인식된 현존재로서 긍정적 측면을 제시하고 있다. 즉, 가상에서 구제하고자 하는 미학은 세계의 미적인 정당화의 중심 주제가 된다. 이러한 표현은 근원적 일자인 디오니소스로부터 모든 정당화의 세계를 요구한다. 그래서 인간의 현존재는 현상세계에서 미학적인 근원적 일자를 구제하려는 현상으로 나타난다.

니체에게서 세계의 미적인 정당화와의 문장은 미학의 형이상학의 형식을 함축하고 있다. 니체가 『자기비판의 시도』의 머리말에서 예술은 삶의 "진정한 형이상학적 행위"라 말한다. 이러한 표현은 미적 현상으로서의 세계를 변형시키거나 비극적 인식의 관계에서 표현될 수 있다는 의미이다. 예술은 세계의 정당화로서 단순히 도덕적인 것이 아니라 미적인 것으로 표현된다. 미적인 현상은 현상세계에서 근원적 일자를 요구한다.

그러면 근원적 일자는 어떻게 접근하는가? 근원적 일자는 무엇 때문에

칸트의 물 자체와 현상계를 구분하는 데서 유래한다. 마야의 개념은 마법적인 힘, 놀랄 만한 힘 등으로 표현되고 있다. 마야의 베일은 인도의 상카라(Shankara)의 베나타에서 체계화시켜 현상세계의 다수성에 대해 논증한 개념이다.(Barbara von Reibnitz, *Ein Kommentar zu Friedrich Nietzsche, Der Geburt der Tragödie aus dem Geiste der Musik*, Stuttgart 1992, p.76) 마야의 베일을 찢는 사람은 의지, 격렬한 폭풍우(Drange), 자신의 고유한 잇몸의 치아를 벗겨내는 것을 주시하고 있다.(G. Gödert, "Nietzsche und Schopenhauer", in: *Nietzsche-Studien*. Bd. 7. 1978, p.3)

128 GT 3: KSA 1, 29-30쪽.
129 Vgl. F. Decher, "Nietzsches Metaphysik in der "Geburt der Tragödie" im Verhältnis zur Philosophie Schopenhaurs", in: *Nietzsche-Studien*. Bd. 14. 1985, p.120.

정당화의 세계를 요구하는가? 무엇 때문에 예술 일반이 존재하는가? 미적인 형이상학은 이러한 질문들에 답변해야 한다. 근원적 일자는 종종 직관세계와 현상세계에서 마주친다. 이러한 세계는 공간·시간·인과율의 형식과 현상세계이다. 우리는 현상에서 근원적 일자를 지각하며, 그 현상의 본질을 파악한다. 말하자면 근원적 일자는 인간을 주시하고 현상을 관찰하는 인간이며, 그 현상에 의해 관찰한 인간을 주시한다.[130] 즉, 우리 인간은 어떤 현상세계에서 우리의 본질을 직시한다. 우리는 현상세계에서 개인의 고통과 깊은 연관을 맺고 있으나, 그 고통은 과거의 유한한 것으로서 지속해서 나타난다. 근원적 일자는 세계의 비전을 자신의 고통을 수반하여 계획하고 진리를 매개체로 접근해 간다. 형이상학-예술가의 관점에서 비추어볼 때, 아폴론은 디오니소스의 고통을 완화해 주지만, 직관에서 의지는 고통을 지각한다. 왜냐하면 고통은 직관을 지양해야 하기 때문이다. 우리는 순수한 직관을 갖고 있으며, 그러한 순수한 직관은 본질 안에 있다.[131]

따라서 현상세계는 디오니소스와 함께한다. 한편으로 현상세계는 근원적 일자로서 가상으로 존재하며, 현존재의 쾌락을 구제하려는 모습에서 고통받는 개인과 관계한다. 다른 한편으로 개인의 고통은 실제에서 드러난다. 거기서 가상은 경험적 실재(Realität)로써 지각하게 된다.[132] 디오니소스는 이러한 구제를 위해 고통을 분담한다.[133] 여기서 경험적 실재는 환희에 가득 찬 비전을 갖고 있으나, 쾌락적인 가상으로써 개념화된다.

---

[130] Vgl. Th. Böning, *Metaphysik, Kunst und Sprache beim frühen Nietzsche,* Walter de Gruyter: Berlin, 1988, p.255.
[131] Th. Böning, 위의 책, p.257.
[132] GT 4: KSA 1, 34쪽.
[133] M. Fleischer, 앞의 논문, p.84.

거기서 디오니소스는 경험세계에 대한 가상을 분명하게 긍정한다. 디오니소스적인 것은 외부의 한계를 언제나 긍정하며 현실적인 한계를 구체화한다. 그렇게 될 때 미적 현상으로서 세계와 현존재가 정당화된다.[134] 따라서 세계의 정당화는 진정한 창조자로서 근원적 일자를 향유하고 만족할 만하게 제시하게 된다.

---

134 F. Decher, 앞의 논문, p.121.

제4장 니체와 그리스 비극: 아폴론과 디오니소스

포스트모더니즘의 선구자: 디오니소스

니체는 현대의 이성 비판을 언급할 경우, 종종 포스트모더니즘의 선구자로 회자된다. 21세기에서 니체의 포스트모더니즘을 기술하거나 그와 관련을 시키는 것은 각기 다른 주관적 이해 속에서 다양한 모습으로 언급됐다. 니체는 『비극의 탄생』에서 아폴론과 디오니소스의 예술에서 포스트모더니즘의 흔적을 찾아볼 수 있다. 니체는 이 저서에서 아폴론적인 휴머니즘의 이상형보다 이성의 타자로서 디오니소스적 상태[1]의 미학적 현상을 강조했다. 니체 사유의 중심점은 미적인 세계를 이성의 타자로서

---

[1] 니체는 디오니소스적인 것과 아폴론적인 상태, 그리고 디오니소스적이고 아폴론적인 예술을 구분한다. 그 이유는 기본적으로 쇼펜하우어의 『의지와 표상으로서의 세계』의 저서에서 디오니소스적인 것은 의지로, 아폴론적인 것은 표상으로 동일시되기 때문이다.(Vgl. E. Witte, *Das Problem des Tragischen bei Nietzsche*, Halle, 1904, p.15.) 디오니소스의 상태는 삶의 근원적인 현상이며, 디오니소스적인 상태 없이는 아폴론의 세계는 존재하지 않는다.(W. F. Otto, *Dionysos. Mythos und Kult*, Frankfurt a M., 1960, p.124-30.) 디오니소스의 상태는 음악에서 나타나며, 음악에서 이러한 디오니소스적인 상태는 서정적인 시에서 더욱 고양된다.(B. Filser, *Die Ästhetik Nietzsche's in der Geburt der Tragödie*, München, 1917, p.27.)

설정하고 형이상학적인 측면에서 표현했다. 니체가 초기 저작에서 미적 현상은 근대 예술의 미적인 경험에 초점을 맞추어 디오니소스적 상태를 설명했다. 니체는 초기 작품인『비극의 탄생』에서부터 그의 말기 작품인 『이 사람을 보라』에 이르기까지 삶의 디오니소스적인 최고의 축제를 표현했다.

니체에게서 "디오니소스는 삶의 이성 비판에서 잘 보여준다. 디오니소스적인 개념이 삶의 이성비판으로 나타날 때, 그 개념은 각기 다른 개인과 함께 서로 연결된다. 여기서 한 개인으로서 인간은 예술을 구제하고 예술을 통해 삶이 구제된다. 또한 개인의 삶과 연관된 이성비판은 생활조건의 비판에서 찾아낸다. 우리의 일상적인 삶의 조건은 거대한 세계를 구성하고 있으며, 그 세계는 개인과의 관계에서 형성된다."[2] 니체의 이러한 삶과 연관된 생활조건[3]의 세계는『비극의 탄생』의 머리말인『자기비판의 시도』에서 예술가의 목적을 표현하는 데서 다음과 같이 묘사한다.

"예술가의 렌즈 아래서 학문을 보려는 것이지만, 삶 속에서 예술을 보는 것이다."[4]

니체는 이러한 목적을 위대한 예술현상에서, 그리고 그리스 시대의 아폴론과 디오니소스의 비극에서 탐색한다. 니체의 이런 목적은 기존의 왜곡된 가치를 수정하여 삶의 정당화를 올바르게 이해하는 데 있었다. 이런

---

2 W. Stegmaier, *Philosophie der Fluktuanz Dilthey und Nietzsche*, Göttingen, 1992, p.366.
3 생활 조건은 광범위한 의미를 내포하고 있다. 이에 대한 니체와 딜타이 사이에 삶의 해석학적 철학으로써 새로운 규정을 상세히 시도한 다음의 교수 자격 저서를 참조: W. Stegmaier, 위의 책, pp.190-266, pp.365-71.
4 GT 1: KSA 1, 14쪽.

점에서 니체는 삶의 정당화의 수단으로써 예술이 존재한다고 보았다. 왜냐하면 예술은 "미적인 현상으로서만 존재와 세계를 영원히 정당화시키기 때문이다." 니체는 형이상학적인 비극의 수용을 예술가-형이상학의 개념으로 제시하였고 예술과 비극의 개념을 서로 연관시켰다. 따라서 니체는 인간의 진정한 형이상학적 활동과 미적인 현상을 삶의 진리로서 표현했다.

이러한 니체의 예술과 관련된 예술가-형이상학으로서의 디오니소스의 주장들은 현대의 대표적 사상가라 할 수 있는 하이데거(Martin Heidegger)를 비롯하여 푸코(Michel Foucault), 하버마스(Jürgen Habermas), 로티(Richard Rorty) 등 여러 학자의 논의들에서 찾아볼 수 있다.[5] 하이데거는 그의 니체-강의록을 토대로 엮은 방대한 저서인 『니체』에서 "미적 상태로서 도취"의 장에서 아폴론적인 상태와 디오니소스적인 상태를 니체의 『비극의 탄생』에서 제시한 디오니소스의 춤과 도취라는 생리학적 현상들을 미학적 관점에서 전개했다. 하이데거는 니체의 강의록인 『비극의 탄생』에서 디오니소스를 니체철학의 핵심 개념으로 평가한다.[6] 프랑스에서 니체의 르네상스의 붐을 일으켰던 푸코는 그 누구보다 니체의 영향아래 니체의 역사적 비연속성,[7] 반이성적 측면을 계승하여 다양한 각도에서 그의 계보학을 추적했다.[8] 특히 푸코의 『광기와 비이성: 고전주의 시대 광기의

---

[5] "포스트모더니즘에 대한 니체의 영향은 니체-하이데거-데리다의 형이상학 비판의 축과 니체-바타이유-푸코의 회의적 과학의 두 축으로 구성된다."(이진우, 『이성은 죽었는가』, 문예출판사, 1998, 146쪽.)

[6] M. Heidegger, *Nietzsche,* 1961, pp.109-26. Vgl. Peter Köster, "Die Renaissance des Tragischen", in: *Nietzsche-Studien.* Bd. 1. 1972, p.184, p.189.

[7] M. Foucault, *Nietzsche, die Genealologie, die Historie,* in: Guzoni, A(Hg.), 100 *Jahre philosophische Nietzsche-Rezeption,* Frankfurt a. M., 1991, pp.108-25.

[8] M. Foucault, *Nietzsche, die Geneologie, die Historie,* in: A. Guzzoni(Hg), 1991, pp.108-25.(이광래 역, 「니체, 계보학, 역사」, 『철학. 오늘의 흐름』, 동아일보사,

역사』(1961)는 니체의 일탈적 사유 형태의 전유물이었다. 하버마스는 『현대성의 철학적 담론』에서 "탈현대로의 진입: 전환점으로서의 니체"라는 장에서 니체에 대해 이성의 사다리를 벗어던지고 이성의 타자인 신화에 정착하여 포스트모던 시대의 선두주자로 『비극의 탄생』을 염두에 두었다고 서술하고 있다. 새로운 신화론은 낭만주의의 근원에서 유래하며 디오

마르셀 프루스트

니소스를 향후 도래할 신으로 생각했다. 이것은 디오니소스로 되돌아가고자 하는 낭만적인 것이라는 점이다.9

이러한 낭만주의의 관점은 아이러니스트 이론가에게 초점을 맞춘 로티의 『우연성·아이러니·연대성』에서 볼 수 있다. 로티는 『잃어버린 시간을 찾아서』의 저자인 프루스트(Marcel Proust, 1871-1922)를 니체와 대비시켜 낭만주의의 요소를 찾아내서 이 두 예술가를 전형적인 비형이상학자라고 간주한다. 왜냐하면 니체와 프루스트는 어떤 보편성(Universum)을 추구하기보다 자기 자신만을 위해 전력을 다하고 있으므로 그들은 형이상학

1987, 291-320쪽.)

9 J. Habermas, "Eintritt in die Postmoderne: Nietzsche als Drehscheibe", in: J. Habermas, *Die philosophische Diskurse der Moderne,* Frankfurt. a. M., 1986, p.119. (한국어판: 『현대의 철학적 담론』, 이진우 옮김, 문예출판사, 1994, 114-116쪽.)

을 다양한 삶의 형식으로만 보았다. 프루스트는 형이상학을 일종에 삶의 양식으로 간주하였지만, 니체는 형이상학에 사로잡혀 있었다. 따라서 로티에 의하면 니체는 비형이상학자(Nicht-Metaphysiker)가 아닌 반형이상학적인 이론가였다.[10] 로티는 니체의 반형이상학적 언어관을 통해 두 방향으로 그의 이론을 전개한다. "하나는 반형이상학적 관점에서 부정적 의미, 다른 하나는 우연성 철학의 맥락에서 긍정적 의미"를 파악하는 것이었다.[11] 로티에게서도 니체의 "예술은 학문에 우선한다"라는 명제를 통해 그의 『비극의 탄생』의 핵심 주제를 이루고 있는 디오니소스와 아폴론의 투쟁과 화해에서 이른바 예술가-형이상학(Artisten-Metaphysik)적인 요소를 눈여겨 보았다.[12] 이 장에서는 위에서 열거한 현대 사상가의 맥락에 따라 포스트모더니즘의 이성 비판이 니체의 『비극의 탄생』에서 어떻게 그 맥락을 구성하고 있는지 추적해 보자.

예술 형이상학의 구조: 아폴론적인 것과 디오니소스적인 것

1) 아폴론적 예술

잘 알려져 있듯이, 니체는 예술을 표현하기 위해 그리스 신화에서 아폴론과 디오니소스라는 두 그리스의 신을 빌려 논의를 전개했다. 아폴론과 디오니소스는 모두 제우스(Zeus)의 아들이지만, 이 두 신은 전혀 다른 탄생과 성장 배경을 갖고 있으므로 그들이 상징하는 것 또한 매우 다르다.[13]

---

10 R. Rorty, *Kontingenz, Ironie und Solidarität*, Frankfurt a. M. 1989, pp.165-66.(한국어판: 김동식 외 옮김, 1996, 187쪽.)
11 이진우, 『이성은 죽었는가』, 문예출판사, 1998, 305쪽.
12 위의 책, 306-9쪽.
13 천병희, 『원전으로 읽는 그리스 로마 신화』, 숲, 2004, 32쪽.

예컨대 빛과 이성, 의술의 신이자 조형 예술을 상징하는 아폴론은 부모가 불멸의 신인 제우스와 레토(Leto)였던 반면에, 포도주와 도취, 광란의 신이자 생명의 근원인 대지의 생산력과 음악 예술을 상징하는 디오니소스는 제우스와 인간 카드모스 왕의 딸 세멜레 사이에 태어난 반인반신(半人半身)이었다.[14] 디오니소스는 제우스의 사랑을 받는 세멜레를 질투한 제우스의 아내 헤라가 세멜레를 속여서 제우스가 헤라에게 접근할 때와 똑같은 모습으로 나타나게 해 달라는 소원을 하도록 세멜레에게 권하였다. 어떤 소원이라도 들어 주기로 약속한 바 있는 제우스는 본의는 아니었지만, 번개의 모습으로 나타났기 때문에 세멜레는 그 자리에서 타죽었다. 그러나 태내에 있던 디오니소스는 살아나 제우스의 넓적다리 속에서 달이 찰 때까지 자란 끝에 태어났다. 이렇게 태어난 디오니소스는 니사의 요정(님프)의 손에서 자란 후로 각지를 떠돌아다녔는데, 이것은 헤라가 그에게 광기(狂氣)를 불어넣었기 때문이라 한다. 디오니소스는 먼저 이집트로 가서, 그 이후에 시리아로 옮겼다가 아시아 전역을 떠돌아

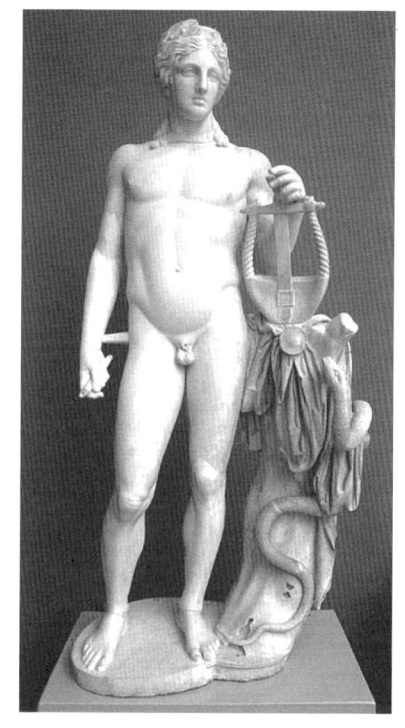

빛과 이성의 신 아폴론

---

14 강응천, 『문명 속으로 뛰어든 신 1』, 사계절, 1996, 88-106쪽.

다니면서 포도재배를 각지에 보급하여 문명을 전달했다고 전한다. 또한 그는 지옥에서 어머니인 세멜레를 데리고 나와 천상(天上)에 있는 신들의 자리에 앉혔다.15

아폴론은 올림포스 12신 가운데 하나로서 제우스와 레토 사이에서 태어난 아들이다. 여신 아르테미스와는 쌍둥이 동기간이다. 레토는 제우스의 아내 헤라의 질투로 출산할 장소를 찾지 못하다가 델로스섬으로 도망쳐 그곳에서 아폴론을 낳았다고 전해 온다. 아폴론은 그리스계(系)의 이름이 아닌 것으로 보아 동방의 소(小)아시아나 북방민족으로부터 이입(移入)된 신이며, 본래는 목자(牧者)의 수호신으로 생각된다. 노미오스(목축의(醫)), 리카이오스(이리醫), 스민테우스(쥐醫) 등의 호칭을 가진 것은 이리나 쥐로 인한 피해를 막는 힘을 나타낸 것으로 해석된다. 나중에는 그리스적 성격과 문명의 대표적 신이 되어 국가에 있어 중요한 도덕이나 법률을 주관한다. 특히 아폴론은 살인죄를 벌하고 그 더러움을 씻어 주는 힘을 지녔다.

이렇듯 서로 다른 배경을 가진 두 아폴론과 디오니소스는 그리스 신화에서 서로 대립된 쌍으로 존재하며, 니체가 예술을 설명하는 원리로써 적용했다. 니체는 아폴론적인 것과 디오니소스적 것을 바다와 배에 비유한다.16 디오니소스적인 힘은 바다처럼 여기저기 끊임없이 유동하고, 혼란스럽고, 역동적이며, 때로는 파도가 소용돌이쳐서 위험하기까지 하지만, 배 안에서 인간은 평안함을 느낀다. 배는 바다의 요동에 따라 자연스럽게 흔들린다. 따라서 인간은 두 힘의 조화를 통해 안정 속에서 충만함을 느낀다. 태양 빛에 비쳐 아름답게 찬란히 빛나는 산속의 고요한 호수

---

15 천병희, 앞의 책, 98쪽.
16 GT 4: KSA 1, 52쪽.

바닥에는, 그 바닥이 어디인지 알 수 없는 무서운 깊이가 감추어져 있다. 이 '무서운 깊이'가 디오니소스적인 것이며, 그 깊이 위에 아름답게 빛나고 있는 데 지나지 않는 표면적인 현상이 아폴론적인 것이다. 니체는 모든 존재의 기초로서 세계의 디오니소스적 근저는 바닥없는 심연이라고 말한다.

니체는 아폴론적인 것은 조형예술을, 디오니소스적인 것은 비-조형적인 음악예술을 상징하는 예술 충동으로 이해한다. 여기서 아폴론적인 것과 디오니소스적이라는 것은 단순히 하나의 "개념이라기보다는 상징이며, 특정한 의미를 지시하는 것이라기보다 다중적인 의미체계"[17]였다. 즉, 아폴론은 '빛나는 자', '태양의 신', '빛의 신'인 '미'이며 '아름다운 가상'이다. 아폴론적인 것이 '자연' 속에 나타날 때는 '꿈'의 형태를 취한다. 아폴론은 꿈속에서 훌륭하고 매혹적이며 아름다운 신들의 모습을 가상의 형태로 그린다. 이렇게 아폴론적인 것으로부터 아름다운 가상을 만들어내는 '조형가의 예술'이 나타난다. 아폴론은 꿈속에서 훌륭하고 매혹적이며 아름다운 신들의 모습을 가상의 형태로 그려낸다. 이렇게 니체는 아폴론적인 것으로부터 아름다운 가상을 만들어내는 '조형가의 예술'을 묘사했다.

> "그리스 세계에서는 아폴론적 인간인 조각가의 예술과 디오니소스의 예술인 비-조형적 음악 예술이 그 기원과 목적에 있어서 크게 대립하고 있다는 인식은 그들의 두 예술 신 아폴론과 디오니소스에 결부되어 있다. 두 개의 아주 상이한 충동은 대체로 공공연히 대립된 채 서로서로 보다 힘찬 재탄생을 유발시키며 공존해 간다."[18]

---

17 앨런 메길, 『극단의 예언자들 -니체, 하이데거, 푸코, 데리다』, 정일준·조형준 옮김, 새물결, 1996, 90쪽.

조형적인 예술을 상징하는 아폴론적인 것은 시각적인 것을, 바-조형적인 음악 예술을 나타내는 디오니소스적인 것은 비-시각적인 것과 무표상적인 것을 나타낸다. 니체는 이러한 두 예술 충동이 '꿈(Traum)과 도취(Raushe)'라는 상호 분리된 생리학적 현상과 연관되어 있다고 말한다. 즉, 꿈과 도취라는 "두 생리학적 현상들 사이에는 아폴론적인 것과 디오니소스적인 것 사이에서 대립이 존재한다."[19] 여기서 꿈은 아폴론적 세계를, 도취는 디오니소스적 세계를 묘사하는 생리학 현상이다. 그러므로 조형예술은 꿈이라는 생리학적 현상, 그리고 비-조형적 음악예술은 도취라는 생리학적 현상과 관련되어 있다.

이러한 전제하에 먼저 아폴론적인 예술 충동에 관해 살펴보기로 하자. 여기서 아폴론이 상징하는 것은 빛이다. 아폴론은 빛의 신이다. 우리의 눈은 자동으로 빛에 반응을 보이고, 빛이 있는 곳에 눈을 돌린다. 빛은 한 마디로 모든 만물을 밝게 비추어 준다.

"그리스인은 꿈 경험의 이러한 즐거운 필연성을 그들의 아폴론에서 표현했다. 모든 조형력의 신 아폴론은 동시에 예언하는 신이다. 그 뿌리에 따라 '빛나는 자', 즉 빛의 신인 그는 내면적 환상세계의 아름다운 가상까지도 지배한다. 불완전하게 지배하는 대낮 현실과 대립되는 이러한 상태의 보다 높은 진리와 완전성, 나아가 잠과 꿈속에서 치유하고 도와주는 자연에 관한 심오한 의식은 동시에 예언하는 능력의 상징적 유사물이며, 삶을 가능하게 하고 살만한 가치가 있는 것으로 만들어 주는 예술일반에 대한 상징적 유사물이기도 하다. 그러나 꿈의 형상이 병리적 작용하지 않도록 하기 위해 넘지 말아야 할 –그렇지 않으면

---

18 GT 1: KSA 1, 28쪽.
19 GT 1: KSA 1, 29쪽.

가상은 졸렬한 현실로서 우리를 기만하게 될 것이다― 저 민감한 경계선도 아폴론의 모습이 없어서는 안 된다. 적절한 한계 설정, 광폭한 격정으로부터의 자유, 조형의 신의 지혜로운 평정이 그것이다. 그의 눈은, 그의 근원에 맞게 태양다워야 한다. 그가 화를 내고 불쾌하게 바라볼 때에도 아름다운 가상의 성스러움은 그에게 서려 있다."[20]

아폴론은 모든 조형력의 신이었으며, 동시에 예언하는 신이었다. 그는 빛의 신으로서 내면적 환상세계의 아름다운 가상까지도 지배하는 능력을 지녔다. 빛이 있기 때문에 가능한 모든 것은 아폴론의 능력이다. 이렇게 아폴론은 '빛나는 자'[21], 즉 빛의 신인 아폴론은 시각적인 것을 지배하는 자이다. 이것은 푸코가 서구 사상이 전통을 빛의 은유법으로 여긴 것 같이, 현대까지 이어져 온 철학적 전통을 읽을 수 있는 상징으로 이용될 수 있다.[22] 또한 아폴론은 꿈이라는 가상 세계에 이르기까지 지배하는데, 이러한 꿈의 세계란 조형 예술의 세계이며, 비극의 절반을 차지하는 예술이다. 니체는 이러한 꿈의 세계를 『비극의 탄생』에서 한스 작스(Hans Sachs)의 다음과 같은 시로 표현한다.

"나의 친구여, 자신의 꿈을 해석하고 기록하는 것,
바로 그것이 신의 일이다.
맹세코 말하지만, 나를 믿어라, 인간의 가장 참된 생각은
꿈속에서 나타난다.
모든 문학과 시는
참된 꿈의 해석에 지나지 않는다."[23]

---

20 GT 1: KSA 1, 27쪽.
21 GT 1: KSA 1, 29쪽.
22 앨런 메길, 앞의 책, 90쪽.

여기서 시인은 아폴론적인 예술가를 지칭한다. 그리고 마지막 두 행의 모든 노래와 시(예술)는 가상의 세계인 꿈의 해석에 불과하다는 표현은 니체 예술관의 중요한 요소로 작용한다. 또한 '인간의 가장 진실 된 상념은 꿈속에 나타난다.'라는 표현은 전통 서구의 형이상학과는 다른 견해를 보여준다. 즉, 진리는 꿈이라는 가상에 불과하다. 여기서 중요한 사실은 아폴론적인 꿈의 세계에 대한 논의가 예술뿐만 아니라 삶과 철학으로 확장할 수 있다는 것을 암시한다.

"우리는 꿈속에서 직접적으로 현상들을 이해한다. 모든 형태들이 우리에게 말을 걸어온다. 거기에는 있으나 없으나 마찬가지인 것과 불필요한 것은 아무 것도 없다. 그러나 우리는 이 꿈 속에 현실의 최상의 삶 속에서 이것이 가상(Schein)이라는 느낌을 받기도 한다. 철학적 인간은, 우리가 존재하며 생활하는 이 현실의 밑에는 또 하나의 완전히 다른 현실이 놓여 있다는 예감을 갖고 있다. 즉, 이 현실도 하나의 가상이라는 예감 말이다."[24]

예술가나 철학자 모두가 같은 영역을 공유한다. 예술가의 창작 대상도 꿈의 세계인 가상이고, 철학자에게도 그들의 해석과 실천의 대상인 삶과 세계가 하나의 가상이다. 이렇게 철학자와 예술가는 가상의 세계를 창조한다. 이러한 의미에서 철학자와 아폴론적 예술가는 서로 공통점을 갖고 있다. 즉, 니체는 아폴론에 대해 질서와 조화, 척도와 법률, 꿈과 가상, 평정과 정적 이외에도 인간에게 생명력을 부여한다고 보았다.[25] 아폴론

---

[23] GT 1: KSA 1. 26쪽.
[24] GT 1: KSA 1. 26쪽.
[25] 아폴론적인 생명력은 이미 태양과 빛에도 잘 각인되어 있다. 빛살은 밝음과 온기만 제공하는 것이 아니라 모든 생명력과 성장을 부여한다. 이는 마치 플라톤이 국가의

은 모든 재앙을 막고 모든 병든 것을 치료한다.[26] 아폴론의 가문에는 병들고 죽은 인간을 치료하고 살려내는 아스클레피오스가 있었다. 아들 아스클레피오스는 죽은 사람까지도 살려내는 신의(神醫)였다.

그런데 그가 이렇게 죽은 사람을 살려내어 저승의 주민이 줄어들자 하데스는 몹시 분개하여 이를 제우스에게 강력히 항의했다. 제우스는 이 하데스의 청을 받아들여 아스클레피오스에게 벼락을 던져 죽였다. 그러자 아폴론은 자기 아들을 죽인 벼락을 만든 키클롭스를 죽였다. 제우스는 그러나 아폴론에게 벌을 내려 1년간 인간 밑에서 노예생활을 하게 하였다. 그리스인은 이런 아폴론의 가문을 사랑하였다. 이런 아폴론은 음악의 신이며, 디오니소스 못지않은 광기를 지녔다. 니체가 그를 마치 "합리적인 종교"의 원류로 제한한 것과는 다르게 그는 비합리적 영역을 지배한다. 그는 예언과 점술의 능력을 지녔다. 여기서 고대 그리스의 아폴론 신전에서 신탁이 이루어졌다. 그런데 비합리적인 "예언적 광기"의 아폴론은 니체의 『비극의 탄생』에서 제대로 파악하지 않았다. 또한 아폴론은 인간에게 생명력을 부여하고 재앙을 막으며 병든 환자를 치료하고 음악을 하는 그런 모습으로 부각되지 않았다. 그 대신에 아폴론은 아주 상이한 과제를 떠안았다. 말하자면 아폴론은 대상들을 하나하나 개별화시키는 원리로 받아들였다.[27]

이에 반해 디오니소스는 대상들 전체를 하나로 통일시키는 내면적 삶의 원리로서 개별화를 오히려 파괴했다.[28] 니체에게서 이들 양자(兩者)는

"태양의 비유"에서 명백하게 드러내듯 삶과 생명을 퍼붓는 것과 같은 것이다.
26 강웅천, 앞의 책, 82쪽.
27 GT 1: KSA 1, 20쪽.
28 니체의 쇼펜하우어에 대한 평가는 부정적이다. 『비극의 탄생』에서 니체는 쇼펜하우어의 미학을 극복하려고 노력한다. 그러나 쇼펜하우어의 『의지와 표상으로서의 세계』의 구성과 니체가 『비극의 탄생』에서 아폴론적인 것과 디오니소스적인 것으

예술을 구성하는 두 요소로써 예술의 표상이 된다. 여기서 디오니소스는 예술을 이끌게 하는 내면적인 힘을 지녔다. 여기서 개별화의 원리와 예술의 표상에 관한 논의는 니체가 쇼펜하우어의 견해를 그대로 받아들였다.[29] 특히 니체는 "개별화의 원리(Principium individuation)"를 쇼펜하우어의 이론에서 수용하여 아폴론의 원리로 전개했다.

> "쇼펜하우어가 마야의 베일 속에 사로잡힌 사람들에 관해 한 말은 약간 벗어난 의미기는 하지만, 아폴론에게도 적용된다. 사방으로 끝없이 펼쳐진 채 포효하며 산과 같은 파도를 올렸다 내렸다 하는 광란의 바다 위에서, 한 뱃사람이 조각배 위에, 그 허약한 배를 신뢰하며 앉아 있는 것처럼, 고통의 세계 한가운데서 개별적인 인간은 개별화의 원리를 의지하고 믿으며 고요하게 앉아 있다. 그렇다. 그 원리에 대한 확고부동한 신뢰와 그 안에 사로잡혀 있는 자의 고요한 정좌가 아폴론의 형상 속에 가장 숭고하게 표현되어 있다고 말할 수 있을 것이다. 사람들은 아폴론 자체를 개별화의 원리의 장려한 신상이라고 불고 싶을 것이다."[30]

쇼펜하우어는 마야의 베일을 현상의 원리라 말한다. 니체는 이 현상의 원리를 아폴론과 비교했다. 아폴론은 저 광란의 바다에서 의지할 것 없는 나약하기만 한, 하나의 조각배일 뿐이다. '나'라는 개별적인 인간은 누구에게 의지할 곳 없이 나 혼자뿐이다. 쇼펜하우어에게서 개별화의 원리를 믿고 의지하며 고요하게 앉아있는 개인은 이미 현상을 극복한 정신이

로서 예술을 구분한 것을 비교해 보면 니체가, 니체가 쇼펜하우어의 영향을 받았다는 것을 부정할 수는 없다.(GT 1: KSA 1, 28쪽.)
29 Schopenhauer, 위의 책, 2. §25. 181쪽.
30 GT 1: KSA 1, 28쪽.

가질 수 있는 경지다. 개별화의 원리는 시간과 공간의 순수직관을 의미한다. 이러한 개별화의 원리는 세계의 본체인 불합리하며 맹목적인 의지를 인간주관에 대해 개별적인 것의 형상으로서 나타난다. 우주의 본체인 의지는 하나이지만, 현상 혹은 사물은 여럿이다. 즉, 개체의 차별성은 반드시 시간과 공간의 제약을 받으며, 그 속에서만 생각할 수 있으므로 쇼펜하우어는 그것을 '개별화의 원리'라 불렀다. 이 원리에 상응하는 것을 니체는 아폴론적인 것으로 명명했다.

니체는 쇼펜하우어의 『의지와 표상으로서의 세계』에서 개별화의 원리를 "개별적인 인간은 편견에 사로잡혀 현 위치(Dasitzen)에 머물러 있으며, 고통의 세계에서 개별화의 원리와 방법에 대해 굳건하게 믿고 있던 것을 파괴한 것"[31]으로 이해한다. 먼저 개별화의 원리는 편견에 사로잡힌 인간에게서 마야의 베일(Schleier der Maja)를 서서히 벗겨낸다. 왜냐하면 쇼펜하우어가 의지와 표상으로서 세계를 구분한 이유는 아폴론과 디오니소스를 미학적 범주로 기술하고자 했기 때문이다. 쇼펜하우어에게서 의지는 개별화의 원리에 언제나 낯설고 의지는 현상과 구분된다. 시간과 공간의 외부에서는 어떠한 다수성을 알지 못하고, 개인은 한 개념 가운데 하나가 아니다.[32] 의지는 다양한 현상에서 구분되는 것이 아니라, 부분과 전체의 관계에서 각각 독립되어 있다. 즉, 의지는 개별화의 원리와 독립되어 있다.

반면 니체는 아폴론의 본체에 해당하는 맹목적이고 불합리한 의지를

---

[31] GT 1: KSA 1, 28쪽; 쇼펜하우어의 개별화의 원리에 대한 자세한 내용은 다음을 참조: A. Schopenhauer, *Die Welt als Wille und Vorstellung*, Bd. I., hrsg. von W. F. von Löhneyen, Frankfurt a. M., 1986, p.481; Vgl. M. Vogel, *Apollinisch und Dionysisch*, Regensburg, 1966, p.12.
[32] A. Schaupenhauer, 앞의 책, p.193.

디오니소스적인 것이라 규명했다. 그러므로 니체에게서 디오니소스적인 것과 아폴론적인 것은 의지와 표상, 본질과 현상, 진리와 가상으로 각각 분류된다. 이러한 니체의 분류에서 아폴론은 디오니소스의 영광을 드러내는 부차적인 것으로 간주했다.[33]

아폴론의 원리는 꿈의 개념에 의존하고 있으며,[34] 그 꿈은 조형예술에 대한 자연의 모형에서 찾아낸다. 니체가 생각하는 것처럼 꿈은, 그리스 시대 아폴론으로서 인간의 조형을 창조하는 힘의 표현이자 상상력의 산물이다. 꿈의 세계는 "광명의 신이며, 내적인 환상 세계의 아름다운 가상(Schein)을 지배한다."[35] 특히 꿈의 세계는 그림과 가상의 세계다. 이곳에서 우리는 꿈의 현실에 대한 최고의 삶을 가상 속에서 드러난 "서광이 비치는 지각(Empfindung)"[36]을 감지하게 된다. 우리는 꿈의 세계에서 아름다운 가상을 예술가들의 창조물로서 "모든 조형예술을 전제 조건으로 한다."[37] 그렇게 되었을 때 "꿈의 그림세계는 개인의 예술가적인 교육이나 지적인 수준에만 관여하지 않고 완전성"[38]을 추구한다. 예술가적인 기질을 가진 인간은 꿈의 현실에 관련되면서 환상 세계의 아름다운 가상에서 출현한다. 꿈속에서도 현상세계가 있으며, 이것은 공간, 시간, 인과율의 형식 등에서 분명하게 나타난다. 꿈은 경험적 현실로서 타자의 높고 완전한 현실을 모방한다.

데커(Friedrich Decher)에 따르면, 니체는 꿈의 예술 세계를 두 가지 동기로

---

33 백승영, 『니체, 디오니소스적 긍정의 철학』, 책세상, 2006. 102쪽.
34 Vgl. A. D. Caro, *Dianysian Ästhetics*, Peter Lang: Frankfurt, 1981, p.41.
35 GT 1: KSA 1, 27쪽.
36 GT 1: KSA 1, 26쪽.
37 GT 1: KSA 1, 26쪽.
38 GT 1: KSA 1, 30쪽.

서 파악한다. 첫째, 인간은 꿈속에서 예술가가 된다. 인간은 그림을 창작하고 형성하여 꿈의 세계를 만들어간다. 이러한 꿈의 세계는 자신의 고유한 삶과 상태를 내부의 논리적인 인과율이 필요하다. 둘째, 꿈의 세계는 최종적으로 다양한 꿈의 형태를 현실세계와 구분할 수 있는 환상의 유산물과 같이 단순히 잠복되어 머물러 있지 않다. 꿈꾸는 자는 이미 가상의 미광이 비치는 지각을 갖고 있다.39 그러나 이러한 상태는 병리학적인 꿈의 형태와 연결되어 있다. 니체는 병리학적인 꿈의 형태에 대해 "개개의 형상 신에 대한 세심한 경계심, 조야한 자극에서 오는 자유, 지혜로운 휴식(Ruhe)"40이 필요하다고 보았다. 그 밖의 꿈의 세계는 "조야한 현실에서 드러나고 있기에 현상을 속이고 있다."41

니체에 따르면, 꿈의 형상에서 선과 악의 존재 여부는 우리의 모든 계획 속에서 신을 숭상하고 각 개인에게서 승리한 현존재의 입장에서 찾는다. 이러한 과정에서 아폴론적 충동은 인간이 모방한 현상에 의한 최고의 승리에 대한 기쁨을 맛본다. 여기서 최고의 승리는 개별화의 원리를 숭상하는 것이며, 아폴론에게서 개별화의 원리를 탁월한 신의 형상으로 제시한다.42 따라서 니체에게서 아폴론적 충동은 개인을 신성화하는 것으로 파악한다.

이렇게 아폴론적 충동은 곧 '개별화의 원리'에서 드러난다. 개별화의 원리는 "명령하고 규준을 부여하는 성격을 갖고 있는 것이라면, 그것은 오직 하나의 법칙만을 알고 있다. 개체, 즉 개체의 한계를 준수하는 그리

---

39 F. Decher, "Nietzsches Metaphysik in der "Geburt der Tragödie" im Verhältnis zur Philosophie Schopenhauers", in: *Nietzsche-Studien*, Bd. 14. 1985, p.113.
40 GT 1: KSA 1, 28쪽.
41 GT 1: KSA 1, 28쪽.
42 GT 1: KSA 1, 24쪽.

스적 의미의 절제가 바로 그것이다." 아폴론적 충동에 의한 세계는 고통스러운 가상이 아니라 아름다운 가상으로 미화된다. 각 개체를 경계 짓고 균형과 절도를 갖춘 가상으로 미화시키면서 이제 세계는 아름다운 가상이 된다. 이 아름다운 가상은 근원적 일자가 자신의 근원적 모순과 고통을 경감시키기 위해 '가상을 통한 자신의 구원(Erlosung druch den Schein)'을 위해 실행했던 것과 마찬가지로, 인간이 세계에서 자신의 삶을 살아갈 만한 것으로 만든다. 아폴론적 충동에 의해 미화된 세계는 아름다운 가상으로서 세계이며 하나의 예술 작품처럼 여겨진다. 마찬가지로 인간도 자기 자신을 균형과 절도를 갖춘 아름다운 가상으로 미화하여 자신을 예술 작품처럼 여긴다. 이러한 과정을 통해 이제 그리스인은 자신의 삶과 존재를 정당화할 수 있는 근거를 발견한다. 쇼펜하우어에게서 우주의 본체인 의지는 전체로서의 하나(근원적 일자)이지만, 우리가 일상적으로 경험하는 세계는 무수하게 다양하고 구체적인 개체로 나타난다. 이러한 개체들은 특정한 시간과 공간에 한정됨으로써 개체로서의 특성을 갖는다.

앞서 서술한 바와 같이, 니체에게서 예술은 현재의 문제를 해결하는 방안이었다. 현재의 문제란 "고통과 모순에 가득 차 있음에도 불구하고 삶은 살만한 가치가 있는가?" 하는 물음이다. 니체가 그리스인에게서 신비롭게 여겼던 것은 현재의 문제를 훌륭하게 해결했다는 사실이다. 그리스인은 그 어느 민족보다도 명랑한 삶을 살았다. 그 명랑성은 그들의 신화에서 선명하게 드러난다. 그러나 명랑성이 그리스인에게서 삶의 고통을 제대로 인식하지 못했기 때문만이 아니다. 한 신화에서 인간에게 최상의 것이 무엇인지 묻는 미다스 왕에게 마신(魔神)은 다음과 같이 대답한다.

"최상의 것은 (...) 태어나지 않는 것이며, 존재하지 않는 것이며, 아무 것도 아닌 것이 되는 것이네. 그러나 그대에게 차선의 것이 있다면, 그것은 곧 죽어버리는 것이네."[43]

그리스인은 삶의 괴로움과 추함과 무가치함을 잘 알고 있었다. 먼저 그리스인은 아폴론적인 힘을 통해 삶의 문제를 극복하고자 했다. 올림포스 신들의 세계는 바로 아폴론적인 힘으로 만들어졌다. 그들은 삶의 공포에서 벗어나기 위해 기쁨의 세계인 올림포스 신들의 세계를 만들고, 그들이 자신의 삶을 통해 인간의 삶을 긍정해야 했다. 즉, "삶이라는 것이 드높은 영광에 휩싸여 그리스인의 신들 속에 표현되어 그들에게 나타나지 않았다고 한다면, (...) 그 민족이

술의 신 디오니소스

삶을 견뎌낼 수 있었겠는가."[44] 그럼으로써 그들은 자신의 개체성을 지키고 삶을 명랑하게 살 수 있었다. 호메로스의 서사시는 이런 방식으로 아폴론적인 힘을 이용해 삶을 정당화했다.

2) 디오니소스적 예술

앞장에서 아폴론적인 인간이 따르는 원리는 격정으로부터의 자유와 평온인 개별화의 원리라고 하였다. 이에 반해 디오니소스적인 본질은 이

---

43 GT 1: KSA 1, 20쪽.
44 GT 1: KSA 1, 19쪽.

디오니소스 축제

러한 개별화의 원리가 파괴되었을 때의 공포의 순간에 출현한다.

"바로 자연으로부터 솟구쳐 나오는 즐거움에 넘친 황홀감을 이 공포에 덧붙여 본다면, 우리는 디오니소스적인 본질을 엿볼 수 있다. 이 본질을 우리는 다음에 다시 도취의 유추에서 다루고자 한다. 모든 원시인이나 원시 민족이 그들의 찬가에서 말하고 있는 마취를 통해 모든 자연을 흥겹게 관통하는 봄의 힘찬 순간에, 디오니소스적 격정이 눈뜨게된다. 이 격정이 고조되면서 주관적인 것은 완전한 자아망각으로 변모한다."45

우리는 왜 아폴론과 디오니소스적인 신이 그리스인에게 필요한가? 라는 의문을 제기할 수 있다. 먼저 아폴론은 현실에서 오는 고통스러운 측면을 마주했을 경우, 가상을 통해 현실에서 마주치는 고통을 극복하는 것이다. 즉, "그리스인은 삶의 공포와 전율을 알고 있었고 느낄 수 있었다. 그들은 올림포스라는 꿈의 산물을 만들어 내야만 했다."[46] 즉, 그리스인은 개인의 주체가 모순되는 존재의 고통을 극복하고자 하는 목적에서가 아니라 모순되는 존재의 고통 자체에서 가상이 필요했다.

"영원히 고통받는 자, 그리고 모순에 가득한 자로서 진실로 존재하는 것인 근원적인 한 사람은 자기 스스로를 구원하기 위하여 늘 매혹적인 환영, 즐거운 가상을 사용한다."[47]

디오니소스적 세계는 공포와 전율이 도취된 세계이다. 디오니소스적인 것은 아폴론적인 세계의 근처에 머물러 있다. 디오니소스적인 것은 현실의 개별화 된 삶 속에 갇혀있는 것을 해방하고, 그사이에 존재하는 벽을 허물어 버린다. 그래서 인간과 자연 그리고 동물의 경계를 뛰어넘는다. 그리스 비극의 신화는 인간의 가상 세계이자 아름다운 가상이다. 도취와 광란은 우리의 삶을 이끌어 간다. 이러한 인간은 가상을 창조적으로 형상화하고 진리보다는 삶을 앞세우며 긍정하고 사랑한다.

니체의 『비극의 탄생』에서 기본 구조는 아폴론적이고 디오니소스적인 대립된 입장에 있다. 이 대립적 구조는 그리스 문화의 특징으로 표현했다. 아폴론적이고 디오니소스적인 것은 심리학적 구분에 의해 이해된다.

---

[45] GT 1: KSA 1, 21쪽.
[46] GT 3: KSA 1, 45쪽.
[47] GT 4: KSA 1, 48쪽.

술과 도취의 신으로 불리는 디오니소스는 도취의 상태에서, 그리고 자연에서 더욱 드러난다. 말하자면 디오니소스를 통해 유사하게 근접해 있는 것은 도취다. 도취는 음악에서 나타난다. 이는 방종하며 야만적인 행위였으나 아시아로부터 그리스에 유입해 들어와서는 '디오니소스적인 거인적이며 야만스런 본질'을 극복하는 것이다. 디오니소스적 경험은 우리를 황홀경에 빠지게 한다. 곧 디오니소스는 도취를 뜻한다. 도취는 꿈처럼 내적 경험의 영역에 있다. 이러한 내적 경험을 통해 세계의 본질, 고통과 모순에 가득 찬 "근원적 일자"를 들여다본 인간은 현실에서 더는 행동을 할 수 없는 상태에 치닫게 된다. 인간은 "그들의 행동에서 사물의 영원한 본질을 조금도 바꾸어 놓지 못한다는 것을 깨닫게 된다."[48] 디오니소스적인 것은 모든 격정적인 운동, 도취, 황홀감, 음악과 서사시들로 묘사된다.

가상과 꿈은 도취와 대립하고 있다. 도취의 광경은 모든 자연의 예술적 힘을 나타낸다. 이러한 "모든 자연은 봄의 즐거움에서 철저하게 접근한다."[49] 여기서 자연의 묘사는 예술가에게서 뿐만 아니라 예술 작품에서 생성된다. 예술가인 인간은 어디에서나 노래하고 춤춘다. 그리고 예술가로서 인간은 최상의 동반자이며 춤추는 몸짓에서 마법화를 얘기한다. 그런데 디오니소스적인 마법화는 단지 인간과 인간 사이를 연결하는 것만은 아니다. 즉, 그것은 소외되고 적대적이고 억압된 자연에서 인간으로부터 자신의 잃어버린 아들과 다시 화해의 축제를 한다.[50] 인간과 자연 사이에서 화해의 축제는 잃어버린 아들을 단순히 찾아서 귀환하거나 자연으로 되돌아가는 것만은 아니다. 인간이 원초적인 디오니소스적인 축제

---

[48] GT 4: KSA 1, 48쪽.
[49] GT 1: KSA 1, 29쪽.
[50] GT 1: KSA 1, 29쪽; Th. Bönig, *Metaphysik, Kunst und Sprache beim frühen Nietzsche*, Walter de Gryter: Berlin, 1988, p.218.

포도주의 신 디오니소스

는 그리스 시대의 자연에서 언제나 목격할 수 있다. 한편으로 그리스의 디오니소스적 축제는 자연[51]에서 제시되었고, 다른 한편으로 원초적인 (Barbarische) 것에서 나타났다. 따라서 디오니소스적인 주신찬배는 자연의 본질로써 이해된다.

니체에게서 황홀한 도취는 디오니소스적인 충동의 직접 전이에서, 그

---

51 니체의 자연관은 원초적으로 쉴러의 자연관과 루소(Jean-Jacques Rousseau)의 저서인 『에밀』(GT, p.37.)을 단초로 하여 수용한다. 니체가 루소의 사유를 추적한 논문은 다음을 참조: Ralph-Rainer, "Die Groe Inversion, Jean-Jacques Rousseau im Denken Nietzsches", in: *Neue Hefte für Philosophie*. Vol. 29. 1989, pp.60-79.

리고 자연의 흠뻑 취한 현실에서 등장한다. 왜냐하면 도취는 디오니소스적인 충동을 직접 전이(轉移)하여 뛰어난 계시의 형식을 갖추고 있기 때문이다.52 도취는 디오니소스적 경험을 통해 삶의 고통스러움을 깨닫게 하여 현실에서 벗어나 디오니소스적 황홀경으로 다시금 돌아가야만 삶의 고통을 견뎌낼 수 있다. 이때 우리는 투쟁과 고통을 거부해야 할 대상이 아니라 넘쳐나는 세계의지의 생산성에 필연적으로 뒤따르는 것임을 깨닫게 된다.53 디오니소스적인 것에서 고통에 가득 찬 삶은 이렇게 정당화된다.

그리스인에게서 디오니소스적인 자유분방한 축제는 '세계를 구제하는 축제, 정화의 날'이라는 의미를 함축하고 있다. 디오니소스적인 것이 그리스 문화의 이상주의의 위력 아래 굴복함으로써 이것이 예술적 현상으로 고양되었다고 니체는 생각했다. 디오니소스적인 것은 아름다운 것이 아니라 오히려 소름 끼치는 것, 무서운 것이며, 거기에는 생존의 두려움과 공포, 부조리가 서로 얽혀 있다. 따라서 디오니소스적인 것은 빛나는 표면이 아니라 바닥을 알 수 없는 깊이, 심연, 꿰뚫어 볼 수 없는 어두운 '깊은 내면'이다. 거기에서는 아폴론적인 '개별화'나 '절도' 혹은 '너 자신을 알라'와 같은 단어에 집착하는 자기인식을 파기하는 것이다. 디오니소스는 이러한 파괴를 통해 근원적 존재와 일체화에 직결된다. 디오니소스적인 것은 고통과 환희가 하나로 연결된 모순 그 자체이다. 이는 근원적 모순과 근원적 고통이 잠재해 있다. 고뇌와 기쁨이 함께하는 디오니소스적 매력은 자기분열이다. 그러면서 니체는 그것에 만족하지 않고 무한으로 향하는 동경에서 디오니소스적 현상을 발견할 수 있다고 생각했다.

---

52 Vgl. B. Nessler, *Die Beiden Theatermodelle in Nietzsches Geburt der Tragödie*, Phil. Diss. Freiburg. Meisenheim, 1971, p.10.
53 GT 9: KSA 1, 129쪽.

이 디오니소스적인 것이 예술화로 승화되었을 경우, 거기서 음악이라고 하는 비조형적인 디오니소스적 예술이 성립하게 된다. 말하자면 디오니소스적 예술이 성격상 '비극적' 내용을 담게 되는 것이다. 왜냐하면 비극은 개체의 파괴와 몰락에 의해 '영원한 생명'을 믿기 때문이다. 음악이란 실로 이러한 생명의 직접적인 이념이다.

그리스 음악에서 디오니소스적인 것은 아폴론적인 것과 절대적으로 대립적인 입장에서 대척되어 있는 것이 아니라 상대적이다. 이런 점에서 디오니소스적인 것은 언제나 아폴론적인 요소와 함께한다. 니체가 표현한 바와 같이, 아폴론적 예술은 "가상적인" 것으로 인식한다. 이에 반해 디오니소스적 예술은 음악일반을 지칭했다. 니체는 디오니소스와 아폴론의 음악을 다음과 같이 말한다.

"그러한 디오니소스적 열광의 합창과 몸짓 언어는 호머적(Homerisch)-그리스적 세계에서 무엇인가 새로움과 경이감이었다. 특히 디오니소스적 음악은 경이감과 전율을 자극시켰다. 음악이 이미 아폴론적인 예술로서 가상적인 것으로 인식했을 때, 아폴론적인 상태의 조형적인 힘의 서술로 전개된 운율의 파장으로서만 정확하게 받아들였다. 아폴론의 음악은 그리스 도리아식의 건축 양식의 음향이었다. 그러나 아폴론은 키타라(Kirthara)의 악기에서처럼 제시된 음향 속에서만 있었다. 조심스럽게 이미 반아폴론적인 요소가 저 멀리에 있다. 디오니소스적 음악의 특성과 음악 일반은 음향에 충격을 주는 힘과 멜로디의 통일적인 흐름, 하모니와 비교할 수 없는 세계로 나아간다."[54]

이러한 음악의 두 방식은 상호 비교우위의 관점에서 구분하고 있으며

---

54 GT 1: KSA 1, 33쪽.

그 안에서 두 음악의 근본적인 특성을 엿볼 수 있다. 호머적-그리스적 세계의 배후에서 디오니소스 음악의 출현은 디오니소스 정신으로서 독일 정신의 디오니소스적 요소를 통해 독일 음악으로 고취하기 위한 것이었다. 먼저 아폴론적 음악은 운율을 지배하고 있으며, 디오니소스적인 음악은 음향·멜로디·하모니가 지배한다. 이러한 구분은 다시 아우로스(Aulos)와 키타라(Kithara) 음악의 대립적인 차이[55]에서 나타난다. 니체에게서 이 두 악기의 음조는 심리학적 영향 관계 속에서 그 근거를 찾았다. 그 음조 안에서 키타라의 아폴론적인 음악은 고요함과 명상을 자아내지만, 아우로스의 디오니소스적 음악은 열광적인 인간의 심리상태를 고조시킨다. 여기서 니체는 심리학적 영역에서 아폴론과 디오니소스의 상태를 베토벤의 심포니에서 드러난 음악 이론의 개념과 연결한다. 즉, 운율은 아폴론적 음악의 정적상태와 연관되어 있으며, 멜로디와 음률의 조화는 디오니소스적인 열광의 상태와 결합한다. 이러한 양자의 관점에서 니체는 디오니소스적으로 고양된 상태를 오스트리아 빈(Wien)의 고전 음악가인 베토벤의 음악에서 찾았다.

바그너는 베토벤의 100주년 탄생 기념일(1870)을 축하하며 베토벤에 관한 논문을 쓴다. 니체는 바그너의 「베토벤」의 논문에서 그의 『비극의

---

[55] 그리스 음악과 역사는 수많은 시, 문화적 삶, 고고학적인 그림 작품 등을 통해 새롭게 인식하고 발견한다. 고대 그리스 시대의 아우로스의 이용은 다양한 관점으로 나타난다. 아우로스는 고대 그리스 시대에만 사용한 것이 아니라 기원전 700년 전 그리스 프리시아(옛 소아시아의 지역)에서 처음으로 소개되었다. 아우로스는 일반적으로 현악기로 차용하였고, 이 악기는 전쟁의 음악, 행진, 춤, 전쟁에서의 춤, 합창, 결혼식 축제 등 다양하게 사용됐다. 또한 그리스 시대에 호머도 아우로스의 현악기를 사용하였다. 키타라는 아우로스를 사용할 때 동반 악기로 함께 사용하였다.(H. Huchzermeyer, *Aulos und Kithara in der griechischen Musik bis zum Ausgang der klassischen Zeit*, Phil. Diss. Münster, 1931, pp.1-5, p.27.) 그런데 키타라 음악이 조용하고 밝은 진지함이 특징이라면, 아우로스 음악은 시끄러운 운동의 특성이 대립적으로 나타난다.

탄생』에 드러난 음악내용을 상당 부분 수용했다.[56] 니체는 바그너가 기술했던 「베토벤」의 논문집에서 디오니소스적 세계관을 다시 수정하면서 비극을 최고의 예술 작품으로서 고양된다. 특히 니체가 그 시대의 정신적으로 교제를 했던 음악가는 바그너였다. 니체는 베토벤의 심포니 9번의 4악장에서 나타난 독창과 합창으로 이어지는 「하늘에서 내려온 환희의 불꽃」[57]이 비길 데 없는 숭고한 선율로 울려 퍼지는 것을 묘사하는 데서 많은 감명을 받는다. 이러한 음악에서 환희의 선율은 "니체의 음악 미학에 중요한 역할"을 한다.[58] 니체는 바그너가 쓴 「베토벤」의 논문을 쇼펜하우어의 의미에서 음악에 대한 최고의 가치 평가를 하면서 베토벤의 심포니 9번에서 드러난 음률에 대해 새로운 판단을 시도한다. 왜냐하면 베토벤 심포니 9번의 평가는 언어적-시적인 수단의 목적을 위한 음악의 도구화와 연결되어 있으므로 합창은 단순히 낱말의 의미가 아니라 인간적 음률의 특성을 의미했다.

　디오니소스적 음악의 특성은 시와 음악의 일체감에서 나오는 상호 교환관계에 있다. 니체는 『비극의 탄생』 제5장에서 시의 현상에 대한 일체감을 상세히 서술했다. 그래서 니체에게서 시와 음악의 일체감은 실러(Johann Christoph Friedrich von Schiller, 1759-1805)의 심리학적인 해석을 수용하여 규명했다. 이러한 심리적인 수용은 음악적 음률(Stimmung)의 시적인 창조를 강조하게 된다. 실러에게서 음악적 정감(Gemuütsstimmung)에 의한 체험은 시에서 소개되었고, 니체는 다음과 같이 시의 현상을 설명했다.

---

[56] Vgl. K. Kropfinger, "Wagners Musikbegriff und Nietzsches Geist der Musik", in: *Nietzsche-Studien*. Bd. 14. 1985, p.1.
[57] 도널드 그라우트, 『서양음악사(하)』, 한국음악교재연구회 옮김, 세광음악출판사, 1996, 782쪽.
[58] R. Fietz, 앞의 책, p.24.

"우리는 지금 모든 고대 그리스 시의 가장 중요한 현상을 음악가들과 함께 시인들의 정체성에서 수용하고 있으며 어느 곳에서나 근본적으로 타당한 조화로운 것으로 받아들인다."[59]

이러한 니체의 시에 대한 수용은 시의 의미를 제대로 이해하고자 하는 시도였다. 니체는 그리스 서정시의 음악적 특성을 서정 시인들의 미적인 형이상학의 방법으로 설명했다. 니체는 음악가들과 함께 서정시인들의 그리스 시대의 정체성에 관심을 보였다. 먼저 니체의 『비극의 탄생』에서 창조적인 예술 형식은 종종 서정 시인에게서 엿볼 수 있다. 니체에 의하면 서정시인이란 디오니소스적 예술가다. 서정시인은 '근원적 일자 및 고통과 모순에 일체화된' 인물이다. 즉, 서정시인은 주관적인 것이 아니라 오히려 객관적이다. 주관이나 객관을 초월하여 존재의 진실을 비춰내는 매체 그 자체이며 존재의 진실을 드러내는 장(場) 그 자체이다. 따라서 서정시인의 '자아'는 존재의 심연으로부터 울려 나온다. 서정시인의 '자아성'이란 유일한, 진실로 존재하는, 영원한, 그리고 사물의 근저에 깔린 자아성이며, 존재의 심연이고, 디오니소스적인 진실 그 자체이다.

아르킬로코스(Archilochos, B. C. 7세기 그리스 서정시인)[60]는 그리스의 첫 번째 서정시인[61]이자 동시에 주체적인 예술가다. 여기서 아르킬로코스는 디오니소스적 예술가들의 기본적인 원형으로 삼았다. 니체는 아르킬로코스가 "서정시인들의 기본적인 모형으로 제시"[62]되면서 음악에 중요한 역할을

---

59 GT 1: KSA 1, 43쪽.
60 아르킬로코스는 자신은 술에 취하면 디오니소스 신의 아름다운 노래인 디튀람보스를 선창할 수 있다고 자랑한다. 아리스토텔레스는 선창자와 합창가무단(코로스)의 이러한 대립에서 대화적·드라마적 요소가 발전한 것으로 본다.(천병희, 『그리스 비극의 이해』, 문예출판사, 2009. 14쪽.)
61 GT 4: KSA 1, 44쪽.

한다고 보았다.63 니체에게서 실러와 아르킬로코스와의 연관성은 다소 의도적으로 시대성을 넘나드는 그리스 시대의 디오니소스적 예술에서 서정시와 음악을 동시에 드러내 보이려는데 있었다. 니체에게 있어서 이 기원은 그리스 문학의 시조이자 봉화 전달자 역할을 했던 호메로스와 아르킬로코스로 간주된다. 아폴론적 소박 예술가의 전형인 호메로스가 난폭하게 인생 속을 떠돌아다니는 뮤즈의 전투적 시종인 아르킬로코스의 정열적 정신을 경이롭게 여긴다.

아르킬로코스

그러나 근대 미학은 이러한 아르킬로코스를 단순한 주관적 예술가로 해석하였다. 일반적으로 근대 미학에서 주관적 예술가는 열등한 예술가로 여겨졌다. 주관은 극복할 대상이며 자아로부터의 구제, 그리고 개인적 의지와 욕망의 침묵을 강요당했다. 이러한 관점은 객관성, 즉 사심 없는 순수한 관조64 없이는 진정한 예술적 창조가 불가능하다는 생각에서 형

---

62 G. Lenzinger, *Das Problem der Musik und des musikalischen bei Nietzsche,* Phil. Diss. Konstanz, 1943, p.233.
63 H. Reiss, "Nietzsche, Geburt der Tragödie", in: *Zeitschrift für deutsche Philologie*, Bd. 92. 1973, p.495.
64 프리드리히 니체, 『비극의 탄생』, 박찬국 譯 아카넷, 2007. 각주 51번 참조.
사심 없는 관조의 개념은 쇼펜하우어에게서 원용한 개념이다. 사심 없는 관조는 개념 또는 의식을 통해서는 결코 불가능한 것이다. 왜냐하면 의식과 개념은 항상 표상과 관계하기 때문이다. 또한 이러한 관조는 인과율에 사로잡혀있는 한 불가능하다. 인과율은 끊임없이 다른 원인과 결과의 결합관계를 상정하기 때문이다. 오

성되었다.

'서정시인이 예술가가 될 수 있는가?'라는 자격의 문제가 제기될 수 있다. 왜냐하면 서정시인은 어떤 시대에도 주관적인 '나'를 말하고 자신의 정열과 욕망을 노래하기 때문이다. 객관성, 즉 아폴론적인 사심 없는 순수한 관조의 관점으로 보자면, 이러한 서정시인은 비예술가로 치부된다. 그러나 아폴론적이고 객관적 예술의 발원지인 델포이 신탁에서 서정시인인 아르킬로코스를 주목한 이유는 무엇일까? 니체는 그 해답을 실러의 이론을 빌려 해결하고자 했다. 왜냐하면 실러는 심리학적 고찰에 의한 시작(詩作)과정을 밝히면서 자신의 시작활동을 사고의 질서 정연한 인과율에 따라 배열된 영상이 아니라 어떤 음악적인 기분이라고 고백하고 있기 때문이다. 이렇게 니체는 아폴론적 예술보다 디오니소스적 도취의 예술을 높이 평가했다.

니체는 이제 미학적 형이상학[65]에 의해 서정시인과 음악가의 동일성을 고려한 경우에 서정시인을 설명했다. 먼저 서정시인은 디오니소스적 예술가로서 근원적 일자[66]와 근원적 일자의 고통 및 모순과 완전히 일체가

직 사심 없는 관조는 순수한 주관에게 가능한데 이러한 주관은 "순수하고, 의지 없고, 고통 없고, 시간 없는 인식주관이다."(이서규, 『삶과 실존철학』, 서광사, 2002, 61쪽.)

[65] 니체는 존재에 대한 그의 근본 통찰을 미학의 범주들로 공식화한다. 이것을 니체는 '예술가-형이상학'이라 부른다. 여기에서 예술이란 총체로서의 존재자를 형이상학적으로 조명하는 점에 있는 것이다. 이런 예술의 눈을 가지고 사색자는 세계의 심장을 뚫어볼 수 있게 된다.(오이겐 핑크, 『니이체 철학』, 하기락 옮김, 형설출판사, 1984. 22쪽.)

[66] 니체는 근원적 일자에 대해 특별한 규정하지 않는다. 하지만 근원적 일자에 대한 여러 묘사 가운데 근원적 일자는 현상의 근원적 토대이자 비밀스러운 모체이다. 그것은 일자(Eine)이면서도 모순적인 모습을 보인다. 즉, 그것은 생산하면서 동시에 파괴하며, 창조하면서도 동시에 해체하는 근원 모순(Urwiderspruch)의 성격을 지녔다. 근원적 일자는 그 자체로는 모순적 성격을 지니고 개별화의 원리가 적용되지 않지만 그 스스로 가상을 만들 수 있는 존재이다.(백승영, 『니체, 디오니소스적 긍정의

된 것이며 근원적 일자의 모상을 음악[67]으로 만들어 낸다. 그리고 이 음악은 서정 시인에게 '비유적인 꿈의 영상'처럼 아폴론적인 꿈의 작용에 의해 눈에 보인다. 근원적 고통은 음악이라는 가상에 의해 구원받고 각자의 비유, 실례로서의 두 번째 반영을 만들어 낸다. 이때 예술가는 자신의 주관성을 디오니소스적 과정에서 포기해 버리고 이런 의미에서 근대 미학의 판단은 거의 쓸모가 없어진다. 자기가 세계의 심장과 일체가 되었음을 보여주는 형상화(근원적 모순과 근원적 고통을 가상의 근원적 쾌감과 함께 형상화하는 꿈의 장면)가 된다. 이런 의미에서 보자면, 그리스의 최초 서정시인인 아르킬로코스가 뤼캄베스의 딸에게 던진 시[68]는 도취의 황홀경에 빠져 우리 앞에서 춤을 춘다. 이것은 개인적인 열정(주관적 예술)이 아니다. 독자들은 이런 아르킬로코스의 모습을 보며 디오니소스와 마이나데스[69]들을 보고 있는 것으로 간주할 수 있다. 이러한 아르킬로코스에게 아폴론이 다가와 월계수로 그를 만진다. 디오니소스와 아폴론의 극적인 만남인 셈이다. 이것이 최고로 발전 했을 때 비극과 주신찬가로 불리게 되는 서정시가 탄생하게 된다. 특히 니체는 서정시에서 실러의 고전 시 이론을 이끌어 냈다. 1796년에 괴테에게 보내는 편지에서 실러는 음악의 음률에 대해 서술하고 있다. 니체는 『비극의 탄생』 제5장에서

철학』, 책세상, 2005, 638-9쪽.)
[67] 니체에게 있어 음악은 근원적 일자를 표현하는데 그치는 것이 아니라 존재인 동시에 미적 형식으로 존재를 상징화한 것이기도 하다. 말하자면 음악이 디오니소스적 생명력을 드러내면서 또한 존재의 어떤 유형을 표상하기도 한다는 사실은 음악 스스로 아폴론적 상징 형식이 될 가능성을 잘 보여 준다. 그러므로 니체가 음악을 "세계상징"이라고 부르는 것은 모든 현상의 위와 앞에 존재하고, 언어로는 온전하게 표현될 수 없지만, 형식들이 발화되는 상징적 서사 유형을 나타낸다.(리 스핑크스, 『가치의 입법자, 프리드리히 니체』, 윤동구 옮김, 앨피, 2009, 59쪽.)
[68] 프리드리히 니체, 『비극의 탄생』, 박찬국 옮김, 아카넷, 2007. 각주 54번 참조.
[69] 앞의 책, 각주 55번 참조.

실러를 다음과 같이 인용하고 있다.

"시의 절차에 대한 실러의 해석은 그 자체로 미흡하다. 신중하게 생각한다고 하여 심리학적 고찰이 밝은 광명(Licht)을 필요로 하는 한 것은 아니다. 광명은 준비된 상태로서 시 앞에서 무엇인가 사유의 체계화된 인과성과 함께 그 자체를 끌어안으려는 형상의 계열이 아니라, 오히려 음악적 음률로써 형성되는 것이다."[70]

니체는 실러의 창조적 시의 과정을 서술하면서 시가 추구하고 있는 믿음을 언어예술의 체계와 음악의 예술 작품에서 그 유사성을 발견한다. 여기서 음악작품은 서정시의 시학에서만 찾아내는 것이 아니라 시적인 이론을 담은 서정시인들에게서 발견했다. 이런 관점에서 음악은 불분명한 음악적 음률에 의해 표현되는 것이 아니라 아주 구체적인 전문음악에 의해 표출된다. 실러는 이러한 리듬 안에서 시적인 창조를 위한 분위기를 이끌어 낼 수 있어야 한다고 생각했다.[71] 우리는 실러의 경험 세계와 사유 세계에서 음악적 정감의 현상을 이해하며, 여기서 음악적 정감은 시적 언어의 고유한 리듬으로 이해할 수 있다. 니체는 이러한 실러의 시에 대한 관심을 음악의 음률로서 설명했다. 그러나 니체는 실러의 경험 현상을 비극의 관점에서 객관적으로 해석하고자 했다. 음악적 정감은 단순히 절대 음악, 개별적인 실제가 아니라 예술가적인 작품이거나 드라마의 놀이다. 음악적 정감은 어떤 형상이 아닌 분명한 욕구를 불러일으킨다. 여기서 음악적 정감은 작품, 형상, 사색, 느낌 등 다양한 행위 동기를 유발한다. 그런데 이러한 다양성은 사적인 동기에 의한 것은 아니다.

---

70 GT 4: KSA 1, 43쪽.
71 Babara von Reibnitz, 앞의 책, p.164.

니체가 미적 정당화의 계획을 실러의 유명한 논문인 「예수의 성모 마리아(Braut von Messina)」를 위한 머리말에서 합창의 의미에 대해 고찰하였을 때, 현실세계를 순수하고 정열적인 합창에서 비극적 요인을 이끌어냈다.72 실러에게 있어서 합창은 그 자신의 이념적 토대이며 시적인 자유로 표현된다. 시의 본질은 예술의 자연주의와 함께 합창에 의해 고조된다.73 실러는 근원적으로 그리스 비극의 합창을 변형시킨다. 실러에게서 그리스 시대의 합창은 자연의 상태를 설계하고 자연의 본질을 설정한다. 그래서 실러는 자연의 상태에 대한 비극을 고양시켰다.74 실러에게서 니체의 음악 수용은 쇼펜하우어와 바그너의 낭만주의적 관점이나 그리스 음악의 중요성을 시사하고 있다.75 여기서 니체에게서 그리스 비극적 음악의 단초는 디오니소스의 합창(Chor)에 의해 더욱 고조됐다. 즉, 그리스 비극은 음악에서 유래했고, 전통적으로 음악은 비극적 합창에서 발생했다. 여기서 우리는 니체의 합창에서 음악의 정신을 이해한다. 궁극적으로 합창은 디오니소스의 다양함에 의해 생성되며, 자연의 심장부로 다시 되돌아가고자 한다.76

그리스 비극에서 합창은 디오니소스적으로 흥분된 상태로 고양되면서77 그 자신을 변화시키며 행위 한다.78 니체는 합창에서 노래 부르는

---

72 GT 5: KSA 1, 54쪽.
73 GT 5: KSA 1, 55쪽.
74 GT 5: KSA 1, 55쪽.
75 T. P. Stern, *Nietzsche on Tragedy*, London, 1981, pp.137-41.
76 Robert Rethy, "The Tragic Affirmation of the Birth of Tragedy", in: *Nietzsche-Studien*. Bd. 17. 1988, p.17.
77 GT 5: KSA 1, 62쪽.
78 Max von L Bäumer, *Das Dionysische in den Werken Wilhelm Heineses*, Bonn, 1964, p.28.

행위가 비극의 중요 문제로 등장하고 있음을 강조한다. 그리스 비극의 합창은 아주 오랜 역사를 지니면서 근본적으로 중요한 고유 활동으로써 제시되었다.79 인간행위의 형태로 나타난 합창은 디오니소스적 인간의 자기 거울80의 형식으로 반영되었다. 여기서 디오니소스적 인간은 개인의 경계선을 허물고, 인간과 인간 사이에 놓여있는 본질을 인식하게 된다. 이러한 인식을 통해 디오니소스의 합창은 인간과 인간 사이의 깊숙한 심연으로 빠져 들어간다. 거기서 인간들 사이의 일체감은 곧 자연의 심장부로 되돌아간다.

궁극적으로 합창은 무대의 드라마에서 춤추고 노래하는 변화된 형태에서 고무된다. 니체에게서 이미 합창은 드라마의 한 구성요소이다. 그리스의 합창은 무대에서 몸의 실존으로 인식되어,81 무대에서의 영웅들과 함께 종종 등장한다. 그런데 니체에게서 모든 영웅은 단지 디오니소스의 가면(Maske)에 불과하다. 고통을 겪고 있는 디오니소스의 가면은 프로메테우스와 오이디푸스의 비극적 영웅으로 다루어진다. 니체는 무대에서 두 개의 비극적 영웅을 "아이스킬로스의 프로메테우스"와 "소포클레스의 오이디푸스"를 다루면서 두 개의 드라마로 구성했다.82

앞서 제1장에서 언급했듯이, 오이디푸스는 현상세계의 디오니소스적 통찰과 고통을 모방하는 것으로 서술한다. 그리고 오이디푸스 드라마에서 세 가지의 근본적인 요소를 설명한다. 즉, 오이디푸스는 스핑크스의

---

79 GT 5: KSA 1, 62쪽. Vgl. Diter Jähnig, "Nietzsches Kunstbegriff", in: J. Adolf Schmoll(Hg.), *Beiträge zur Theorie der Künste im 19. Jahrhundert*, Bd. 2. Frankfurt a. M., 1972, p.50.
80 GT 5: KSA 1, 56쪽.
81 GT 5: KSA 1, 53쪽.
82 Vgl. Reinhard, "Die Titelvignette von Nietzsches Geburt der Tragödie aus dem Geist der Musik," *in: Nietzsche-Studien*, Bd. 20. 1991, p.322.

수수께끼를 풀고, 자기 아버지를 살해하고, 자기 어머니와 결혼을 한다.[83] 아버지를 살해하는 행위와 어머니와 결혼한 행동은 인륜의 자연법칙을 파괴한 것이다. 여기서 오이디푸스에게서 현상세계와 공간과 시간의 자연법칙이 파괴된다. 프로메테우스의 드라마의 경우는 인간의 창조와 함께 불을 훔치면서 올림포스의 지배와 질서가 파괴된다. 하지만 공간, 시간의 자연법칙에서 현상세계의 질서를 유지하고자 애쓴다. 결국에 디오니소스적인 고통은 현상세계를 분열시키고 와해시킬 수 있다.

비극적 영웅이 무대에서 출현했을 때 형식을 갖추지 않고 가면을 쓴 인간을 주시하는 것만이 아니라, 황홀경 속에 숨겨진 비전의 형태를 투시한다.[84] 관객들에 의해 이끌어낸 예술유형은 관객 자신의 진지한 상태를 중요하게 여기지만, 동시에 연극 없는 관객이란 불합리한 개념[85]이다. 합창은 어떠한 관객이 아니라 무대의 비전세계에 대한 단순한 구경꾼이다.[86] 비극에서 디오니소스적인 것의 모사인 음악은 구체적으로 합창단의 모습으로 나타난다. 합창단은 구토를 일으키는 현실에 마주해서 근원적 일자와의 일체감을 통해 형이상학적 위안을 주는 역할을 한다. 이러한 합창단의 역할에 의해 디오니소스적인 도취가 관객들에게 전염됨으로써 모든 개체의 절멸 속에서도 모든 존재자는 하나라는 기쁨이 느껴진다.

> "도취가 자연이 인간과 행하는 유희라고 한다면, 디오니소스적 예술가의 창조는 도취와의 유희이다. 사람들이 도취를 스스로 경험하지 않았다면, 이 상태로는 비유적으로만 파악될 수 있다. 그것은 사람들이 꿈

---

83 GT 5: KSA 1, 66쪽.
84 GT 5: KSA 1, 65쪽.
85 GT 5: KSA 1, 54쪽.
86 GT 5: KSA 1, 54쪽.

을 꾸면서 동시에 꿈을 꿈이라고 느끼는 것과 비슷한 것이다. 마찬가지로 디오니소스를 경계하는 사람은 도취상태에 있어야 하고, 동시에 관찰자로서 자신 뒤에 잠복하고 있어야 한다. 냉정과 도취가 번갈아 나타나는 상태에서가 아니라 나란히 나타나는 병존상태에서 디오니소스적 예술가가 드러난다."[87]

니체가 강조하는 디오니소스적인 것이 인간과 인간 사이의 경계뿐만 아니라 인간과 자연 사이의 경계 역시 허물어진 상태라고 할 때, 환상을 통해 이러한 디오니소스적인 도취상태에 이를 수 있게 하는 수단이 바로 합창단과의 음악에 대한 역할이다. 이런 의미에서 합창단은 "꾸며진 자연존재"[88]이다. 즉, 경험적 현실과는 다른 본래의 자연적 인간 모습의 회복을 상징하는 것이 사튀로스 합창단이다. 또 이런 의미에서 합창단은 디오니소스적인 도취, 혹은 그렇게 도취된 군중의 느낌을 아폴론적인 형상을 통해 상징적으로 표현된다. 비극이 디오니소스적인 것의 아폴론적인 형상화라고 할 때 이는 바로 합창단을 뜻한다. 디오니소스적인 도취의 효과인 일체감을 아폴론적 형상 때문에 생기는 위안을 제공하는 것이 합창단이다.

그러나 니체에 의하면 이러한 도취의 형상화(상징화된 도취)와 전염이 가능한 것은 합창단이 현실에 대한 일종의 장벽으로 기능한다. 다시 말해 합창단은 고통스러운 현실에서 눈을 돌리고 그 이상적인 기반과 시적인 자유를 얻기 위해 비극 주변에 쳐진 살아 있는 장벽이다. 앞서 언급했듯이, 니체는 이러한 점에서 비극 합창단의 역할에 관한 실러의 해석[89]을

---

87 프리드리히 니체, 「디오니소스적 세계관」 외, 『유고(1870-1873년) 니체전집 3』, 이진우 옮김, 책세상, 2013, 60쪽.
88 GT 7: KSA 1, 76쪽.

따르고 있다. 따라서 이런 합창단은 그 형식상 아폴론적인 것이다. "노래와 춤은 이제 더는 본능적인 자연 도취가 아니다. 디오니소스적으로 흥분된 합창대는 더는 무의식적으로 봄의 충동에 사로잡힌 민중이 아니다. 진리는 이제 상징화된다." 즉, 디오니소스적인 진리는 근원적 일자, 영원한 생명과 하나라는 것을 구체적인 모습으로 전달함으로써 위안을 주는 것이 합창이라고 할 수 있다.

이에 덧붙여 음악과 드라마의 조화가 비극이고 그 가운데서도 음악이 우위를 차지하듯이 "합창의 관점으로부터만 무대와 무대의 행위가 설명된다."[90] 합창은 디오니소스적 군중의 상징이고, 모든 관객은 그러한 합창단과 자신을 동일시하며, 이런 의미에서 합창단은 현실을 떠난 자유로운 이상적 관객이다. 그리고 그러한 관객으로서의 합창단만이 오직 무대라는 가시적 세계를 바라보는 자이며, 그러한 세계를 "본래 산출하는 자"[91]이다.

그래서 "디오니소스적인 것의 환상이 합창이고 그러한 합창의 환상이 무대 위의 사건(Drama)이다." 디오니소스적인 일체감이 아폴론적인 환상으로 나타난 것이 합창단이고, 그러한 합창단이 상징하는 구체적 내용, 즉 디오니소스 신의 고통과 기쁨을 표현한다. 디오니소스 신은 아폴론의 개체화의 붕괴에서 비롯되는 고통과 거기서 생겨나는 환상을 무대의 드라마에서 구체적으로 드러낸다. 이러한 환상은 개별적인 영웅들이 가면에 의해 자신을 위장하여 디오니소스적 신의 모습으로 표현한다. 그리고

---

[89] F. Schiller, "Prolog von Die Braut von Messina: über den Gebrauch des Chors in der Tragädie", *Gesammelte Werke in Fünf Bänden*, hrsg., von Reinhold Netolitzky, C. Bertesman Verlag, zweiter Bd. 2. 1955, pp.526-535.
[90] GT 9: KSA 1, 90쪽.
[91] GT 10: KSA 1, 102쪽.

무대에서 벌어지는 운명의 힘과의 마주침은 개별화의 원리에서는 고통을 안겨 준다. 고통을 넘어선 근원적 일자에서 영원한 생명의 기쁨을 가져다준다. 각각 "비극의 주인공은 절멸하지만, 그는 단지 현상일 뿐이고 의지의 영원한 생명[92]은 그러한 절멸에 영향을 받지 않는다."[93]

이러한 무대에서 디오니소스적인 것은 아폴론적 형상(대사, 행동, 플롯 등)에 의해 관객들과 직접 맞부딪치는 것을 방어해 준다. 이는 아폴론적인 것이 디오니소스적인 것의 부담에서 벗어나게 해 준다는 의미이다. 또한 이러한 부담감의 경감은 합창단이 무대 위의 현실을 관객들이 자신의 현실과 동일시하지 못하게 한다. 이런 의미에서 합창단은 현실에 대한 장벽일 뿐만 아니라 무대의 현실과 관객 사이의 장벽에 둘러 쌓여있다. 합창에 의해 비전을 보고, 마법화된 디오니소스를 즉석에서 연주하는 연주자가 된다. 합창은 생동하는 형상으로서 그리고 연주자는 즉석에서 드라마 연기를 수행한다.[94] 우리는 그리스 비극에서 새로운 목적을 향한 음악과 연기의 비전을 목격한다. 따라서 니체에게서 이러한 비전은 전적으로 내적인 것으로 받아들인다. 그 안에서 합창은 춤, 음률, 상징의 형식들로 표현한다.

따라서 디오니소스적인 것은 아름다운 가상이나 도취 상태를 예술적으로 형상화하고 삶에 활력을 불어넣고 풍요로움을 더해 준다. 니체는 이러한 가상세계와 현실세계를 매개하는 것이 예술이다.[95] 이러한 아폴론과

---

92 이런 의미에서 니체는 영원한 생명, 불멸과 분열된 일자에 관한 오르페우스적 전통을 디오니소스적인 것과 혼합했다고 볼 수 있다.(Silk & Stern, 앞의 책, 175-7쪽.)
93 GT 9: KSA 1, 87쪽.
94 K.-D. Bruse, "Die Griechische Tragögie als Gesamtkunstwerk-Anmerkung zu den Musikästhetischen Reflexionen des frühen Nietzsche," in: *Nietzsche-Studien*. Bd. 13. 1984, p.172.

디오니소스 대립 쌍에 대해 베네트(B. Bennett)는 다음과 같이 정리한다.

아폴론과 디오니소스의 대립관계

	아폴론적인 것	디오니소스적인 것
대상	환영	진실
태도	창조	지혜
성격	능동적	수동적
비극 신화	프로메테우스	오이디푸스

 이러한 예술의 본질이 디오니소스적인 것이다. 니체는 디오니소스적인 도취상태가 예술의 진정한 본질이며, 디오니소스적인 축제의 환희와 광란에 의해 비극의 진원지가 있음을 지적한다. 또한 신화에서 디오니소스적인 것, 즉 인간의 내면에 흐르는 생의 극복과 절제, 운명에도 디오니소스적인 것이 내재하고 있음을 목격한다. 이렇듯 니체에게서 디오니소스적인 것은 모든 법칙과 규율을 뛰어넘어 인간과 예술세계를 하나로 묶는다. 아폴론적인 것과 디오니소스적인 것은 대립되는 원리이지만, 그리스인은 그들의 문화 속으로 디오니소스적인 것을 받아들임으로써 아폴론적인 것과 화해를 시도한다. 니체에 의하면 그리스 비극에서 아폴론적인 것은 결코 디오니소스적인 것의 주인이 아니다. 오히려 디오니소스적인 것의 파괴적인 지배행위가 비극에서 나타난다. 이렇게 보면 비극은 아폴론적인 형태의 세계 내에서 디오니소스적인 것이 객관화된 것이다. 즉, 디오니소스적인 것의 근원은 고통에서부터 잉태된 예술 충동과 생성인 것이다. 이것이 디오니소스적 세계를 특징짓는 비극적 탄생이다.
 니체는 가상세계의 인간은 자연적 존재나 신보다도 더 넓은 활동영역

---

95 B. Bennett, "Nietzsche's Idea of Myth", PMLA, Vol. 94, 1929, p.428.

을 가지고 있다고 말한다. 왜냐하면 인간은 모든 자연의 인과율이나 도덕법칙에서 벗어나 가상에서 완전히 자유로운 존재가 가능하기 때문이다. 물론 이때 이 가상은 논리적 가상이 아니라 디오니소스적인 비극의 가상이다. 이런 점에서 그의 진정한 예술은 전근대 예술의 '진리'와 '도덕'으로부터 자신을 해방해 자유스럽고 적극적으로 디오니소스적인 것을 뒤따랐다.

니체에게서 디오니소스적인 예술을 갈망하는 사람들은 한편으로, 삶의 과잉된 충만으로 인해 고통받는 삶에 대해 비극적인 것을 통찰한다. 삶의 빈곤으로부터 고통받는 그들은 예술에 대해 고요함, 정적, 잔잔한 바다를 목격한다. 다른 한편으로, 디오니소스적인 예술을 갈망하는 사람들은 격앙함, 변화를 추구하는 그런 사람들이다. 그들은 삶의 빈곤화로 인해 고통을 받는 경우, 고요함과 격정의 변화, 조화를 추구하는 디오니소스적인 예술을 성취하게 한다. 예술의 역할은 이러한 삶의 성장과 쇠락에도 일정 부분 역할을 한다.

이처럼 니체는 디오니소스적인 것이 그리스 비극의 본질로서 위대한 예술이며 이러한 예술에 의해 인간은 삶에 대한 의지를 갖고 자기 스스로 극복해 나갈 수 있다. 결국 이러한 예술의 본질은 니체의 디오니소스적인 것의 중심이 되는 도취, 광기(황홀경), 정화는 인간 활동의 조화로운 모습으로서 인간 삶의 진정한 실재이며 현상이다. 다시 말해 조형예술과 서사시가 아폴론적인 예술이라면, 음악은 디오니소스적인 예술이다. 따라서 디오니소스적 음악은 그리스 비극의 중요한 요소로서 작용한다.[96] 니체는 근대음악과 근대 음악비판을 통해 음악에 깊이 있는 형이상학적 의미를 부여했다. 이러한 니체의 음악관에는 쇼펜하우어의 영향이 깊게 배어 있다.

---

[96] GT 5: KSA 1, 52쪽.

니체에게서 음악은 단순히 현상의 모사가 아니라 세계의지, 형이상학적인 것, 물 자체에 대한 직접적 모사라는 점에서 쇼펜하우어와 바그너의 음악이론에 동의한다. 반면에 조형예술은 현상, 물질적인 것을 모사한다. 이런 측면에서 음악과 조형예술의 원리는 전적으로 다르다. 니체는 음악과 현상 해석에서 쇼펜하우어의 음악이론을 뒤따랐다. 그는 쇼펜하우어 음악을 다음과 같이 인용하여 말한다.

"음악은 모든 정경을 더욱이 현실적 삶과 세계의 모든 장면을 보다 높은 의미를 가지고 나타나게 만들 수 있다는 것이다."[97]

이 때문에 니체는 음악을 조형예술의 원리에 따라 구체적인 현상의 묘사를 통해 근대미학의 흐름을 비판한다. 비록 작곡가가 자신의 곡에 구체적인 제목을 붙였다 할지라도 그 표제곡은 음악이 모방하려고 한 대상이 아니라 "그 음악이 산출한 비유적 표상"[98]에 불과한 것이다. 음악은 형상을 전혀 필요로 하지 않는다. 이것은 비평뿐만 아니라 작곡도 동시에 비판대상이 된다. 니체가 활동했던 그 당시의 낭만주의 음악은 구체적인 정경이나 문학적 내용을 표현하려는 시도가 주요 흐름을 차지하고 있었다. 이러한 시도는 음악을 의지 자체의 모방이 아니라 현상의 불충분한 모방으로 전락시켰다.[99]

『비극의 탄생』의 부제가 암시하듯이, 음악은 중심적인 역할을 한다.

---

[97] GT 5: KSA 1, 52쪽.
[98] 이 내용은 니체가 직접 쓴 것이 아니라 쇼펜하우어의 말에서 인용한 것이다. 그러나 이 부분은 쇼펜하우어에게서 인용한 것이다. 그러나 이 부분은 쇼펜하우어의 음악론을 긍정하는 의미에서 인용한 것이기 때문에 니체가 모방적 음악에 대한 이러한 평가에 동의하는 것이라고 보아야 할 것이다.(F. Neitzsche, 위의 책, 109쪽.)
[99] GT 9: KSA 1, 129쪽.

"그리스 비극에 대해 우리는 무능력자이다. 그것은 우리에게서 상실해 버린 비극의 효과가 음악에 근거하고 있기 때문이다."[100] 이러한 음악이 바로 디오니소스적 예술이다. 이러한 디오니소스적 음악이 아폴론적인 형상으로서 동시에 상징적으로 표현되는 것이 바로 비극이다.[101] 니체에 따르면, 비극적인 것은 일상적인 가상에서 비롯되는 아름다움을 통해 이해될 수 없다. "비극적인 것은 개별적인 것의 절멸에서 느끼는 기쁨을 음악정신에서 이해될 수 있다. 비극적인 것에서 느끼는 기쁨은 본능적이고 무의식적인 디오니소스적 지혜를 형상의 언어로 번역한 것이다."[102] 즉, 음악이 디오니소스적인 것의 모사라면, 그러한 형이상학적 진리를 형상으로 비유하고 표현하는 것이 바로 비극적 신화의 역할이다. 이것은 음악과 드라마의 조화이다.

그러나 이러한 조화의 관계에서도 역시 우위를 차지하는 것은 음악이다. 즉, "음악(물자체)은 세계의 이념이고, 드라마(현상)는 이러한 이념의 자취일 뿐이다."[103] 이 말은 비극의 효과에서 볼 때 디오니소스적인 것이 우위를 점한다는 사실을 함축한다. 비극 안에서 아폴론적인 것은 디오니소스적인 것의 가면일 뿐이다.

디오니소스적 예술과 아폴론적 예술: 대립과 화해

앞장에서 우리는 신화, 특히 아폴론과 디오니소스를 중심으로 하는 신

---

100 프리드리히 니체, 「그리스 음악 드라마」, 『유고(1870-1873)』, 이진우 옮김, 책세상, 서울, 2001, 26쪽.
101 GT 10: KSA 1, 102쪽.
102 GT 9: KSA 1, 84쪽.
103 GT 9: KSA 1, 87쪽.

화가 문화에 어떤 영향을 미치는지 살펴보았다. 문화는 신화를 믿으면서 시작된다.[104] 왜냐하면 "신화는 현상의 축소"이고, 신화가 없다면 "모든 문화는 건강하고 창조적인 자연력"을 잃게 되기 때문이다. 즉, "신화로 둘러싸인 지평선에서 문화의 움직임이 하나로 통일되고 완결된다."[105] 이렇게 신화란 그 자체가 일종의 사유하는 방식이다. 신화는 세계의 표상을 전달하며 사건, 행위, 고뇌하는 연속성을 보여준다. 아테네 비극 시대에서 그리스인은 자신의 모든 경험을 신화적인 세계에 연결되어야 한다고 믿었다. 그래서 현재조차도 그리스인에게는 영원의 모습아래 있었다. 어떤 의미에서 현재는 무시간적으로 나타났다.[106] 니체는 신화의 종언과 더불어 모든 것이 세속화되었다고 말한다. 세계에서 신비롭거나 신성한 곳은 이제 남지 않았고, 인간의 통제와 조작에 종속된 자연도 더는 신성한 것이 아니었다.[107]

그러나 역사가 진행됨에 따라 신화는 점점 옛것으로 되어간다. "모든 신화는 운명적으로 역사적 현실이라는 협소한 테두리 안으로 들어가 후대에 역사적 요청에 의해 일회적 사건으로 처리하는 것을 피할 수 없게 되었다."[108] 그러면 신화는 더는 우리에게 아무런 영향을 주지 못하는 운명으로 전락해 버린 것일까? 물론 그렇지는 않다. 니체가 보기에 신화는 언제든 부활을 꿈꾼다. 니체에게서 그리스 비극의 등장은 필연적인 역사의 요청이었다.[109] 이러한 역사의 요청에서 신화는 부정되는 것이 아니지

---

104 앨런 메길, 앞의 책, 139쪽.
105 GT 23: KSA 1, 189쪽.
106 GT 23: KSA 1, 189쪽.
107 승계호, 『철학으로 읽는 괴테 니체 바그너』, 반니, 2014, 438쪽.
108 GT 10: KSA 1, 113쪽.
109 GT 10: KSA 1, 114쪽.

아폴론과 디오니소스의 차이

만, 사사로운 것으로 전락해 영원한 진리가 비극이라는 특수한 역사적 사실로써 축소되었을 뿐이다.

> "이 죽어 가는 신화를 이제 디오니소스적 음악의 새로 탄생한 영혼이 붙잡아 준다. 그리고 신화는 다시 한 번 이제까지는 한 번도 보여주지 못하던 색채를 띠고, 형이상학적 세계에 대한 동경에 가득한 예감을 불러일으키는 향기를 흩뿌리며 피어오르게 된다."110

신화는 이제 쇠퇴의 길을 걷게 되었지만, 디오니소스적인 힘을 빌려 그리스 비극으로 부활해 점차 새로운 의미를 되찾게 되었다. 말하자면,

---

110 GT 10: KSA 1. 니체는 이러한 힘을 음악의 헤라클레스적 힘이라 말한다. 이러한 힘은 비극에서 최대한 발휘되며, 이 힘은 신화를 해석하여 새롭게 심오한 의미를 부여할 수 있다.

"신화의 가장 깊숙한 내용에 가장 표현력 있는 형식을 획득하게 된 것도 비극에 의해서였다. 이 비극 안에서 신화는 다시금 부활의 몸짓을 일으킨다."[111] 그렇다면 이 지점에서 어떻게 비극이 신화의 내용을 계승하고 있는지 살펴보자.

예술은 조형적인 아폴론적 예술 충동과 비-조형적인 디오니소스적 음악의 예술 충동으로 서로 대립하여 전개해 왔다. 이 대립되는 예술 충동은 예술의 이름으로 부르고 있지만, 공통점을 가지고 있지는 않다. 니체가 『비극의 탄생』에서 그리스 예술의 신인 아폴론과 디오니소스의 두 원리를 토대로 예술가-형이상학을 구성했다. 그는 이러한 "예술의 두 원리는 미적인 연구에서뿐만 아니라 삶과 예술의 내적인 관계에서 나타난다"라고 보았다.[112] 여기서 아폴론과 디오니소스의 대립과 이념(Idee)이 미적인 형이상학으로 설명된다. 그리스 비극에서 두 예술의 신은 서로 통일을 이루고자 하지만, 대립된 측면을 해소하기란 그다지 쉽지 않다. 아폴론과 디오니소스적 예술은 다양한 형이상학을 형성한다. 그러면 이러한 두 예술 충동의 신은 서로 어떠한 관계를 형성하고 있는가? 양자(兩者)의 관계는 그리스 비극의 탄생으로 설명된다.

그러면 니체에게서 꿈의 예술세계와 도취의 예술세계는 어떤 모습으로 나타날까? 앞장에서 살펴보았듯이, 니체는 꿈과 도취에서 아폴론적이고 디오니소스적인 관계를 연관시킨다. 아폴론적이고 디오니소스적인 사유는 자연의 예술 상태로서 꿈과 도취의 모습으로 나타난다. 그러면 우리는 이러한 디오니소스와 아폴론의 진정한 예술가의 모습을 어떻게 찾을 수 있는가? 그리스 비극은 디오니소스적이고 아폴론적인 자연에 대

---

[111] GT 10: KSA 1, 113쪽.
[112] J. Stambaugh, *Untersuchung zum Problem der Zeit bei Nietzsche*, Den Haag 1959, p.4; Vgl. M. Riedel, *Hören auf die Sprache*, Frankfurt a. M., 1990, p.345.

한 예술 충동적 모방이다. 본래 자연적 예술 충동은 예술가의 매개 없이도 충족 가능하다. 이러한 두 예술 충동은 모순과 고통에 가득 차 있는 동시에 영원한 생명인 근원적 일자의 근원적 충동, 즉 디오니소스적 충동이다. 그러한 디오니소스의 근원적 일자가 현상세계의 창조를 통해 스스로 첫 번째 고통에서 구원하기 위한 것이 아폴론적 충동이다. 디오니소스적 일자는 현상세계의 붕괴에서 근원적 일자의 고통이자 인간의 고통인 두 번째 고통이 생겨나며 이러한 고통에서 벗어나기 위한 두 번째 구원이 필요하다. 여기서 아폴론적인 충동의 모방자로서 인간 예술가를 매개로 발휘되는 예술창조의 충동과 예술세계가 창조된다.

이런 의미에서 예술은 근원적 일자의 구원행위인 동시에 인간의 구원행위이다. 바로 이러한 예술창조에 의한 구원이 그리스인의 올림포스 세계의 창조를 통해 나타난다. 그래서 예술이 근원적인 자연적 충동의 모방이라는 점에서 보자면, 그리스의 올림포스 세계는 아폴론적 예술 충동의 모방으로서 드러낸다. 그런데 그리스인은 구원을 위해 아폴론적 예술 충동의 모방에 의해 올림포스 세계를 창조했다. 이런 점에서 디오니소스적인 것과 아폴론적인 것은 형상화한 호머의 올림포스 예술세계의 창조와 구분된다. 그래서 이러한 비극예술이 기존의 아폴론적인 가상의 예술세계와 디오니소스적인 것을 은닉하지 않은 채 형상화된다. 비극은 진리와 가상의 중간세계에서 출현한다. 예술세계의 창조는 현실이라는 가상의 가상이며, 본래 아폴론적인 것일 수밖에 없다. 왜냐하면 비극예술이 아폴론적인 가상의 예술과 다른 점은 현실에 대한 단순한 가상이 아니라 진리(디오니소스적인 것)를 형상화한 상징적인 역할을 하고 있기 때문이다.

니체에 따르면 '자연' 그 자체, 즉 세계의 존재는 두 부류의 충동을 갖고 있다.[113] 이 두류의 예술 충동은 아폴론적인 것과 디오니소스적인 것이다. 이 이중성에서 인간적 예술가의 활동이 시작된다. 그렇게 하여 아폴론적인 조형 예술과 디오니소스적인 음악예술이 형성한다. 특히 이 두 부류의 조화는 그리스의 '아티카 비극'에서 성립됐다. 니체는 아이스킬로스가 이 비극의 정점이며 소포클레스에게서 서서히 '타락'이 시작되어 '비극의 디오니소스적 지반'은 붕괴하기 시작하였다고 보았다.[114] 그래서 니체는 아폴론적인 것보다도 디오니소스적인 것을 더 근원적인 것이라 믿었다.[115] 니체에게서 생존의 근저에 깔린 진실은 개체를 파괴하여 면면히 흘러가는 까닭을 알 수 없는 부조리의 모순을 함축한 디오니소스적인 것이다. 그래서 인간은 눈을 돌려 스스로 구제하고자 하는 것이며, 아폴론적인 아름다운 가상에 달라붙어 빛나는 것을 동경하고 더 멋진 모습을 꿈꾸고자 한다. 이러한 생각은 아폴론적인 것과 디오니소스적인 것의 갈등으로부터 생겨나는 그리스 문화에 대한 니체의 해석에서도 볼 수 있다. 아폴론이란 그리스 올림포스의 훌륭한 신들의 세계에서 '아버지'에 해당한다. 니체는 이러한 아폴론 문화의 기호를 파내고, 그 근저에서 '생존의 두려움과 공포'의 감각을 읽었다. 니체는 아폴론적인 것의 근저에는 기이한 '무서운 깊이'가 숨겨져 있으며, 아폴론적인 의식은 이 디오니소스적 세계의 베일에 감싸여 있다'고 생각했다. 이처럼 아폴론에게서 디오니소스는 생존을 성립하게 하는 기반인 것이다.

아티카 비극에서 분명히 아폴론적인 것과 디오니소스적인 것이 궁극적으로 화합되며 디오니소스는 아폴론의 언어, 그리고 아폴론은 디오니소스의 언어를 말한다. 최종적으로 비극의 효과는 디오니소스적인 것이 우위를 점한다. 음악이야말로 세계의 이념이며, 드라마는 단지 이 이념의

---

113 GT 5: KSA 1, 60쪽.
114 GT 5: KSA 1, 61쪽.
115 GT 10: KSA 1, 102쪽.

저녁놀에 지나지 않는다. 드라마에 부수되는 아폴론적 기만은 붕괴되고 무화(無化)되기 때문에 본래 디오니소스적인 은폐에 지나지 않는다. '무대의 정화된 세계'는 붕괴되고 영웅적 고뇌와 그 파멸로부터 일어서는 근원적인 생명을 향한다. 비극은 강인한 기쁨을 매개로 우리에게 디오니소스적 진리와 지혜를 체득하게 해준다. 니체가 비극예술에서 진실에 대한 예술적 허구화를 얼마만큼 밀도 있게 파헤치고 있었는지는 분명하다. 이를 두고 니체는 '경악스러운 것을 예술가적으로 제어한 숭고한 것과 구역질 나는 부조리를 예술가적으로 방출한 익살스러운 것은 하나의 예술 작품으로 통합되고, 이 예술 작품은 도취를 모방[116]하고 도취와 유희한다. 이 두 가지 요소는 아름다운 가상의 세계를 넘어서는 하나의 행보다.

그리스 비극에서 꿈과 도취의 완전한 일치는 아폴론적이고 디오니소스적인 것에서 발생한다. 예술가는 아폴론적인 꿈의 예술가이거나 디오소스적인 도취의 예술가다. 아폴론적 예술가는 꿈의 예술가며, 디오니소스의 예술가는 도취의 예술가다. 디오니소스적-아폴론적 예술의 창조는 동시에 도취와 꿈의 예술이다. 디오니소스적인 술에 취한 상태와 신비적인 자기의 절망감은 열광적인 합창에서 고조된다. 예술가는 아폴론적인 꿈의 자기 고유한 상태를 분명하게 제시하며, 비유적인 방법으로 꿈의 형상 속에서 세계의 내적인 근거에서 일체감을 찾아낸다.[117] 궁극적으로 그리스 비극은 아폴론의 형상을 통해 디오니소스적인 힘과 화해를 이끌어 낸다. 그렇게 하여 아폴론과 디오니소스의 화해를 통해 비극이 탄생했다. 그래서 아폴론과 디오니소스의 화해는 그리스 문화사의 중요한 동기로 작동한다.[118] 하지만 디오니소스와 아폴론적인 투쟁에 의해서만 디오

---

116 GT 7: KSA 1, 73쪽.
117 GT 1: KSA 1, 31쪽.

니소스의 유동하는 삶이 가능하게 된다. 그래서 우리는 아폴론과 디오니소스의 투쟁 속에서 우리의 삶을 목격한다.

핑크(Eugen Fink)가 종종 제시하고 있듯이, 니체는 『비극의 탄생』이나 후기 저서에서 예술 충동을 아폴론과 디오니소스의 대립 관계, 즉 하나는 아폴론적이고, 다른 하나는 디오니소스적인 것에서 찾는다.[119] 그런데 아폴론은 디오니소스적인 동기에 의해서 파악한다. 근본적으로 그리스 시대의 예술은 디오니소스적 음악의 현상과 비극적 신화에서 제기되었다. 디오니소스는 우리의 유한한 삶의 끊임없는 생성이다. 여기서 디오니소스의 생성은 디오니소스와 아폴론, 생성과 존재의 투쟁이다. 이런 점에서 아폴론은 디오니소스 없이 살 수 없다.[120] 두 신의 그리스적 화해는 디오니소스의 변화를 의미하는 것만이 아니라 아폴론의 경직성으로부터의 해방을 뜻한다. 이러한 표현은 조화로운 질서의 가능성과 모순이 서로 맞물려 있다는 것을 암시한다. 이러한 조화와 대립적 측면은 근대의 인간 생활의 모순적인 이중성에서 있었다.

코플러(Leo Kofler)에 의하면 사회의 계급투쟁에서 과거를 되돌아보거나 미래를 예견하는 아폴론적이고 디오니소스적인 것은 서로 공존 불가능하다. 그러나 그는 아폴론과 디오니소스적 대립을 통해 지속해서 자극을 받고 합리적 개념을 이끌어 낸다. 그렇게 했을 경우, 디오니소스적 아폴론적인 통일은 실제로 서로 믿거나 다시 정립하게 된다.[121] 이러한 내적인

---

[118] GT 1: KSA 1, 32쪽. Vgl. H. Wagenvoort, "Die Entstehung von Nietzsche Geburt der Tragödie", in: *Mnemosyne.* Vol. 12. 1959. p.11.

[119] E. Fink, *Nietzsches Philosophie*, Stuttgart, 1979, p.18.

[120] GT 1: KSA 1, 40쪽.

[121] L. Kofler, "Das Apollinische und das Dionysische in der utopischen und antagonistischen Gesellschaft", in: *Zur Dialektik der Kultur,* Frankfurt a. M., 1972, pp.174-75.

모순은 적대적인 근대 사회에서 디오니소스와 아폴론과의 조화를 위해 노력하는 것에서 찾는다. 즉, 우리는 디오니소스와 아폴론의 화합을 위해서 서로 노력하며 디오니소스적인 현상을 추구한다.[122] 따라서 『비극의 탄생』에서 두 예술의 신은 서로 형제의 관계를 구축하여, 결국 니체의 비극의 본질은 디오니소스적 상태, 음악의 디오니소스적인 도취를 제시하게 된다.

그러면 니체의 『비극의 탄생』에서 디오니소스와 아폴론의 대립과 투쟁, 화해의 의미는 무엇인가? 먼저 니체는 디오니소스에게서 예술가-형이상학의 진리 영역을 파악했다. 니체는 진리의 문제와 관련하여 현상의 인식, 세계의 인식, 예술의 인식을 통해 참된 진리의 세계를 추구했다. 니체는 예술과 진리에 대해 예술의 배후에 다른 믿음이 숨겨져 있다고 말한다. 그런데 그 믿음은 반드시 진리와 동반하는 것은 아니다. 예술에서 의지로 드러난 진리는 이미 변화를 의미한다. 우리가 앞서 살펴보았듯이, 니체는 아폴론의 조형적 예술에서보다는 디오니소스의 무조형적인 음악에서 예술과 진리를 찾았다. 예술은 아름다움을 창조하는 것이고, 아름다움에서 진리를 구별한다. 여기서 예술은 가상과 관계를 맺는다. 우리는 예술의 특징을 아름다움으로 표현하고 있지만, 니체에게서 진리는 실제로 아름다움의 현실적 근본 특징을 가상으로 드러낸다. 가상은 진리로부터 구분하는 것이 아니라 고유한 현실로써 비극적인 진리의 본질에서 드러난다. 우리가 니체에게서 예술을 진리와 관련지어 말할 때, 도취의 예술에서 나타난 기쁨과 불쾌의 감정이나 아름다움의 감정(Gefühl)으로 생각할 수 있다.[123] 이러한 쾌락과 불쾌의 감정, 행동과 격정, 아름다

---

[122] M. L. Bäumer, "Das Moderne Phänomen des Dionysischen und seine Entdeckung durch Nietzsche", in: *Nietzsche-Studien.* Bd. 6. 1977, p.124.
[123] K. Ulmer, "Nietzsches Idee der Wahrheit und die Wahrheit der Philosophie", in:

움의 미학적 감정은 다양한 현상 안에서 생각할 수 있다. 특히 미학적 감정은 디오니소스적인 음악에서 강렬하게 느낄 수 있지만, 그 감정은 음악에서 상징화되거나 음악의 기원으로 설명된다. 니체에게서 이러한 감정은 디오니소스의 현상에서 구체화된다.[124]

그런데 미학적 감정은 쇼펜하우어의 관점에서 의지와 같은 것을 뜻하지는 않는다. 의지는 감정처럼 음악의 기원이 아니며, "미적인 것도 아니며"[125], 예술적인 것을 창조하지도 못한다. 그러나 감정은 음악에서 상징화되면서, 디오니소스적 예술가, 서정 시인들에게서 창작해 낸다. 우리는 디오니소스적 도취에서 자연의 기쁨과 격정을 맛보며, 디오니소스적인 흥분과 환희를 만끽한다. 따라서 우리는 그리스 비극의 음악에 의해 지속해서 새로운 목적지를 찾아 나간다.

Philosophisches Jahrbuch, 70, 1962/1963. p.304.
[124] R. Dowerg, *Friedrich Nietzsches Geburt der Tragödie in ihren Beziehungen zur Philosophie Schopenhauers*, Leipzig, 1902, p.83.
[125] GT 5: KSA 1, 50쪽.

제5장 니체와 그리스 문화: 부르크하르트와 권력이론

권력의지란 무엇인가?

150년 전 니체는 "유럽의 소국 난장판으로 길게 쓴 희극이 끝나려면, 마찬가지로 왕정과 민주주의의 난립이 끝나려면, 유럽은 결심해야 한다. 소규모의 정치는 끝났다. 다음 세기는 벌써 세계지배를 위한 싸움을 불러온다. -거대정치를 강요한다"[1]라고 기술하고 있다. 이른바 권력과 인간본성의 관계는 권력충동으로부터 어떻게 말할 수 있는지의 물음을 설정하거나, 양자 사이의 관계가 어떻게 적극적으로 파괴적인 충동으로 나타나게 될 것인지에 대한 질문을 설정한다.

권력과 인간본성의 관계는 권력충동에서 나타난다. 그리고 이 양자 사이의 관계는 권력충동을 적극적으로 표출하는 데에서 드러난다. 우리는 이러한 권력과 인간본성의 관계를 니체의 『아침놀』(1881), 『차라투스트라는 이렇게 말했다』(1883-1885), 『선악의 피안』(1886), 『도덕의 계보학』(1887), 『인간적인 너무나 인간적인』(1887), 『유고』의 저서들을 통해

---

1 울리히 벡, 『세계화시대의 권력과 대항권력』, 홍찬숙 옮김, 도서출판 길, 2011, 24쪽 재인용.

발견할 수 있다. 특히 니체는 그의 『유고』에서 "권력의지(Wille zur Macht)"², 또는 "힘에의 의지"의 관계를 종종 언급함을 볼 수 있다. 니체의 '권력의지'는 단순하게 해석될 수 있는 개념이 아니다. 힘에의 의지 개념이 모호하고 다양한 해석 가능성이 존재하는 이유는 니체가 "힘에의 의지"를 명시적으로 논의하지 않았기 때문이며, 텍스트의 연관관계와 관점에 따라 다르게 사용하고 있기 때문이다. "힘에의 의지"는 지금까지 자주 권력에 대한 의지로 해석해 왔으며, 이런 해석으로부터 많은 오해가 생겨났다. 힘에의 의지는 역사와 정치, 사회 현실 속에서는 권력에의 의지로 그 모습을 드러내기도 한다. 니체가 주인으로부터 도덕을 내세우고 싸움을 신성시했을 뿐만 아니라 약자의 도태를 요구하였던 사실을 염두에 둔다면, 우리는 이러한 권력의 추구가 동반하는 파괴적인 국면을 우려하지 않을 수 없다. 이러한 우려가 현실화되었던 것이 나치에 의한 정치 군사적 만행을 바탕으로 한 니체의 해석이다.³

독일어 고증판 니체전집을 한국어로 완역한 한국어판 니체전집의 편집위원회는 'Wille zur Macht'의 용어를 '힘에의 의지'로 통일한 바 있다. 하지만 그 당시 니체전집편집위원에 참여했던 이진우 교수 본인도 이 원칙을 따랐지만, 니체가 사유한 것이 힘이라기보다 권력이었으며 'Macht'를 권력이라 옮기는 것이 타당하다고 주장한다.⁴ 여기서 우리는 이 개념

---

2 여동생 엘리자베드-푀르스터-니체는 니체 사후 처음으로 "Wille zur Macht"(1906)라는 제목을 붙여 그의 주저 및 『유고』들을 집대성하여 편집하였다. 이에 대한 상세한 논의는 Wolfang Müller-Lauter, "Nietzschs Lehre vom Willen zur Macht", *Nietzsche-Studien*, 3, 1974, p.1-50; 이상엽, 「제2부 힘에의 의지」, 『니체철학의 키워드』, 울산대학교 출판부, 44-50쪽; 고명섭, 「권력의지에 대하여」, 『니체극장』, 김영사, 2012, 448-59쪽.
3 차하순·정동호, 『부르크하르트와 니이체』, 서강대학교 출판부, 1986, 126쪽.
4 이진우, 『니체, 실험적 사유와 극단의 사상』, 책세상, 2009, 156쪽.

을 '권력의지'로 표현하여 전개할 것이다. 즉, 니체는 권력의지를 통해 모든 현실세계에서 합리적인 활동을 어떻게 할 것인지에 몰두했다. 그래서 그는 현실권력이 어떻게 전개되는지를 고찰했고, 그 권력이 어떻게 생성의 흐름에 뒤따르고 있는지를 지속해서 찾아냈다.[5] 하지만 현시점에서 니체의 이러한 권력의지에 대한 평가는 유보해야 한다.[6] 왜냐하면 니체에게서 권력은 힘의 균형이라는 조건하에서 그 시대의 사회적 관계를 구축하고 있었기 때문이다. 그래서 그에게서 권력은 단순히 정치적 의미로만 해석할 수 없다.[7] 권력은 심리적 현상과 그 권력현상의 동력을 위한 징표이다.[8] 니체에게서 권력은 단순히 심리적 반응이 아니라 좋음과 나쁨의 양심에서 발생하는 처벌의 도구로 행사한다.[9]

　니체는 철학적, 형이상학적 구상을 통해 권력의 사회현상을 심도 있게 통찰하고자 하였지만, "권력이론(Theorie der Macht)"의 제목으로 저술한 적은 없다. 니체는 투키디데스(Thukydides), 마키아벨리(Machiavelli), 홉즈(Hobbs), 루소(Rousseau), 토크빌(Tocqueville), 마르크스(Marx) 등의 권력이론에 크게 자극받았고, 뒤르켐(Emile Durkheim), 베버(Max Weber)등은 니체의 이론을 통해 근대사회이론을 이해하였다.[10] 무엇보다 니체는 "삶의 의지에서 종종 권력의지를 발견"[11]했다. 그리고 그는 "살아있는 자들에게서 권력의지를 찾

---

[5] G. Abel, *Nietzsche. Die Dynamik der Wille zur Macht und die ewige Wiederkehr*, Walter de Gruyter: Berlin·New York, 1998, p.5.
[6] A. Anter, *Theorien der Macht zur Einführung*, Hamburg, 2013, p.35.
[7] V. Gerhardt, *Vom Willen zur Macht. Anthropologie und Metaphysik der Macht am exemplarischen Fall Friedrich Nietzsches,* Walter de Gruyter: Berlin·New York, 1996, p.7.
[8] M. Saar, *Genealogie als Kritik. Geschichte und Theorie des Subjekts nach Nietzsche und Foucault*, Frankfurt a. M., 2007, p.108.
[9] J. Buttler, *Psyche der Macht. Das Subjekt der Unterwerfung,* Frankfurt. a. M., 2013. p.73.
[10] M. Saar, 앞의 책, p.127.

았다." 심지어 그는 "복종하는 자의 의지 속에서도 주인이 되려는 의지를 발견했다."¹² 모든 살아있는 육체는 "성장하고, 주변을 장악하고, 자라나며, 몸무게를 살찌우고자 한다." 또한 "권력을 행사한다는 것은 타인에게 자신을 강요하고, 타인보다 더 커지려고 하며, 타인을 뒤엎어 버리려 한다."¹³ 우리는 니체의 『도덕의 계보학』을 비롯

부르크하르트

한 주요 저서에서 전복, 지배, 강제, 착취, 권력감정, 폭력, 정의와 환대, 명령과 복종과 같은 중심개념들을 종종 목격할 수 있다. 따라서 우리는 니체의 주요 저서에서 드러난 다양한 권력이론의 스펙트럼들, 즉 그 권력이론의 출발점, 니체와 부르크하르트, 권력의 발생: 삶의 본질과 권력감정, 권력과 의미생성, 권력의 성질: 정의와 환대, 베푸는 정치 등을 차례로 조명해 보자.

니체와 부르크하르트: 그리스 문화의 만남

청년 니체는 권력의 본성에 대해 불신하였고 권력을 "언제나 악이라

---

11 F. Nietzsche, *Nachgelassene Fragmente 1882-1884*, KSA 10, p.187.
12 F. Nietzsche, *Also sprach Zarathustra*, KSA 4, p.147.
13 Han Byung-Chul, *Was ist Macht?*, Reclam: Stuttgart, 2013, p.133; 한병철,『권력이란 무엇인가』, 김남시 옮김, 문학과 지성사, 2014, 170쪽.

생각했다."14 그의 이러한 불신은 스위스 바젤대학의 문화역사학자였던 부르크하르트(Jacob Burckhardt, 1818-1858)의 이론에서 어느 정도 영향을 받았다. 니체는 1870-1871년 겨울학기에 부르크하르트의 강의를 경청하면서 "권력은 악"이라는 생각을 더욱 강하게 품었다. 즉, 부르크하르트는 그의 "역사연구(Über das Studium der Geschichte)"의 강의에서 권력은 악이라 주장한다. 그는 이러한 기본적 감정으로부터 국가의 의미를 파악했다. 그래서 그는 권력 그 자체 안에 정신적 실체, 즉 그 자체의 생명을 갖는 근원적 정신이 나타나 있다고 말한 랑케(Leopold von Ranke, 1795-1886)의 역사적 가치판단에 동조할 수 없었다.15 즉, 그에게서 "권력은 그 자체에서 악이다. 권력은 욕망이며 그다지 성취하기도 어려우므로 그 자체에서 불행하다. 그래서 권력은 타자를 불행하게 만든다."16

니체는 바젤대학의 동료였던 부르크하르트의 이러한 발언들에 깊숙이 매료되어 있었다.17 그 당시 니체는 이 강의를 들은 감명에 대해 1870년 친구 게르스도르프(Carl von Gersdorff)에게 다음과 같이 기술했다.

"어제 나는 부르크하르트의 강의를 듣고 기쁨을 느꼈는데, 이 기쁨을 누구보다도 그와 함께 나누었어야 했다고 생각하네. 완전히 우리의 생각과 느낌의 범위 안에 놓여 있는 역사적 위대성에 관해 그는 노트 없이 강의를 하였소. 매우 범상치 않은 중년인물은 실로 진리를 왜곡하지 않으려고 하였소. 물론 우리들끼리의 이야기지만, 그와 내가 호젓하

---

14 F. Nietzsche, *Der griechische Staat*, in ders, Werk in drei Bänden. I. hg. v. Karl Schlechta, München, 1994, p.278.
15 차하순, 『르네상스의 사회와 사상』, 탐구당, 1991, 234쪽.
16 J. Bruckardt, *Weltgeschichtliche Betrachtungen. über geschichtliches Studium*, München, 1978, p.70.
17 C. P. Janz, *Nietzsche: Biographie Bd. 1.* München·Wien, 1994, p.387.

게 산책하면서 이야기를 나눌 때에는 그는 쇼펜하우어를 '우리의 철학자'라고 말하였다네. 나는 역사연구에 관한 그의 대학 강의인 세계사적 고찰을 매주 청강하고 있지. 그런데 70명 청중 가운데 나만이, 주제가 문제의 쟁점으로 맴돌 때면 언제나 나오는 이상야릇하며 완곡한 표현과 갑작스러운 단절이 있는 그의 심오한 사상의 자취를 이해할 따름이요. 나의 생애에서 처음으로 나는 강의를 듣는 것이 즐거웠네. 그리고 더욱이 그것은 내가 나이가 들어서 할 수 있게 되기를 바라는 그런 강의라네."[18]

니체는 부르크하르트의 역사 강의에서 많은 사상적 영향을 받았다. 부르크하르트의 권력이론은 두 가지 테제에 주목할 필요가 있다. 첫째, 권력은 악이다. 둘째, 권력의 욕망은 우리를 불행하게 만든다. 니체는 첫 번째 테제에서 부르크하르트의 권력이론에 주목했다. 부르크하르트가 보기에 권력은 그 당시 새로운 강대국의 정치권력에서 흔히 찾아볼 수 있는 것은 아니었다.[19] 그래서 니체는 부르크하르트의 권력에 대한 빛바랜 도덕적 판단을 검증하려고 하지 않았다. 부르크하르트의 권력이론이 광범위한 의미에서 도덕적 의미를 얼마나 함축하고 있는지는 지금까지도 유보적이다.[20]

니체와 부르크하르트의 첫 만남은 니체가 1869년 스위스 바젤대학에 부임하면서부터이다. 니체는 부르크하르트의 자질을 높이 평가하였고, 부르크하르트는 니체의 천재적 독창성을 인정했다. 특히 부르크하르트는 고대 그리스세계에 대해 니체가 자신과 유사한 견해가 있음을 발견하

---

18 A. Dru, *The Letter of Jocob Burckhardt*, New York, 1995, p.23.
19 A. Anter, 앞의 책, p.36.
20 V. Gerhardt, 앞의 책, p.75.

고 호감을 느꼈다.

"고대의 본능을, 아직도 풍부하고 넘쳐흐르기까지 하는 옛 헬레네적 본능을 이해하기 위해서, 디오니소스라는 이름의 그 놀라운 현상을 진지하게 받아들였던 사람이 나다. 그 현상은 오로지 힘의 과다로부터 설명될 수 있다. 그리스인을 탐구하는 사람이라면 이런 설명방식이 무언가 기여하고 있다는 것을 금방 알아차리게 된다. 지금도 생존하고 있는 그리스 문화에 대한 가장 심오한 학자인 바젤 대학의 야콥 부르크하르트가 그랬듯이. 부르크하르트는 그리스 문화에 앞서 말한 현상에 관한 장을 첨가했다."[21]

이렇게 니체는 부르크하르트의 그리스 문화에 호감을 느꼈고, 그리스 문화에 관한 가장 심오한 학자로서 존경했다. 니체가 바젤대학의 교수로 부임했을 때, 부르크하르트는 이미 그리스 문화 일반과 르네상스 문화연구에 저명한 역사학자였다. 부르크하르트는 고대 문헌학자로서 그리스 문화와 위대한 인간의 행적에 관심을 보였던 니체에게는 좋은 기회였다.[22] 니체는 그의 처녀작 『비극의 탄생』을 부르크하르트에게 헌정했다. 니체는 부르크하르트를 비롯한 다방면에 관심을 가진 르네상스 시대의 인문주의자들에게서 고대 그리스-로마의 문화유산을 당대에 부활시켜 일반교양으로까지 수준을 높였다. 니체는 그들의 능동적 정신을 계승하고, 고대 그리스의 부활을 통해 현대 독일의 교양을 쇄신하고자 했다. 고전문헌학에서도, 역사학에서도, 인문계 연구자들은 과거의 문화를 과거의 울타리 안에 가두어 놓고, 단순히 관조하는 것이 아니라 시대를 변화

---

21 KSA 6, 158쪽.
22 정동호, 『니체』, 책세상, 2014, 347쪽.

시킬 수 있도록 노력했다.23 니체는 1869년 5월 그의 친구 로데(Erwin Rohde, 1845-1898)에게 부르크하르트와의 교분에 대해 다음과 같이 기술했다.

> "처음부터 나는 풍부한 정신을 소유한 기인인 야콥 부르크하르트와 좀 더 가까운 관계를 갖게 되었소. 나는 이점을 매우 기쁘게 생각한다네. 왜냐하면 우리가 미학적 파라독스(Paradix)를 둘러싼 문제에서 일종의 놀랄만한 의견의 일치를 보고 있음을 발견하였기 때문이요."24

위 인용문에서처럼 "니체와 부르크하르트와의 역사적인 만남"25은 놀랄 만한 역사적 사건이었다. 그러나 그들 사이의 상호존경과 신뢰, 그리고 사상적인 친근감은 그리 오래가지 않았다. 1873년 말 이후로 니체와 부르크하르트와의 관계는 점차 소원해 졌다. 부르크하르트의 강의 '그리스 문화사'(vol. 4. 1898-1902)가 정점에 오른 이후로 둘의 관계는 냉담해지기 시작하면서 거의 매일 있었던 교류도 뜸해졌다. 이러한 갈등은 부르크하르트와의 관계에서 있었던 기복도 니체 자신의 문제로 이해될 만하다. 즉, 니체는 『비극의 탄생』 출간 이후 문헌학자로서 명예가 실추되어 있었다. 이는 니체 저작에 대한 학문적 기반이 빠져 있다는 것이었다.26

부르크하르트는 역사에서 권력이 어떻게 작동하고, 어떻게 추구해 왔는지 실증적 자료를 통해 제시했다. 그는 그리스 문화의 본질을 경쟁의식

---

23 시카이 다케시, 『니체의 눈으로 다 빈치를 읽다』, 남도현 옮김, 개마고원, 2005, 23쪽.
24 H. A. Reyburn, H. E. Hinderks, J. G. Taylor, *Friedrich Nietzsche,* Kempen: Niederrhein, 1947, p.92.
25 그 이후 니체는 1886년 9월 부르크하르트에게 『선악의 피안』(1886)을 기증하였다. 이에 대해 부르크하르트는 니체에게 다음과 같은 답장을 보냈다. "나는 나의 생애에서 한 번도 철학적 서두를 써보지 않았으며, 철학의 과거는 나에게 낯 설은 것입니다."(Nr. 1154. An Friedrich Nietzsche [Basel 26. Sept. 1886], Brief IX, p.50.)
26 차하순·정동호, 『부르크하르트와 니이체』, 서강대학교 출판부, 1986, 23-4쪽.

을 통한 "경쟁자의 성격(agonistischer Charakter)"으로 규정했다. 부르크하르트에 따르면, 그리스인은 자신들이 다른 사람들보다 뛰어나다고 느낄 때 행복했다. 그리스인은 자신들을 능가하는 사람들을 보지 못했고, 능가하는 사람들을 보면, 질투심과 마음속의 증오를 불태웠다. 그리스인의 이러한 질투, 증오, 복수의 감정은 그대로 둔 채 더 세련된 감정을 표출하는 다른 방법을 찾고자 했다. 그것은 바로 '경쟁'이었다. 그리스인은 올림픽 경기, 비극작품경연 등 경쟁을 통해 힘을 겨루곤 했다. 경쟁에서 이긴 자는 월계관과 기념비, 개선문의 영예를 안겼다. 그리스인은 이와 같은 경쟁에서 무한히 상승하는 권력을 맛보았으며, 삶의 기쁨을 누렸다.[27] 부르크하르트는 정치적인 것, 즉 "권력(국가)과 함께 종교와 문화가 역사의 3대 잠재력(drei Potenzen)의 요인"[28]이 될 것을 강조한다.

> "우리는 우리의 고찰 범위에 속하는 것에 대해 우리의 견해를 하나의 일반입문적인 서술로 제시한 다음, 세 개의 커다란 잠재력들(Potenzen)인 국가·종교·문화에 관해서 이야기하게 될 것이며, 그리고 나서 우선은 이들의 지속적이고 점차적인 상호작용, 특히 동적인 문화가 정적인 다른 두 요소에게 주는 영향을 취급할 것이다."[29]

이렇게 부르크하르트는 국가, 종교, 그리고 "문화"[30]를 역사의 3대 잠재력으로 간주했다. 이들 3대 요인들은 서로 다르기 때문에 동일하게 취

---

27 앞의 책, 213쪽; 정동호, 『니체』, 책세상, 2014, 348쪽.
28 위의 책, 42쪽.
29 야콥 부르크하르트, 『세계사적 고찰』, 이상신 옮김, 신서원, 2001, 11쪽.
30 부르크하르트는 "문화란 섬세하고 불안정한 것이므로 다만 교육받고 자기보존에 투철한 계급만이 물질주의, 자유에의 무관심, 선동에 잘 넘어가는 대중의 수적 반항으로부터 보호할 수 있다고 믿었다.(차하순·정동호, 앞의 책, 54쪽.)

급하지 않는다. 하지만 그는 문화나 종교가 강력한 역사적 형성요인을 이룬다고 보았다.31 그래서 부르크하르트는 정치권력을 그렇게 쉽게 언급하지 않았다. 그는 권력을 "정의와 선(善)의 기준"으로 보았다. 그래서 권력은 오직 "법의 방패막이로 작동할 경우, 개인들이 국가를 신뢰할 수 있는 근거"32가 될 수 있었다. 부르크하르트는 권력에서 드러나는 인간의 우민화, 인간의 비문화적인 경향을 우려했다. 그는 문화를 지키고 창달할 수 있는 소수의 선택된 엘리트 혹은 귀족층들의 입장을 긍정적으로 받아들였다. 이런 관점에서 문화는 귀족화, 세속화된 노동, 고대 그리스 문화에서 그 기반을 형성했다. 여기서 그는 그리스 문화를 탄생시킨 조력자로서, 그리스 문화·역사의 논쟁, 그리스 문화의 영웅, 몰락한 그리스 문화에 주목하였다.33

물론 니체는 부르크하르트가 강조했던 그리스 문화의 역사를 비판적으로 받아들였다. 하지만 니체는 소수의 선택된 개인, 귀족, 개인의 표본들을 동경하고 대중, 떼(Herde), 천민(Poebel), 군취동물(Herden-Tier)들에 대해 경멸했던 부르크하르트의 입장을 상당부분 따랐다. 부르크하르트는 삶의 모든 존재의 본질을 권력의지로 본 니체의 주장을 인정하지 않을 수 없었다.34 부르크하르트는 니체의 권력의지를 산업화된 사회에서 발생한 것이었으며, 권력, 문화, 종교의 3대 잠재력은 역사적인 과정에서 진행된 것이라 보았다.35

---

31 J. Burckhardt, *Die Kultur der Renaissance in Italien: Ein Versuch.* durchgesehen von Walter Goetz, Stuttgart, 1958, p.479.
32 J. Burckhardt, *Weltgeschichtliche Betrachtung,* ed. Rudolf Max, Stuttgart, 1963, p.39.
33 H. Ottmann, *Philosophie und politik bei Nietzsche,* Berlin·New York, 1999, p.49.
34 정동호, 「니체의 삶과 사상」, 정동호외, 『오늘 우리는 왜 니체를 읽는가?』, 책세상, 2006, 47쪽.

니체의 권력의지와 부르크하르트의 문화의지는 그렇게 쉽게 어울릴 수 이론은 아니었다. 부르크하르트는 역사과정에서 정치적 권력이란 문화의 발전을 저해한다고 확신했기 때문에 힘의 정치를 완강하게 거부하였다. 이런 점에서 부르크하르트는 니체의 마키아벨리즘을 경멸했다. 니체도 부르크하르트가 누려왔던 조용한 학자적 생활을 일종의 가면에 불과하다고 비판했다. 왜냐하면 니체는 부르크하르트의 학자적 비관주의를 일상의 현실로서 쉽게 받아들일 수 없었기 때문이었다.[36] 그런데도 니체는 문화의지를 정면에 앞세웠던 부르크하르트의 정치권력이 그 당시 문화적 발전에 커다란 공적을 끼쳤다고 평가했다.

권력의 발생: 삶의 본질과 권력감정

앞서 살펴보았듯이, 니체의 권력론은 부르크하르트의 그리스적 역사관에서 많은 영향을 받았다. 니체의 권력론은 논쟁학(Polemologie)의 성격을 다분히 띠고 있다. 니체에게 있어서 권력은 "무의식적인 시인이자 논리학자"[37]이다. 그는 "권력을 논리적으로 언급한다는 것은 모순일 수밖에 없다"[38]라고 말한다. 말하자면 니체에게서 권력은 "모든 사물에 대한 관점을 밝혀내는 시적이고 논리적인 권력, 이 권력으로 인해 우리는 자신을 생생하게 유지할 수 있다."[39] 그래서 니체가 보기에 "권력은 사물을 평면

---

35 V. Gerhardt, 앞의 책, p.75.
36 차하순·정동호, 앞의 책, 25쪽; 정동호, 『니체』, 책세상, 2014, 358쪽 참조.
37 F. Nietzsche, *Nachgelassene Fragmente 1880-1882*, KSA 9, München, 1999, p.637.
38 F. Nietzsche, *Nachgelassene Fragmente 1882-1884*, KSA 10, p.732.
39 위의 책, 637쪽.

으로 드러나는 것이 아니라 육체로서 보여주는 어떤 거울이다. 존재하고 지속하면서, 우리에게 낯설고 우리에게 속하지 않는 것으로서 우리의 권력 옆에 있는 권력으로서! 눈이 거울에 비친 이상을 학문 끝까지 그려내는 것이다."⁴⁰

먼저 니체에게서 권력의 발생은 삶(Leben, 생명)으로부터 나왔다. 여기서 삶은 "자신의 형태를 강제한다."⁴¹ 권력은 본질적으로 이질적인 것과 약자를 자신의 것으로 만들며, 남에게 상처 입히고, 침해하고, 제압하고, 억누르고, 냉혹한 것이다. 권력은 "자기 형식을 강요하여 자기 것으로 만들며, 가장 부드럽게 말한다 해도 적어도 착취"⁴²이다. 이러한 착취는 "타락하거나 불완전한 원시 사회"에서만 볼 수 있는 있는 것이 아니다. 권력은 삶의 의지, 즉 권력의지(Wille zur Macht)⁴³의 결과이다.⁴⁴ 따라서 삶이란 본질적으로 그 근본기능부터 다치기 쉽고, 폭력적이며, 착취적이고 파괴적으로 작용한다.

---

40 F. Nietzsche, *Nachgelassene Fragmente 1880-1882*, KSA 9. p.637.
41 F. Nietzsche, *Jenseits von Gut und Böse*, KSA 5, p.207.
42 위의 책, p.207.
43 라우터는 "니체의 권력의지를 다수성만이 실제로 존재한다"고 말한다.(W. Müller-Lauter, "Nietzsches Lehre von Willen zur Macht", *Nietzsche-Studien*, Bd. 3. 1974, p.28.) 니체가 말하는 권력의지란 이 세계 전체를 관통하는 오직 유일한 "한 가지 특징"(W. Muller-Lauter, 앞의 논문, *Nietzsche-Studien*, Bd. 3. 1974, 38쪽.)이라는 측면을 갖고 있으며, 항상 다수로만 존재하지 않는다. 삶은 권력의지에 지배를 받는다. 삶의 의지, 거기서 나는 언제나 권력의지를 발견한다.(KSA 10, 17쪽.) 권력의지의 다양성으로서의 인간: 각자는 표현수단과 형식의 다양성을 갖고 있다.(「유고(1885년 가을-1887년 가을)」 58, 『니체전집』 19, 이진우 옮김, 책세상, 28쪽.) 하이데거는 "니체의 권력의지의 사상 속에서 근대를 완성하는 형이상학적 근거를 미리 사유한다. 권력의지의 사상 속에서 형이상학적 사유 자체가 미리 완성된다. 니체, 즉 권력의지를 사유하는 자는 서구 최후의 형이상학자다.(M. Heidegger, *Nietzsche I*, Tübingem, 1961, pp.479-80.)
44 F. Nietzsche, 위의 책, p.208.

"삶이란 침해, 폭력, 착취, 파괴 그 자체에서 불법적인 것은 아니다. 삶의 의지는 권력의 복합체의 투쟁에 사용되는 수단이 아니라 모든 투쟁 일반을 방지하는 수단으로 생각한다면, 이는 삶에 적대적인 원리이며, 인간을 파괴하는 자이자 해체하는 자이다. 그리고 미래를 암살하려는 기도, 파괴의 징후, 무에 이르는 사잇길이다."[45]

니체에게서 권력은 견고하고, 강건하고, 부드러운 삶으로 확대된다. 그래서 권력은 폭력적인 것을 중단하고 안전하게 정착한다. 권력이란, 멀리 떨어진 곳을, 또한 먼 곳에 사는 것들을 넘겨 볼 수 있는 것이 아니므로 자기중심적이지 않은 어떤 것과 접촉하게 된다.[46] 이렇게 니체가 보기에 "침해", "착취", "폭력", "파괴"와 같은 개념들은 "삶의 본질"이었다. 말하자면 삶은 "침해, 폭력, 착취를 억제하여 자신의 의지를 타자의 의지와 동일시하는 민주사회를 이루고자 하는 것이다. 하지만 민주주의가 설정한 사회의 근본원리인 평등화는 근본적으로 삶을 부정하는 의지이고 해체와 타락의 원리이다."[47] 이와 같이 니체에게서 삶은 침해, 폭력, 착취, 억압 등을 통해 발생한 것이기 때문에 애초에 도덕으로부터 출발하지 않았다. 따라서 니체의 관점에서 "삶은 도덕으로부터 생각해낸 것이 아니었다. 삶은 기만이고, 기만으로부터 살아가야 하는 것이었다."[48]

하지만 니체는 권력을 단순하게 삶에서 나타난 착취, 억압, 착취, 폭력

---

[45] F. Nietzsche, *Jenseits von Gut und Böse*, KSA 5, p.312-3.
[46] Han Byung-Chul, *Was ist Macht?*, pp.135-36.(한병철,『권력이란 무엇인가』, 김남시 옮김, 문학과 지성사, 2014, 173쪽.)
[47] F. Nietzsche, 위의 책, p.207.
[48] F. Nietzsche, *Menschliches, Allzumenschliches I und II*, KSA 2, 서언. 니체의 도덕 권력에 대한 자세한 내용은 다음을 참조: Otfried Höffe, *Die Macht der Moral im 21. Jahrhundert*, C. H. Beck: München, 2014; W. Stegmaier, *Friedrich Nietzsche zur Einführung*, Hamburg, 2013.

과 같은 부정적인 개념의 형식으로만 이해하지 않는다. 삶은 권력의지에 의해 지배받는다. 니체는 권력의지가 "억압된 자나 노예들에게서는 자유를 원하는 의지로서, 단순히 벗어나는 것이 그들에게는 목표처럼 보인다."[49] 이런 점에서 니체의 권력의지는 "주인이 되고자 하며 더욱 더 크고 강력한 것"[50]을 의미한다. 그래서 "삶에의 의지? 거기서 나는 언제나 권력의지"[51]를 찾았다. 니체에게 권력은 단순히 타자를 지배하고 부정하고 파괴하는 것을 뜻하지 않는다. 이러한 사실은 니체의 『유고』(1886)에서 다음과 같이 드러난다.

"권력의 축적된 자의 이상으로서의 놀이, 어린이다운 것으로서의 놀이.[52] 말하자면" (…) 권력들과 권력의 파동의 놀이로서 하나이자 동시에 다수이고, (…) 모순의 놀이로부터 조화의 즐거움으로 되돌아오고, (…) 이러한 세계가 권력의지다."[53]

니체에게서 권력은 놀이와 다소 동떨어져 있다. 니체의 권력의지는 "주인이 되고자 하는 것이며 보다 크고 강력한 것"[54]이다. 이런 점에서 권력은 단순히 인간의 행동에만 머물러 있지 않는다. 권력은 인간의 행동을 뛰어 넘어 생명일반의 원리이다. 우리가 하찮게 여기는 "단세포조차 권력을 추구한다. 예컨대 세포 원형질(protoplasma)이 자신에게 저항하는 무

---

[49] F. Nietzsche, *Nachgelassene Fragmente 1885-1887*, KSA 12, p.419.
[50] F. Nietzsche, *Nachgelassene Fragmente 1884-1885*, KSA 11, p. 611, KSA 6, p.116.
[51] F. Nietzsche, *Nachgelassene Fragmente 1882-1884*, KSA 10, p.17.
[52] F. Nietzsche, *Nachgelassene Fragmente 1887-1889*, KSA 12, p. 129.
[53] F. Nietzsche, *Nachgelassene Fragmente 1884-1885*, KSA 11, p. 610.
[54] F. Nietzsche, *Nachgelassene Fragmente 1884-1885*, KSA 11, 611쪽; *Dionysos-Dithramben*, KSA 6, p.116 참조.

엇인가를 찾기 위해 돌기를 찔러 넣는다. 이는 굶주려서가 아니라 권력의 지에 따른 것이다."55 니체에 따르면, 진리는 권력의 발생에서 나왔다. 진리는 지배자의 매개체이다. 그래서 진리조차 권력의지로 결탁하고 있다. 즉, 니체의 관점에서 최고 현자들의 진리에의 의지(Wille zur Wahrheit)는 권력의지로서 심리학적으로 다음과 같이 재정립해야 한다.

> 최고의 현자들이여, 그대들은 그대들을 몰아 대고 선동하는 것을 진리에의 의지라고 부르는가? (...) 그대들의 의지는 일체의 존재자가 그대들에게 복종하기를 바라고 있다. 그것들은 정신의 거울로서 그리고 반영으로서 매끄러워져야 하며, 정신에 복종해야만 하는 것이다. 최고의 현자들이여 이것이야 말로 그대들의 모든 의지인 것이다. 즉, 일종의 권력의지인 것이다.56

이렇듯 니체는 최고 현자들의 선동과 맹목적인 진리에의 의지를 비판한다. 진리는 권력의지에 상응하는 구성물이다. 이러한 니체의 권력의지의 구성물은 "정확히 특정한 종류의 비진리가 승리하고 지속하도록 도와준다. 그리고 활기 있는 특정한 종류를 보존하기 위한 토대로서 잘못된 전체의 관계를 받아들이고자 하는 고유한 과업이다."57 그래서 니체는 "철학마저 일종의 고상한 성적 충동이자 생산력이라는 플라톤의 믿음"58을 뒤따르고 있다고 비판한다. 따라서 권력은 언제나 새로운 형태와 관점의 전환을 다음과 같이 일구어내야 한다.

---

55 F. Nietzsche, *Nachgelassene Fragmente 1887-1889*, KSA 13, p.360.
56 F. Nietzsche, *Also sprach Zarathustra*, KSA 4, p.146.
57 F. Nietzsche, *Nachgelassene Fragmente 1884-1885*, KSA 11, p.699.
58 F. Nietzsche, 위의 책, p.700.

"병자의 광학으로부터 더욱 건강한 개념들과 가치들을 바라본다든지, 그 역으로 풍부한 삶의 충만과 자기 확신으로부터 데카당스 본능의 은밀한 작업을 내려 본다는 것 —이것은 가장 오랫동안 나의 연습이었고, 진정한 경험이었다. 어디선가 내가 대가가 되었다면 바로 여기서 이다. 이제 나는 관점을 전환할 근거를 가지고 있고, 관점을 전환할 도구를 가지고 있다."59

위의 인용문처럼, 니체는 관점의 전환할 근거와 도구를 갖고 있어야 한다고 말한다. 즉, 니체는 관점의 전환을 "오로지 관점주의의 바라봄만이, 오직, 관점주의적인 인식함이 존재함만이 존재할 것"60을 주장한다. 말하자면 관점의 전환은 "한 사태에 대해 더 많은 정서를 통해 말하게 할수록, 우리가 같은 사태에 대해 더 많은 눈을, 다양한 눈을 투입하면 할수록 그 사태에 대한 우리의 개념이나 객관성은 더욱 완벽해지는 것이다."61 이러한 관점의 전환을 니체는 건축가에게서 발견한다. 왜냐하면 "건축가는 항상 권력의 암시하에 있었기" 때문이다. 즉, "건축이란 형식을 통해 설득하고 때로는 아첨까지도 하며 때로는 명령하는 권력에 대한 일종의 웅변술인 것이다."62 건축이란 형식이 설득하고 아첨하기도 하지만, 자기 자신에 대해서는 정직할 것을 요구한다. 삶은 자기보존의 의지가 아니라 성장의 의지이다.63 여기서 "삶은 최고의 권력감정(Machtgefühl)을 추구한다. 삶은 본질적으로 더 많은 권력을 추구한다. 사람이란 성장해야만 하고 자신의 권력을 확장하는 것, 따라서 타자의 권력을 자신에게

---

59 니체 프리드리히,『이사람을 보라』, 백승영 옮김, 책세상, 2009, 331쪽.
60 F. Nietzsche, *Zur Genealogie der Moral*, KSA 5, p.365.
61 F. Nietzsche, *Zur Genealogie der Moral*, KSA 5, p.365.
62 F. Nietzsche, *Götzen-Dämmerung*, KSA 6, pp.118-9.
63 F. Nietzsche, *Nachgelassene Fragmente 1887-1889*, KSA 12, p.155.

합병시키는 것이다."⁶⁴

권력감정에 대한 니체의 첫 사유는 1880년 여름과 가을에 쓰인 『유고』에서 발견된다. 니체가 보기에 모든 시대에 인간들은 권력감정을 획득하기 위해 부단히 노력해 왔다. 즉, "그들이 발견한 권력감정의 획득을 위한 수단은 거의 문화의 역사였다. 이제 이러한 수단 중 많은 것들은 더는 가능하지도 않고 쓸모 있지도 않다."⁶⁵ 또한 1881년 『아침놀』의 한 잠언에서 니체는 권력감정을 다음과 같이 언급한다.

> "동일한 충동일지 할지라도 풍습이 이 충동을 비난할 경우에는 비겁이라는 고통스러운 감정이 되고, 기독교와 같은 풍습이 이 충동을 크게 중시하면서 좋은 충동으로 간주할 경우에는 겸손이라는 유쾌한 감정이 된다."⁶⁶

위의 인용문에서 보듯이, 니체는 권력감정을 고통의 감정, 충동을 중시하여 겸손이라는 유쾌감정이라 간주한다. 그래서 니체에게서 권력감정은 권력의 쾌락으로부터 출발한다. 즉, "권력의 쾌락은 우리가 타인의 의견을 감탄하는 즐거움으로부터 소급하지 않는다. 동시에 자랑과 비난, 사랑과 증오는 어떤 권력이 될지 야심만만하다."⁶⁷ 니체는 권력의 의지(긍정적)를 권력의 쾌락으로 설명한다. 즉, "권력의 쾌락. －권력의 쾌락은 수백 번 경험했던 의존성과 무권력(Ohnmacht)의 불쾌감으로 설명될 수 있다. 이러한 경험이 없다면 또한 쾌락도 없다."⁶⁸ 불쾌는 권력의지를 방해

---

64 F. Nietzsche, *Nachgelassene Fragmente 1887-1889*, KSA 13, p.378.
65 F. Nietzsche, *Nachgelassene Fragmente 1880-1882*, KSA 9, p.147.
66 F. Nietzsche, *Morgenröte*, KSA 3, p.45.
67 F. Nietzsche, *Nachgelassene Fragmente 1875-1879*, KSA 8, p.425.

하는 것으로서 일반적인 사실이자 요소이다.69 따라서 불쾌는 우리의 권력감정의 결과를 축소시킨다. 권력감정은 자극에 영향을 끼친다. 이러한 권력감정의 요인은 권력의지를 자극한다.70

니체에게 있어서 "권력감정은 처음에는 정복적이며 그다음에는 지배적이다(조직한다). 그리고 권력감정은 극복된 것이 자신을 보존할 수 있도록 조절하며 그를 통해 극복된 것을 보존한다. 그 기능 역시도 권력감정으로부터 미약한 힘(Kräfte)의 투쟁을 통해 생성된다. 기능은 더 낮은 다른 기능에 대한 정복과 지배를 통해 스스로 유지한다. 그 속에서 그는 더 높은 권력에 의해 지지를 받는다!"71 따라서 니체는 삶의 본질에서 권력의지를 찾았으며, 삶의 최고점으로서 권력감정을 추구하고자 했다.

권력과 의미생성

니체는 『선악의 피안』, 『도덕의 계보학』을 비롯한 주요 저서에서 권력과 의미 "생성"72의 복합적 연관성을 강조했다. 그는 육체에서 조차 권력을 의미에 연관시켰다. 단적으로 의미는 권력이다. 즉, 니체는 권력관계가 의미를 구성하고 있다고 본다. "권력의미 그 자체가 있는가? 이제 의미란 관계의 의미이며 관점이라는 데에서 필연적인 것이 아닌가? 니체에

---

68 F. Nietzsche, 위의 책, p.425.
69 F. Nietzsche, *Nachgelassene Fragmente 1887-1889*, KSA 13, p.360.
70 F. Nietzsche, 위의 책, p.361.
71 F. Nietzsche, *Nachgelassene Fragmente 1880-1882*, KSA 9, p.550.
72 우리는 다음과 같은 질문을 허락하지 않는다. 그러면 누가 해석하는가? 오히려 해석 그 자체는 권력의지의 형식으로서 현존재와 정동(Affekt)으로서 갖는다. 그러나 존재로서가 아니라 오히려 생성의 과정이다. "생성하는 모든 것은 권력으로 생성한다."(V. Gerhardt, "Macht und Metaphysik: Nietzsches Machtbegriff im Wandel der Interpretation", in: *Nietzsche Studien*, 10/11, 1981/1982, p.303.)

게서 "모든 의미는 권력의지이다."⁷³ 니체에 따르면, "자신을 드러내는 것은 근본적으로 자신의 권력을 타자에게로 확장하는 것"이다.

권력은 오래된 지시 언어를 근거로 한다. 그 지시 언어는 의지를 타자의 의지로서 각인시킨다.⁷⁴ 그래서 니체는 "우리의 언어란 태고(太古)적에 이루어진 사물들의 점유의 메아리"라 말한다. 동시에 언어는 "지배자와 사상가로부터 주조(鑄造)된 단어에서 이제 사물은 이렇게 불려야 한다는 명령을 옆에서 듣는다."⁷⁵ 명령하는 것은 동시에 의미를 부여받는다. 그렇게 하여 권력이 그 의미를 형성하게 된다. 권력은 "이렇게 되어야만 한다!"라고 말하는 것은 "명령하는 자이자 동시에 입법자이기도 한 진정한 철학자들이 내세우는 구호다. 그들은 우선 인간이 어디로 가야 하는지, 어떤 목적을 가져야 하는가를 규정하며, 이때 모든 철학적 노동자와 과거를 극복한 모든 자의 준비 작업을 마음대로 처리한다."⁷⁶

권력이 명령하는 자이자 입법자이기 때문에 주인의 권력을 행사한다. 니체가 보기에 지배하는 자들은 "하층민에게 가진 지속적이고 지배적인 전체의 감정과 근본적인 감정, 즉 이것이 좋음과 나쁨의 대립 기원이다. 모든 사물과 사건에 한 마디 고함을 질러 봉인하고 이러한 행위를 통해 자기소유로 점유해 버린다."⁷⁷ 그러면 니체에게서 주인이란 무엇인가? 그는 주인을 다음과 같이 말한다. "주인은 자발적으로 행동하고 성장한다. 그것은 자기 자신에게 더 감시하고 더 환호하고 긍정을 말하기 위해 자신의 대립물을 찾을 뿐이다."⁷⁸ 말하자면 주인은 저항을 극복하고 권력

---

73 F. Nietzsche, *Nachgelassene Fragmente 1885-1887*, KSA 12, p.97.
74 F. Nietzsche, *Nachgelassene Fragmente 1882-1884*, KSA 10, p.298.
75 F. Nietzsche, *Nachgelassene Fragmente 1885-1887*, KSA 12, p.142.
76 F. Nietzsche, *Jenseits von Gut und Böse*, KSA 5, p.145.
77 F. Nietzsche, *Zur Genealogie der Moral*, KSA 5, p.260.

을 행위로 나아가는 존재들이다. 이런 점에서 니체는 저항을 극복하는 자를 이렇게 말한다.

> "그는 수행하는 자로서는 저항을 극복하고 승리를 누리지만, 본래 저항을 극복하는 것은 자신의 의지자체라 판단한다. 의지하는 자는 이와 같이 명령하는 자로서의 쾌의 감정에 명령을 수행하면서 성취시키는 도구, 즉 유용한 하위에 있는 의지 또는 하위에 있는 영혼의 쾌의 감정을 덧붙인다. 그 결과 그것이 바로 나이다."[79]

주인이 저항을 극복하고 권력행위로 나아가고자 한다면, 노예는 원한에 사무친 자로서 "실제적인 반응, 행위에 의한 반응을 포기하고 오직 상상의 복수를 통해서 스스로 해가 없는 존재라고 여기는 자들의 원한이다."[80] 권력의지의 본질은 복수(複數)적이며, 과정적이고, 복종과 명령이라는 형식을 띤다. 즉, 니체에게서 권력의지의 본질은 첫째, 살아있는 만물은 복종하는 자들이다. 둘째, 자기 자신에게 복종할 수 없는 자는 남에게 지배를 받는다. 셋째, 복종하기보다 명령하기가 훨씬 더 어렵다. 그 이유는 단순히 명령하는 자들은 복종하는 자들의 무거운 짐을 대신 져야 하는데, 그 무거운 짐이 명령하는 자를 짓눌러 버리기 쉽기 때문만은 아니다.[81] 이런 관점에서 니체의 복종과 명령의 수행은 다음과 같이 의지의 자유에서 나타난다.

---

78 F. Nietzsche, *Zur Genealogie der Moral*, KSA 5, p.271.
79 F. Nietzsche, *Jenseits von Gut und Böse*, KSA 5, p.33.
80 F. Nietzsche, *Zur Genealogie der Moral*, KSA 5, p.270.
81 F. Nietzsche, *Also sprach Zarathustra*, KSA 4, p.147.

"의지의 자유 −이것은 명령하고 동시에 자기 자신이 명령을 수행하는 자와 일치시키는, 의지하는 자의 저 복잡다단한 쾌의 상태를 나타내기 위한 말이다."[82]

그러면 니체에게서 명령하는 자와 복종하는 자는 상호 어떤 관계에 있을까? 니체에 의하면 "의지하는 인간은 자기 안에 있는 것을 복종하거나 복종한다고 믿는 그 무엇에 명령을 내리는 자이다."[83] 한 개인이 누군가에게 의존하게 될 경우에 "명령하는 자이자 동시에 복종하는 자"[84]이다. 따라서 니체에게서 권력은 명령과 복종의 우리의 내면에서 일어나는 대립적이며 투쟁하는 "충동"[85]이다. 니체에게서 의지는 분명한 목적을 지향한다. 그것은 권력이며 의지는 권력의 증대를 위한 구체적인 의지이다.[86] 이러한 권력의지 덕분에 우리는 삶을 유지할 수 있다. 모든 목표와 목적, 의미는 "단 하나의 생기(生起)에 내재하는 의지의 표현방식이자 그것의 변신일 뿐"[87]이다. 니체에게서 "목적과 목표와 의도들을 지닌다는 것, 원한다는 것 일반은 더욱 강해지기를 원하고, 성장하기를 원하며 그

---

[82] F. Nietzsche, *Jenseits von Gut und Böse*, KSA 5, 19(39), p.33.
[83] 위의 책, p.32.
[84] 위의 책, p.33.
[85] 각각의 행위에는 많은 충동이 활동하고 있다. 적어도 1) 행위에서 만족하는 충동. 2) 목적과 수단을 정립할 때 만족되는 충동. 3)결과를 앞서 상상할 때 만족하는 충동. 충동은 자신을 만족하게 한다. 즉, 충동은 자극을 지배하면서 변형시킴으로써 활동하고 있다. 자극을 지배하기 위해 싸워야 한다. 즉, 그것은 다른 충동을 억제하고 약화해야 한다. 사실 충동은 항상 활동하는 것으로 존재한다. 그러나 그것을 키우면 더 큰 힘을 가져와서 그것의 수행능력도 달라질 것이 분명하다. 그러나 충동 자체가 특정한 활동상태일 뿐이다.(F. Nietzsche, *Nachgelassene Fragmente 1884-1885*, KSA 11, 7(263), p.322.)
[86] 정동호, 『니이체 연구』, 탐구당, 1983, 192-202쪽 참조.
[87] F. Nietzsche, *Nachgelassene Fragmente 1887-1889*, KSA 13, p.44.

리고 이것을 위한 수단을 원하는 일과 같은 정도의 것이다."[88]

모든 의미의 구성물은 "미시적 관점을 지닌 가치평가들"[89]이다. 즉, 모든 "가치평가는 이러한 하나의 의지에 봉사한다."[90] 그 의지와 "가치평가는 다름 아닌 권력의지이다."[91] 다시 말해 니체는 "권력의지, 권력의 확신에 대한 의지"[92] 안에서 비로소 삶을 살아갈 수 있다고 강조한다. 곧 의미의 발생은 권력의 발생이다. 이는 "권력의지가 그보다 적은 권력을 갖는 어떤 것의 주인이 되어 그 스스로 어떤 기능의 의미를 새겼다는 표시에 불과하다."[93] 이런 점에서 니체에게서 모든 주변 사물의 역사는 권력의 역사이다. 권력의 역사는 "언제나 새로운 해석과 정렬이 계속되는 기호의 연쇄일 수 있다. 그 해석과 정돈의 원인은 서로 연관성을 가질 필요가 없으며, 사정에 따라 우연히 일어나고 교체될 뿐이다."[94] 그래서 진보는 언제나 더 큰 권력을 향한 의지의 모습에서 나타난다. 즉, "언제나 수많은 더 작은 권력들은 희생으로 이루어진다. 게다가 진보의 크기는 그 모든 것을 위해 희생되어야만 했던 양(量)에 따라 측정된다.[95] 따라서 니체는 거대한 권력을 다음과 같이 기술한다.

"그대들은 세계가 무엇인지를 알고 있는가? (…) 이 세계는 시작도 끝도 없는 거대한 권력이며 (…) 권력들과 권력의 파동의 놀이로서 하나

---

88 위의 책, p.44.
89 위의 책, p.44.
90 위의 책, p.44.
91 위의 책, p.44.
92 F. *Nachgelassene Fragmente 1885-1887*, KSA 12, p.114.
93 F. Nietzsche, *Zur Genealogie der Moral*, KSA 5, p.314.
94 위의 책, p.314.
95 F. Nietzsche, *Zur Genealogie der Moral*, KSA 5, p.315.

이자 동시에 다수이고 (...) 모순의 놀이로부터 조화와 즐거움으로 되돌아오고, (...) 이러한 세계가 권력의지다. 그리고 그 이외에 아무것도 아니다."96

위 인용문에서 보듯이, 니체에게서 이 세계는 거대한 권력으로 이루어져 있으며, 이러한 세계가 곧 권력의지이다. 여기서 "권력의지는 일정한 정도, 권력의 다양성(Machtverschiedenheiten)을 경계하는 것이다. 권력의 다양성은 그렇게 추천할 만 것이 아니다. 권력의 다양성은 성장하려고 의욕하는 어떤 것을 성장하게 하고 의욕 하는 다른 어떤 것을 자신의 가치에 따라 해석한다."97 동시에 이러한 다양한 권력방식의 근저에는 "무엇인가 주인이 되고자 하는"98 의도가 그 내면 깊숙이 숨겨져 있다. 그러면 그러한 주인이 되고자 하는 내면의 깊숙한 의도는 무엇일까?

"외관상 합목적성은 단지 모든 사건을 주재하는 권력의지의 결과일 뿐이다. 외관상의 목적은 의도된 것이 아니라 강한 권력이 약한 권력을 제압하고 약한 권력이 강한 권력을 위해 역할을 수행하자마자 곧 위계질서나 조직의 질서가 수단과 목적의 질서라는 착각을 불러일으키는 것임에 틀림없다."99

이와 같이 니체에게서 주인이 되고자 하는 의도는 합목적성에서 찾아볼 수 있다. 즉, 니체의 관점에서 "합목적성은 강자가 약자에게 만들어낸 권력관계(Machtverhältnisse)의 위계질서"100를 세우는 것이다. 여기서 합목적

---

96 F. Nietzsche, *Nachgelassene Fragmente 1884-1885*, KSA 11, p.610.
97 F. Nietzsche, *Nachgelassene Fragmente 1885-1887*, KSA 12, pp.139-40.
98 위의 책, p.140.
99 위의 책, p.386.

성은 "권력관계의 절대적인 확정과 완화 없는 전체적인 폭력성이다. 권력의지의 절대적 순간이 이것을 지배한다."[101] 궁극적으로 니체가 파악하는 합목적성은 "새로운 질서를 만들어내는 권력들의 복합체"[102]인 것이다.

권력의 성질: 정의와 환대

권력은 다양한 의미를 생성하고 다른 성질들을 혼합한다. 여기서 니체는 권력의 성질을 정의와 환대를 통해 급진적으로 변화시키고자 했다. 니체는 "정의(Gerechtigkeit)를 폭넓게 들러보는(umherschauende) 권력의 기능이며 선과 악의 관점을 보는 것"[103]이라 말한다. 이런 측면에서 니체는 "심판하는 눈이 가진 높고도 맑은, 깊고도 부드럽게 응시하는 객관성"[104]을 갖추고 있는 정의(正義)는 순수한 권력 작용이 아니다. 말하자면 정의는 "능동적인 인간, 공격적이고 지배적인 인간은 언제나 반동적인 인간보다 백 걸음 정도나 정의에 가깝지만"[105], 순수한 권력의 시선이 아니다. 정의의 "주도면밀한 눈으로 주위를 맴도는 것"[106]은 권력의 눈이 아니다. 권력은 정의의 충동과 타자의 다른 즐거움의 가치를 온화하게 바라보는 "친절함의 다정한 감정"[107]을 알지 못한다. 정의는 모든 것을 수렴시키는

---

100 F. Nietzsche, *Nachgelassene Fragmente 1884-1885*, KSA 11, p.655.
101 위의 책, p.655.
102 이상엽, 「힘에의 의지」, 『니체철학의 키워드』, 울산대학교 출판부, 2005, p.66.
103 F. Nietzsche, *Nachgelassene Fragmente 1884-1885*, KSA 11, p.188.
104 F. Nietzsche, *Zur Genealologie der Moral*, KSA 5, p.310.
105 위의 책, 311쪽.
106 F. Nietzsche, *Menschliches, Allzumenschliches I und II*, KSA 2, p.361. "그러므로 정의는 각 사물을 가장 밝은 빛 속에 세워두고 주도면밀한 눈으로 주의를 돈다."(F. Nietzsche, *Menschliches, Allzumenschliches I und II*, KSA 2, p.361.)
107 F. Nietzsche, *Nachgelassene Fragmente 1880-1882*, KSA 9, p.211.

권력 구조에 대립적인 운동을 이끌어 낸다. 권력은 어떤 하나를 향해 나아가는 특성을 보였다. 그러므로 단지 권력에서 다수적인 것, 다종적인 것, 다양한 것, 부차적인 것, 빗나가 있는 것에 대한 호의에서 우러나오는 것이 아니다.[108]

그에 반해 정의는 철학적, 정치적 혹은 예술적인 천재성보다 저급하게 평가되지 않을지라도 불쾌감을 느끼고 있다. "사물에 대한 판단을 교란하고 모든 것을 진정 불쾌감을 느끼고 피한다. 정의는 신념의 적이다. 왜냐하면 정의는 살아있는 것이거나 죽은 것이거나 현실적인 것이거나 생각한 것이거나 그 모든 것에 의미를 부여한다. 그리고 그 일을 위해서 정의는 그 의미를 순수하게 인식해야 한다."[109] 이렇듯 정의는 모든 신념에 근거한 경직(硬直)성에 반대한다. 그래서 정의는 그 모든 사물의 주위를 가장 밝은 빛 속에 세워두고 주도면밀한 눈빛으로 그 주위를 돌아다닌다.

> "더 강한 자나 권력을 향해 성장하는 부류에게서는 지배를 원하는 의지로서 이것이 실패하면, 자신은 '정의'를 원하는 의지로 제한한다. 즉, 지배하고 있는 다른 유형이 지닌 권리와 동등한 정도의 권리를 추구하는 의지로서(권리를 위한 싸움)"[110]

위 인용문에서 보듯이, 니체에게서 정의는 동등한 권리이기 때문에 이기적이거나 중앙 통제적인 것이 아니다. 니체는 이러한 정의를 "신념의 적(敵)"이라 부른다. 비록 정의가 맹목적이거나 근시안적인 신념이라 할지라도 신념의 본질을 부여해야 한다.[111] 니체는 맹목적이거나 근시안적

---

108 한병철, 앞의 책, 173쪽.
109 F. Nietzsche, *Menschliches, Allzumenschliches I und II*, KSA 2, p.361.
110 F. Nietzsche, *Nachgelassene Fragmente 1885-1887*, KSA 12, p.419.

인 신념을 다음과 같이 말한다.

"정의는 자신의 적, 즉 맹목적이거나 또는 근시안적인 신념들(남성들이 그렇게 부르는 것처럼. –여성들에게 그것은 믿음이라고 불린다)에게도 신념에 속한 것을 줄 것이다. –진리를 위해서."[112]

위의 인용문처럼, 니체에게서 정의는 자신의 적이나 신념에 투쟁한다. 정의는 "다른 사람을 판단하지 않고 그 사람에 대해 생각을 삼가는 흔히 사소하지 않은 인간미의 표시이다."[113] 하지만 권력은 모든 것에 그들의 몫을 주는 정의로운 장소다. 니체는 어떤 것도 구별하지 않고 모든 것을 환영하는 경계 없는 우정을 내세운다. 정의는 "생성하고, 방황하고, 구하고, 도망하는 여기 내게로 오는 모든 것을 환영한다! 이제 환대는 나의 유일한 우정이다. 나는 모든 생성을 사랑한다."[114] 니체는 환대의 우정을 다음과 같이 묘사한다.

"환대(Gastfreundschaft)의 풍습이 갖는 의미는 타인의 마음 안에 깃들어 있는 적의를 마비시키는 것이다. 사람들이 타인을 먼저 더 이상 적으로 느끼지 않을 때 환대는 줄어든다. 환대의 악의적인 전제가 강할수록 환대도 거창해진다."[115]

니체는 이러한 환대를 귀족적 환대와 무차별적 환대를 구별한다. 먼저

---

111 F. Nietzsche, *Menschliches, Allzumenschliches I und II*, KSA 2, p.361.
112 위의 책, p.361.
113 F. Nietzsche, *Morgenröte*, KSA 3, p.303.
114 F. Nietzsche, *Nachgelassene Fragmente 1882-1884*, KSA 10, p.88.
115 F. Nietzsche, *Morgenröte*, KSA 3, p.228.

귀족적 환대(Freundlichkeit)는 모든 것을 무차별적으로 환영하지는 않는다. 즉, "우리는 수많은 가려진 창문과 굳게 닫힌 상점들에서도 고귀하게 손님을 환대할 능력이 있는 마음을 알아낸다. 그들은 적어도 최고의 공간에 사람들을 위해 비워두고 손님을 기다리고 있지만, 그들에게 만족하지는 않는다."[116] 즉, 귀족적 환대는 고귀한 인간에게 더욱 가깝게 있다. 니체에게서 "고귀한 인간은 불행한 사람을 도와주지만, 거의 동정에서가 아니라 넘쳐흐르는 권력이 낳은 충동에서 도와준다."[117] 여기서 고귀한 인간은 자기 안에 있는 강자를 존중하며, 또한 자기 자신을 지배할 권력이 있는 자, 말하고 침묵하는 법을 어기는 자, 기꺼이 자신에 대해 존엄하고 엄격한 것에 경의를 표하는 자를 존경한다.[118] 이런 점에서 고귀한 인간은 낮은 도덕이 지닌 "권력의 자기예찬(Selbst-Verherrlichung)"[119]이다. 그래서 니체는 천민과 전제폭군(Gewalt-Herrischen)을 고귀한 인간과 대적시킨다. 이를테면 고귀한 인간은 "모든 천민과 모든 전제폭군에 대적하는 적대자로서 새로운 서판에 '고결'이란 말을 써넣은 새로운 귀족이다."[120] 여기서 니체에게서 권력은 그 자신으로부터는 고귀한 자들을 특징짓는 "넘쳐흐르는 권력"에 단순하게 머무르지 않는다. 또한 니체에게 권력은 '충만함에 가득 차 넘쳐흐르는 감정'을 결코 불러내지 않는다.

하지만 조건 없는 환대는 "친구들을 얻으려고 애쓰려는 것이 아니라 단지 환대만을 알며 환대만을 하고 또한 행하려고 하는, 넘쳐흐르는 영혼의 태만함이다. 그의 마음과 그의 가정은 거지이거나, 장애인이거나, 왕

---

116 F. Nietzsche, *Nachgelassene Fragmente 1887-1889*, KSA 13, p.9.
117 위의 책, p.210.
118 위의 책, p.210.
119 F. Nietzsche, *Nachgelassene Fragmente 1882-1884*, KSA 10, p.508.
120 F. Nietzsche, *Also sprach Zarathustra*, KSA 4, p.254.

이나 상관없이, 걸어 들어오는 모든 사람에게 개방되어 있다."[121] 이러한 조건 없는 환대는 우리가 일상에서 대하는 친구의 우정(Freundschaft)과는 사뭇 다르다. 이와 같이 니체에게 있어서 조건 없는 환대는 "위험스러운 영혼의 태만함"인 것이다. 따라서 니체의 조건 없는 환대는 "충만한 감정과 넘쳐흐르려는 권력"[122]인 것이다.

베풂의 정치

앞서 살펴보았듯이, 니체의 권력의지는 삶의 본질, 권력의 발생, 권력의 의미생성, 권력감정, 정의, 환대의 정치를 뛰어넘어 '베풂의 정치'로 나아가야 하는 것이다. 따라서 니체에게 있어서 권력은 어떤 이론적 당위를 펼친다고 할지라도 궁극적으로 베풂의 정치가 되어야 할 것을 다음과 같이 강조한다.

첫째, 반목질시하고 착취하는 정치는 상호 공멸로 인도하는 지름길이다. 니체는 베풂의 정치에 따라 아량과 호의를 가질 것을 충고한다. 즉, 니체는 베풂의 정치를 다음과 같이 말한다. 즉, "주고 베풀되 자신의 이름과 호의를 감추라! 아니면 자연처럼 어떠한 이름도 갖지 말라! 우리는 자연에서 베풀고 주는 사람과 더는 마주치지 않지만, 자비로운 얼굴과도 더는 마주치지 않지만, 바로 이것이 다른 모든 것보다 더 우리의 원기를 북돋운다!"[123] 우리는 삶의 정치에서 침해, 폭력, 착취를 서로 억제하고 자신의 의지를 다른 사람의 의지와 동일시하는 민주사회를 이루고자 한다. 하지만 민주주의가 사회근본으로 설정하는 평등화는 삶을 부정하는

---

121 F. Nietzsche, *Nachgelassene Fragmente 1885-1887*, KSA 12, p.67.
122 F. Nietzsche, *Jenseits von Gut und Böse*, KSA 5, p.209.
123 F. Nietzsche, *Morgenröte*, KSA 3, p.279.

의지이기도 하며 해체와 타락의 원리이기도 하다. 따라서 우리는 니체에게서 베푸는 사람의 부끄러움을 통해 "언제나 주고 베풀면서 그때마다 자신의 얼굴을 보여주는 아량의 부족함"을 배워야 한다.

둘째, 베푸는 사람은 부끄러움을 지니고 자신의 이름과 호의를 감추거나, 혹은 자연처럼 어떠한 이름도 갖지 않는다. 니체는 자기 생각을 풍요롭게 해주는 가을의 햇볕을 통해 가을 과실의 풍성한 베풂을 강조한다. "창문 밖에 생각을 풍요롭게 해주는 가을이 맑고도 따스한 햇볕 속에 머물고 있다네. 나는 그 북쪽의 가을을 가장 친한 친구들만큼이나 사랑하지. 그 가을이 그렇게 성숙하게 그리고 바람도 없이 무의식적이기 때문이야. (...) 바람이 불지도 않는데도 나무에서 과일이 떨어지네. (...) 너무도 고요히 땅으로 떨어져 우리를 행복하게 하지. 그 과실은 아무것도 욕구하지 않으면서 자신의 모든 것을 내주고 있지 않나."[124] 결국 니체가 베풂의 정치를 통해 불러낸 것은 가을의 맑고 따스한 사랑과 바람도 없이 억지로 욕구하지 않는 청빈한 삶인 것이다.

셋째, 베풂의 정치는 자기 자신도, 이름도, 욕구하지 않는 "있는 그대로의 있음"이다. 즉, 니체에게서 베풂의 정치는 "자기 자신을 선사해 버리고, 자신을 아무도 아닌 자로 비워 버리라고 요구하는 저 신의 목소리를 들었음이 틀림없다. 그대의 넘쳐흐름을 선사하고 싶고, 다 선사해 버리고 싶은 그대여. 그대 자신이 쓸모없을 정도로 넘쳐흐르는 자이니, 풍요한 그대여, 지혜롭게 우선 너 자신을 내어주어라, 오오. 차라투스트라여![125] 따라서 니체는 자신을 지혜롭게 비우고 베풂의 정치를 수행할 것을 강조한다.

---

124 F. Nietzsche, "Brief an F. Rhode vom 7. Oktober 1869", *Abt. 1.* p.61.
125 F. Nietzsche, *Dionysos-Dithramben*, KSA 6, p.409.

넷째, 베풂의 정치는 남에게 그만큼 베풀었으면, 휴식을 취해야 한다. 즉, 니체는 베풂의 정치를 다음과 같이 말한다. "나의 손은 베풀기만 할 뿐 쉴 줄 모른다. 이것이 나의 가난이다. 나는 기대에 차 있는 눈을 보며, 밝게 빛나는 동경의 밤을 본다. 이것이 나의 부러움이다. 오오, 베푸는 자의 불행이여! 오오, 내 태양의 일식이여! 오오, 갈망을 향한 갈망이여! 오오, 포만 속에서도 도사리고 있는 게걸스러운 허기여! (…) 베풂 속에 내 행복은 죽어버렸다. 네 덕 넘치는 베풂 때문에 스스로가 지겨워졌다! 베풀기만 하는 자의 위험은 그가 수치심을 잃어버린다는 데 있다. 나누어 주기만 하는 자의 손과 심장은 나누어 주는 일로 못이 박힌다."126 따라서 니체의 베풂의 정치에서 단순하게 베풀기만 하면 내 행복도 죽고 수치심도 모두 잃어버릴 위험성이 있는 것이다.

다섯째, 베풂의 정치는 부끄러움을 알았을 때 홀로 나의 길을 향해 나아가는 것이다. 이러한 대목은 차라투스트라의 제자들에게 저항의 길을 찾아가는 곳에서 다음과 같이 외친다.

"나의 제자들이여, 이제 나 홀로 나의 길을 가련다. 너희들도 이제 한 사람 한 사람 제 갈 길을 가라! 내가 바라는 것이 바로 그것이다. 진실로 너희들에게 권하거니 나를 떠나라. 그리고 차라투스트라에 저항하여 스스로를 지켜라. 더 바람직한 일은 차라투스트라의 존재를 부끄러워하는 일이다! 그가 너희들을 속였을지도 모르지 않는가."127

---

126 F. Nietzsche, *Ecce Homo*, KSA 6, p.346.
127 위의 책, p.260.

제6장 니체와 그리스 비극: 들뢰즈의 해석

니체해석을 통한 전통형이상학 비판

니체는 『비극의 탄생』에서 "예술가-형이상학(Artisten-Metaphysik)"[1]의 방법론을 통해 전통철학을 해체하고자 했다. 또한 니체는 이러한 전통철학의 해체를 바탕으로 철학의 목적과 방법을 재구성했다. 니체철학은 20세기 중후반 이후 들뢰즈(Gilles Deleuze)를 비롯한 하이데거(M. Heidegger), 데리다(J. Derrida), 푸코(M. Foucault), 로티(R. Rorty), 가다머(H.-G. Gadamer), 그리고 하버마스(J. Habermas) 등 현대철학자들에 의해 재구성되었다. 이런 측면에서 니체철학은 기존의 협소한 지평을 확장하여 실천적인 측면에서 다원화된 사회로 나아가는 토대를 제공했다. 특히 들뢰즈의 니체해석은 20세기 중후반 니체철학의 르네상스를 이끌었다. 들뢰즈의 니체해석은 단순히 주석 달기에 그치지 않고, 새로운 철학의 가능성을 활짝 열어 놓으면서 자신의 철학적 방법론을 전면에 드러냈다. 따라서 들뢰즈의 니체해석은 니체라는 거울을 통한 새로운 철학적 방법이었다.

들뢰즈는 『니체와 철학』(1962)[2]에서 개념 속에 깃들어 있는 가치와 의

---

[1] KSA 1, p.13, p.17, p.21.
[2] G. Deleuze, *Nietzsche et la philosophie*, Press Universitaires de France, 1962.(G.

미를 밝히는 작업에 몰두했다.[3] 또한 들뢰즈는 『철학이란 무엇인가』(1991)[4]에서 철학을 현재와 다른 미래를 만들어가는 데 기여하게 될 새로운 개념들을 창조하는 실험으로 정의한다. 들뢰즈에게 있어서 개념들의 가치와 의미, 그리고 창조는 새로운 세계의 생성을 위한 사회적 실천을 위한 것이었다. 따라서 들뢰즈는 현재와 미래의 새로운

들뢰즈

이론작업을 통해 니체철학의 개념을 창조적으로 구축했다. 이는 기존의 철학적 방법론에 대한 '반시대적'인 비판을 해부하여 새로운 진보적인 개념의 이론을 창출해 냈다.[5] 특히 들뢰즈는 니체철학을 가치와 의미에 주목하여 재해석했다.[6] 즉, 들뢰즈는 니체의 이성과 감성, 진리와 거짓,

---

Deleuze, *Nietzsche and Philosophy,* Translated by Hugh Tomlinson, Columbia University Press: New York, 2006.)

3 들뢰즈에 따르면, "니체는 의미와 가치의 철학"이 비판되어야 함을 숨기지 않은 철학자이다. 즉, 니체는 참된 비판을 실현하였고 기존의 철학적 사고를 전면적으로 비판한 철학자였다.(Gilles Deleuze, *Nietzsche and Philosophy*, p.1; 강영계, 「니체철학은 변증법적인가 -들뢰즈의 니체해석에 대한 비판」, 『니체와 문명비판』, 철학과현실사, 2007, 374쪽.)

4 질 들뢰즈, 『철학이란 무엇인가』, 이정임 옮김, 현대미학사, 1999.

5 G. Deleuze, 위의 책, p.1.

6 G. Deleuze, 위의 책, pp.1-6. 들뢰즈에 의하면 니체가 망치를 들고 깨부수고자 했던 것이 바로 기존의 가치나 권력에 굴종하는 순응주의였다. 니체가 내세운 힘에의 의지는 우리에게 언제나 새로운 가치, 내재적인 힘을 확장할 것을 요구한다. 들뢰즈에게서 힘에의 의지는 곧 차이 그 자체이다. 힘에의 의지는 힘들의 미분적 요소,

언어와 행위, 현실과 가상 등 기존의 이분법을 재해석했다. 한편으로 전통적인 이분법의 해체는 철학의 정체성에 치명적인 파괴력으로 작용했다. 다른 한편으로 전통 이분법의 해체는 철학이 그 외부와 함께 소통하고, 그로 인해 철학의 형식과 내용을 급진적으로 변화시켰다. 이제껏 전통철학의 흐름이 동일성에 의존하여 다양성, 차별성을 제거하는 것이었던 반면에 니체철학은 동일성을 거부하면서 차별성, 다양성을 옹호했다. 말하자면 니체는 동일성보다는 차이에 더 주목했다. 이에 대해 들뢰즈는 니체철학을 '미래의 철학'이라 지칭했다.[7]

제2장에서 살펴보았듯이, 니체는 『비극의 탄생』에서 소크라테스를 "이론적 인간의 전형"[8]이라 명명하고 "이론적 낙관주의자의 원형"으로 확정한다. 니체는 소크라테스를 부정적인 의미의 주지주의와 도덕지상주의의 화신으로 규명한다.[9] 즉, 니체는 소크라테스를 고대 그리스 비극의 지혜와 문화를 말살시킨 인물로 구체화했다.[10] 들뢰즈가 보기에도 니체의 소크라테스와 플라톤 철학에 대한 공격은 그 누구보다도 극단적이었다. 이러한 니체의 소크라테스와 플라톤에 대한 공격은 그의 『비극의 탄생』에서부터 마지막 작품에 이르기까지 이어진다. 하지만 망치를 든

즉 관계 속에서 가정된 둘 혹은 여러 힘 사이의 양적 차이의 생산 요소인 것이다.(G. Deleuze, 위의 책, p.1.)
7 질 들뢰즈, 『들뢰즈의 니체』, 박찬국 옮김, 철학과현실사, 2007, 36쪽. 38쪽.
8 KSA 1. 98쪽.
9 KSA 11. 75쪽.
10 고전학자 브르노스넬은 니체의 소크라테스 비판은 정도를 한참 벗어난 것으로 본다. 그는 니체와 정반대로 그리스의 비극을 한 차원 높인 원동력이 곧 소크라테스적 지식인의 반성이라 규명한다. "그러면 비극을 한 차원 높인 원동력은 무엇인가? 그것은 바로 아리스토파네스가 비극의 타락으로 보았던 원리, 즉 소크라테스적 '지식인'의 반성이었다. 이것은 비극의 탄생을 동반한다. 만일 '지식'이 비극관(죽음)과 우연히 마주친 것이라면, 그 '지식'을 '살해자'라고 매도하지 않아야 한다." (브루노스넬, 『정신의 발견』, 김재홍 옮김, 까치, 1994, 211쪽.)

철학자, 니체는 소크라테스-플라톤을 비롯해 근대철학과 서구 형이상학에 대한 전복을 단순한 비판에 그치지 않고 새로운 의미와 가치를 창출해 냈다. 이런 측면에서 들뢰즈는 니체의 형이상학에 대한 전복을 "비판적인 동시에 창조적인 것이며 반작용이 아닌 작용"[11]으로 간주했다.

궁극적으로 들뢰즈의 니체해석은 전통철학의 이성 중심적 사고를 해체하고, 철학을 종교, 예술, 문화, 심리학 등의 영역으로 더욱 확장해 나갔다. 이런 관점에서 우리는 들뢰즈의 니체해석을 통해 전통형이상학의 해체, 도덕의 정당화에서 미적 정당화로의 이행, 비극적 세계관들에 대해 차례로 고찰해 보자. 그리고 현대적 관점에서 포스트-니체를 재조명해 보자.

니체의 플라톤주의 전복

들뢰즈에 따르면, 니체는 인식이 삶에 대립하고, 삶을 가늠하고 심판하며 자기 자신을 목적으로 삼길 열망한다고 종종 비난한다. 이런 형태에서 소크라테스적 전복이 니체의 『비극의 탄생』에서 등장했다.[12] 들뢰즈는 니체철학을 전적으로 "전복된 플라톤주의", 혹은 "플라톤주의를 전복시킨(umgedrehter Platonismus)철학"[13]으로 규정한다. 들뢰즈는 니체해석을 통해 플라톤과 플라톤주의에 대한 극단적인 적대자임을 선언한다. 이를테면 칸트가 구분한 현상계(phaenomenon)와 본체계(noumenon), 그리고 선험적이고 초월적인 세계를 전제로 하는 모든 철학을 플라톤주의라 주장한다. 들뢰즈는 니체 자신이야말로 끝내 이러한 관념론을 폐기했다고 확신한다.[14]

---

11 G. Deleuze, *Nietzsche and Philosophy*, p.3.
12 위의 책, p.100.
13 질 들뢰즈, 『차이와 반복』, 김상환 옮김, 민음사, 2006, 149쪽.
14 위의 책, 148쪽.

들뢰즈는 "니체철학의 절대적인 반(反) 변증법적인 특징"[15]에 주목한다. 즉, 들뢰즈에게서 현대철학의 임무는 반변증법적인 플라톤주의[16]의 전복이라 단정한다. 그래서 들뢰즈가 보기에도 플라톤은 니체철학에서 독특한 위치를 차지한다.

들뢰즈는 플라톤이 해석했던 신화를 선별(sélection)과 나눔(division)의 토대(fondement)로서 이해했다. 이러한 선별과 나눔의 힘으로서 신화는 재현의 방식이 아직 나타나지 않았으며, 동일성으로의 종속됨도 쉽게 드러나지 않았다.[17] 즉, 들뢰즈가 거부하고 이를 전복하려고 했던 재현(representation)철학[18]의 토대가 플라톤에서는 아직 나타나지 않았다. 그런데도 신화는 여전히 토대로서 기능하고 있으므로 차이 자체에 대한 사유를 방해한다. 플라톤은 신화를 선별하는 힘으로서 그 토대를 해체해 버린다. 들뢰즈에게서 플라톤의 신화는 신탁이라는 문제제기(problématique)의 방식이다. 세계는 유사성을 전혀 갖고 있지 않은 "시뮬라크르(simulacre)"[19]의 세계로 빠져 든다.

---

15 G. Deleuze, *Nietzsche and Philosophy*, p.8.
16 플라톤이 생각했던 변증술의 최고 목적은 차이를 만드는 데 있다. 그러나 차이는 사물과 시뮬라크르들, 원형과 모상들 사이에 있지 않다. 사물은 시뮬라크르 자체이고, 시뮬라크르는 원형과 모상들 사이에 있지 않다. 사물은 시뮬라크 자체이고, 시뮬라크르는 우월한 형상이다. 모든 사물이 대면하는 어려움은 자신이 고유한 시뮬라크르에 도달하는 것, 영원회귀의 일관성 안에서 기호의 상태에 도달하는 것이다.(제임스 윌리엄스, 『들뢰즈의 차이와 반복 -해설과 비판』, 신지영 옮김, 라움, 2010, 175쪽.)
17 질 들뢰즈, 『차이와 반복』, 151쪽.
18 반복은 재현에 대립한다. 반복의 궁극적 요소는 계획되는 불일치에 있으며, 재현의 동일성과 대립한다.(G. Deleuze, 『차이와 반복』, 169쪽.) 들뢰즈는 재현을 무한으로 확장한다 할지라도 재현의 방식을 사용한다는 것에 여전히 변함없음을 헤겔이론의 검토를 통해 밝혀낸다. 이를 통해 들뢰즈는 헤겔에 대한 전면적인 대결을 선언한다. "내가 무엇보다도 혐오한 것은 헤겔주의와 변증법이었다"는 고백처럼 철학적 저술의 많은 부분에서 들뢰즈는 헤겔 철학의 전복을 위한 시도들을 보여주었다.(질 들뢰즈, 「어느 가혹한 비평가에게 보내는 편지」, 『대담』, 김종호 옮김, 서솔, 1993, 29쪽.)

여기서 플라톤이 플라톤주의를 전복하는 최초의 인물로 등장하게 된다. 니체는 『비극의 탄생』에서 예술가-형이상학의 두 대립 쌍인 아폴론적인 것과 디오니소스적인 것에 대립과 투쟁 그리고 조화를 내세운다. 그러면 니체는 변증법주의자인가? 이러한 물음에 대해 들뢰즈는 니체의 예술철학의 개념에서 "어떤 하나의 힘이 다른 힘을 대상으로 취한다"[20]라고 분명하게 말한다. 그러나 아폴론적인 것과 디오니소스적인 것의 대립은 곧 새로운 개념을 창조해 낸다. 다시 말해 디오니소스적인 것과 아폴론적인 두 개념의 대립 쌍은 다원주의로 환원된다.

> "의문 그 자체는 여러 답변을 요구한다. 그러나 그런 답변들 중 특히 중요한 하나는 위버멘쉬가 인간의 변증법적인 입장에 반대하고, 가치 전환은 소유의 변증법이나 소외 제거의 변증법에 반대한다는 것이다. 반 헤겔주의가 공격의 날처럼 니체 저작을 가로지르고 있다."[21]

들뢰즈가 보기에 니체의 궁극적인 의도는 전통철학의 변증법을 비판하는 데 있었다. 들뢰즈는 니체의 『비극의 탄생』에서 변증법적이고, 쇼펜하우어적인 배경 앞에서 본질적으로 현실적인 두 측면을 인식한다. 하나는, 디오니소스의 긍정적 성격으로서 삶을 원만하게 해결하거나 삶의 정당화를 대신하여 삶을 긍정하는 것이다. 다른 하나는 디오니소스와 소크라테스 사이의 대립이다.[22] 들뢰즈는 니체의 『비극의 탄생』에서 힘의

---

19 시뮬라크르 개념은 들뢰즈의 『차이와 반복』 전체를 통해 중요한 역할을 한다. 이는 반복되는 계열들의 한 구성요소를 의미하는 것이며, 그 기원을 찾을 수 없거나 계열 밖에 있는 기원으로 되돌아갈 수 없는 것이다. 시뮬라크르에 대한 자세한 내용은 다음을 참조: 박치완, 『이데아로부터 시뮬라크르까지』, 한국외국어대학교 출판부, 2016.
20 G. Deleuze, *Nietzsche and Philosophy*, p.8.
21 위의 책, p.8.

관계에 주목한다. 들뢰즈에 따르면, 니체가 언급한 어떤 힘과 다른 힘의 본질적 관계는 결코 대립으로 간주하지 않는다. 니체에게서 힘은 다른 힘과의 관계 속에서 차이를 부정하지 않는다. 즉, 들뢰즈가 보기에 니체는 자신의 고유한 차이를 긍정하고 이 차이를 향유한다. 힘이 자신의 활동을 이끌어내고 있지만, 본질 속에 있는 것은 아니다. 그와 반대로 힘은 활동을 통해 차이의 긍정을 이끌어낸다. 또한 부정은 어디서든 현존한다. 즉, 부정은 필연적으로 공격성과 연결되는데, 이는 긍정의 공격성이다.[23]

들뢰즈는 니체해석을 통해 세계에 변증법이 원하는 의지에 대해 고찰한다. 들뢰즈에 따르면, 차이를 긍정하는 힘을 갖고 있지 못한 힘이 바로 변증법의 의지이다. 이와 같은 힘은 처음으로 다른 힘과의 관계 속에 부정을 파악하는 의지이다. 또한 자신이 아닌 모든 것을 부정하고, 그 부정을 자신의 고유한 본질과 자신에게 현존의 원리로 만든다.[24] 들뢰즈에 의하면 니체가 『비극의 탄생』에서 비극을 기존의 해석과 다르게 보는 이유는 바로 소크라테스적 이성중심주의의 사유가 비극의 주된 원인이라 보기 때문이다. 소크라테스는 디오니소스적이지도 아폴론적이지도 않다. 소크라테스는 이상한 전복에 의해 정의된다.[25] 생산적인 모든 인간에게서 충동은 긍정적이고 창조적인 힘이고, 의식은 비판적이고 부정적인 힘인 반면, 소크라테스에게서 충동은 비판적인 것이 되고 의식은 창조적인 것이 된다.[26] 들뢰즈의 니체해석에서 소크라테스는 시대에 뒤떨어진 첫 번째 천재이다. 왜냐하면 소크라테스는 관념을 삶과 대립시키고,

---

22 앞의 책, 13쪽.
23 위의 책, 9쪽.
24 위의 책, 9쪽.
25 위의 책, 13쪽.
26 KSA 1, 91쪽: G. Deleuze, *Nietzsche and Philosophy*, p.13.

삶을 관념에 의해 판단하고 정당화했기 때문이다. 소크라테스가 우리에게 요구한 것은 부정의 무게로 짓눌린 삶이 그 자체로 욕망되고 체험할 만한 가치가 없는 것으로 마침내 생각했다. 즉, 소크라테스는 이론적 인간이고, 비극적 인간의 단 하나의 참된 대립자이다.[27]

이와 같이 들뢰즈에게서 니체의 『비극의 탄생』은 소크라테스와 비극의 대립에서 모든 가치와 의미를 생산한다. 비극의 대립, 즉 삶의 부정과 긍정의 대립은 비극 속의 긍정적 요소가 스스로 힘으로 해방되고 모든 종속으로부터 자유로워야 한다. 이와 같은 과정에서 니체는 디오니소스와 아폴론 사이의 반테제를 중단하지 않았다. 왜냐하면 디오니소스와 아폴론의 반테제는 참된 대립을 위해 흐려지거나 언젠가는 사라져야 하기 때문이다. 들뢰즈가 보기에 니체의 참된 대립의 의미는 스스로 변화하며, 전형적인 영웅으로 칭송받는 소크라테스에 대해서도 만족하지 않는다. 왜냐하면 소크라테스는 처음에는 아폴론적이지만, 나중에는 "음악을 연구하는 소크라테스"로서 디오니소스적이어야 하기 때문이다.[28] 그래서 들뢰즈가 파악했을 때, 니체는 비극적 인간에게서 순수한 긍정을 통해 자신의 고유한 요소를 발견했다. 동시에 니체는 비극적 인간에게서 결정적으로 부정의 기획에 앞장서는 자신보다도 훨씬 더 지독한 적을 발견했다.

이런 점에서 니체는 이 프로그램을 엄격히 현실화했다. 니체는 고통을

---

27 양해림, 「그리스 비극과 소크라테스 비판 -니체의 『비극의 탄생』을 중심으로」, 『니체연구』 제16집, 한국니체학회, 2009. 58쪽; 니체는 전통 형이상학에서 말하는 주체의 개념을 비판한다. 주체는 객체나 대상에 대비되는 개념으로서 존재하지 않는다. 니체는 모든 행위의 근본으로서의 주체나 인식이나 의지의 주체개념에 대해 비판한다. 전통 형이상학의 주체개념은 논리적 허구에 지나지 않는다. 따라서 주체는 내재적이고 역동적인 힘들의 관계로 복합적 조직을 이루고 있는 비인과적 몸주체를 주체 개념으로 대신한다.(서동욱, 『들뢰즈의 철학』, 민음사, 2002, 25쪽.)
28 G. Deleuze, *Nietzsche and Philosophy*, p.14.

해소하기 위해 화해하는 신, 디오니소스와 아폴론의 반테제를 더욱 신비로운 디오니소스와 아리아드네를 보완하는 것으로 대체했다. 그 까닭은 삶을 긍정하는 것이 문제가 될 경우에 한 명의 여인, 즉 디오니소스적 긍정에서 분리할 수 없는 약혼녀가 필요했기 때문이다. 디오니소스와 소크라테스의 대립은 참된 대립으로 대체된다.[29] 니체는 『비극의 탄생』에서 기독교에 대해 침묵했고, 기독교를 정면으로 다루지도 않았다. 또한 기독교는 아폴론적이지도 디오니소스적이지도 않다. 기독교는 비극의 탄생을 인식할 수 있는 미적 가치들도 부인했다.[30] 따라서 들뢰즈의 관점에서 니체가 비판했던 기독교는 가장 심오한 의미에서 허무주의적인 것과 정반대로 긍정의 극한에 도달하는 디오니소스적 상징인 것이다.

디오니소스적 삶의 긍정

들뢰즈는 니체철학에서 "디오니소스와 예수는 순교자로 동일하며 감성적 열정도 같음"[31]을 본다. 그리고 들뢰즈는 그것을 동일한 현상인 동시에 반대되는 두 방향이라 파악한다. 그것은 한편으로 고통을 정당화하

---

29 위의 책, 14쪽.
30 위의 책, 14쪽. 들뢰즈는 영원회귀 사상을 존재자의 실존적 결단의 측면에서 보았을 때 니체의 의미론적 작업을 모든 가치의 재평가와 관련되어 있다고 주장한다. 또한 들뢰즈는 동일한 사태의 무한반복이라 할지라도 주체의 의미는 언제나 새로울 수밖에 없다고 본다. 이는 차이를 보이는 세계의 회귀다. 즉, 동일성의 무한반복이 아니라 차이와 생성의 무한반복이 니체의 영원회귀사상의 본래 의미다.(정영수,「무한긍정과 힘의 반복으로서의 존재론 니체의 영원회귀사상에 대하여」,『서강인문논총』제27집, 2010, 227쪽.) 들뢰즈의 영원회귀 사상에 대한 자세한 내용은 다음을 참조: 임건태,「니체의 영원회귀 사상 -들뢰즈와 하이데거의 해석을 중심으로」,『니체연구』, 제15집, 한국니체학회, 2009, 213-44쪽; 진은영,『니체, 영원회귀와 차이의 철학』, 그린비, 2007. 167-83쪽.
31 G. Deleuze, 앞의 책, p.14.

는 삶, 고통을 긍정하는 삶이며, 다른 한편으로 삶을 비난하고 삶에 반대해서 증언하고 삶을 정당화하는 어떤 것으로 만드는 고통이다.[32] 니체는 디오니소스와 그리스도를 고통의 긍정을 통해 삶을 긍정하는 신과 인간에게 죄를 지우고 삶을 부정하는 신의 관계로서 대립시킨다. 이 두 신의 대립 관계는 다음과 같다.

디오니소스와 예수의 대립관계

디오니소스	예수
삶의 긍정	삶의 부정
디오니소스적 광기와 만취	기독교적 광기와 만취
사지가 찢겨 죽음	십자가의 죽음
디오니소스의 부활	예수의 부활
디오니소스적 가치 전환	기독교적 합일

들뢰즈의 해석에 따르면, 니체는 『비극의 탄생』에서 디오니소스는 도덕의 문제를 단순하게 아폴론과의 대립으로 간주하지 않았다. 즉, 도덕이 디오니소스적이라 생각한다면, 디오니소스는 모든 올림포스 신들의 모습으로서 그리스도의 대립자로 간주해야 한다. 들뢰즈의 해석에서 니체의 도덕개념은 디오니소스를 인간 대신에 모든 죄를 떠맡고 인간의 행위를 정당화한다.[33] 다시 말해 디오니소스는 고대 그리스의 신들과 생성, 변화하고 부조화하고 추한 것에 이르기까지도 모두 긍정하는 힘의 상징으로 이해한다. 반면에 들뢰즈는 이원론적인 기독교의 생성 변화하는 현실을 가상이나 타락한 세계로 보면서 영원불변의 세계를 진정한 세계로 간주한다. 인간도 생성 변화하는 현실에 속해 있는 육체와 그렇지 않은

---

32 위의 책, 15쪽.
33 위의 책, 19쪽.

영혼으로 나뉜다. 육체가 가상이고 타락한 것이라면, 영혼이야말로 영원불변한 실체이고 순수한 것이다. 따라서 육체적인 욕망과 감각적인 충동은 비본질적인 것이고 타락한 것으로서 영혼이 욕망과 충동에 물들지 않도록 경고해야 한다.[34]

니체에게 금욕주의는 기독교가 만들어내는 병적인 정신 상태를 말한다. 금욕주의는 영혼이 육체와 지속해서 전쟁을 벌이게 한다. 금욕주의는 감각적인 욕망의 유혹에서 벗어나지 못하는 영혼이 자신을 학대하게 한다. 이런 점에서 기독교는 이원론에 의해 규정된다. 기독교에서 육체는 악한 것이다. 반면에 정신은 영원불변한 천상이며 영혼은 선한 것이며, 육체적인 욕망에 끌리는 행위는 악한 것이다. 하지만 천상과 영혼의 순수성을 지향하는 행위는 선한 행위다. 이러한 기독교의 이원론에서 영원과 화해한 시간이거나 영혼과 화해한 육체는 생각할 수 없다. 기독교의 이원론은 상대방의 영혼도 사랑하는 육체적인 욕망도 불가능한 것으로 간주하기 때문에 모든 육체적인 욕망을 음란한 것으로 본다. 즉, 기독교의 이원론은 우리가 준수하는 가치들이 신이나 순수영혼에서 비롯된다. 여기서 이원론은 모든 가치에 대해 삶을 측정하고 제한하고 단죄한다. 삶과 사유는 서로 분리된다. 사유는 삶보다 더 높은 가치를 삶에 대립한다.[35]

들뢰즈는 니체에게서 기독교의 이원론과 기독교의 관계에 대한 비판

---

34 제임스 윌리엄스, 『들뢰즈의 차이와 반복 -해설과 비판』, 신지영 옮김, 라움, 2010, 171쪽.
35 기독교의 이원론이 갖고 있는 맹점에도 불구하고 그것이 사람들에게 영원불변한 천상의 세계에 대한 희망과 기대를 안겨주었기 때문에 기독교는 지금까지도 명맥을 유지할 수 있었다. 사람들은 그러한 영원불변의 세계에 대한 희망을 품고서 지상에서 겪는 고통과 불안, 그리고 무상함을 견뎌낼 수 있었다. 그러나 그러한 기독교의 이원론에 의지함으로써 사람들은 희망과 위안을 얻게 되지만 사람들의 삶은 병적인 것이 되었다.(박찬국, 『들뢰즈의 니체와 철학 읽기』, 세창미디어, 2012, 71쪽.)

에 주목한다. 니체는 기독교의 이원론적인 상상은 모두 정신적으로 허약하고 병든 인간들로부터 생겨난 것이라 보았다.[36] 이렇게 정신적으로 허약하고 병든 인간들에게서 끄집어낸 이론이 일반인들에게는 진리의 체계로 주입되면서 정신적으로 건강한 사람들마저도 병약하게 만들어 버렸다. 병든 인간들은 병에 찌든 상상과 허구에 의해 자신의 인생뿐만 아니라 건강한 사람들의 삶에도 구제불능의 병든 삶으로 전락해 버렸다. 말하자면 기독교의 이원론적 전통의 형이상학은 자신들의 이론을 육체로부터 분리된 순수이성에서 비롯되었다. 반면에 니체는 모든 이론 체계를 우리의 모든 인격에서 시작되었다고 보았다. 니체는 이러한 모든 인격을 규정하는 것을 힘에의 의지라고 간주했다. 이 힘에의 의지가 허약할 경우 모든 인격은 지상을 혐오하고 천상을 희구하면서 세계를 이원론적으로 해석한다. 이에 반해 디오니소스는 삶을 자기 학대하는 참회나 예술에 의해 더 이상 정당화되지 않는다. 디오니소스는 삶 속에서 가장 모진 괴로움조차도 긍정한다. 디오니소스적 삶은 그 자체로 고통의 무한함을 정당화하기 때문에 아주 신성한 것으로 나타난다.

들뢰즈는 니체의 『비극의 탄생』에서 "십자가에 못 박힌 자, 즉 예수" 대(對) 디오니소스의 관계를 진정한 대립으로 본다. 양자(兩者) 모두 순교했다는 점에서 차이가 없지만, 양자의 순교는 다른 의미가 있다. 디오니소스의 경우, 삶 그 자체는 삶의 영원한 산출력과 회귀가 고통과 파괴와 절멸로 다가서는 의지의 원인이다. 이에 반해 전자의 경우, 고통이 '죄 없이 십자가에 못 박힌 자'가 삶에 대해 이의를 제기하고 삶을 비난하고 단죄한다.[37] 여기서 고통이 기독교적인 것인지 아니면 비극적인 것인지

---

[36] 니체의 기독교 비판에 내용은 다음을 참조: 최순영, 『니체와 도덕의 위기 그리고 기독교』, 철학과현실사, 2012.
[37] G. Deleuze, *Nietzsche and Philosophy*, p.15; 야스퍼스도 『니체와 기독교』에서 예

는 여전히 논란거리다. 기독교적인 의미에서 삶은 성스러운 존재에 이르는 길이어야 한다. 이에 반해 비극적인 의미에서 삶은 그 자체로 성스러운 것이며, 아무리 엄청난 고통을 받고 있을지라도 성스러운 것이다. 비극적인 인간은 가장 가혹한 고통조차도 긍정한다. 비극적 인간은 충분히 강하고 충만하며 삶을 신성화하는 힘을 갖고 있다. 기독교적인 인간은 지상에서 가장 행복한 운명조차도 부정한다. 그래서 기독교적 인간은 어떠한 형태의 삶 때문에 고통을 받을 정도로 약하고 가난하며 가진 것이 없다.[38]

들뢰즈가 보기에 니체의 『비극의 탄생』에서 디오니소스는 여전히 예술 충동의 상징이다. 하지만 디오니소스는 동시에 반(反)기독교적이며 반도덕적 신이다. 들뢰즈에 따르면, "미적 세계의 해석과 세계긍정에 대해 기독교만큼 대립하는 것은 없다."[39] 니체가 진단한 기독교는 원한을 가진 도덕의 상징이자 반예술적 종교이다. 또한 니체가 보았을 때 기독교는 삶에 대한 원한이자 삶에 대한 권태와 구토로 가득 차 있다. 그래서 들뢰즈에 의하면 니체는 기독교에 대해 인간이 고통을 느끼기 때문에 죄인과 똑같다고 말한다. 그 고통에 의해 인간은 구원받아야 한다. 이러한 기독교의 두 측면은 바로 '양심의 가책'과 '고통의 내재화'를 통해 잘 드러난다. 따라서 기독교는 삶을 비난하고 삶을 정당화하는데 인간의 고통을 이용했다. 반면에 들뢰즈에 의하면 니체의 『비극의 탄생』에서 디오니소스는 고통을 정당화하는 삶과 고통을 긍정하는 삶을 상징한다. 이러한

수에 반대되는 역할을 하는 중요한 연기자가 디오니소스라 파악한다. 니체의 대부분 문장들은 예수에 반대되는 것이자 디오니소스에 찬동하는 것이다. 니체에게는 예수의 십자가의 죽음은 퇴락하는 삶의 표현이며 삶에 대한 탄핵이다.(칼 야스퍼스, 『니체와 기독교』, 이진오 옮김, 철학과현실사, 2006, 108쪽.)
38 G. Deleuze, 위의 책, p.16.
39 위의 책, 16쪽.

디오니소스에게서 삶은 더는 정당화될 필요는 없으며, 그 자체에서 이미 정당화된 것이다.40

잘 알려져 있듯이, 기독교 허무주의는 기독교적 삶을 부정하는 방식을 선택한다. 한편으로 기독교 허무주의는 죄의식을 양산해 낸다. 다른 한편으로 기독교 허무주의는 고통을 배가시키는 것을 정당화한다.41 기독교가 사랑과 삶을 노래할 때조차도 이 노래 속에서 고통을 정당화하는 수단으로 작용한다. 들뢰즈의 니체해석에서 변증법은 기독교의 반테제에 의해 논증된다. 기독교는 유대교를 증오함으로써 반테제에 의해 이해된다. 그러나 기독교가 반테제를 설정한 것은 변증법주의자들의 과오이다. 왜냐하면 변증법은 가치 있는 뛰어난 발견이기 때문이다. 이런 방식으로 기독교의 사랑은 증오를 반박한다. 기독교에서 사랑은 증오로부터 나온다. 사랑은 "순수한 태양의 뜨거운 빛으로 밝아지며, 빛과 숭고의 왕국 아래에서 새로운 영역으로 증오와 같은 목적의 승리, 정복, 유혹을 끊임없이 지속해서 추구하는 왕관처럼, 그리고 승리의 관처럼 밝아진다."42 기독교의 즐거움은 고통을 해소하는 기쁨이다. 고통은 이러한 방식으로 신에게 내재화되고 신 안에 있다. 말하자면 기독교는 "십자가에 매달린 신의 역설, 상상할 수 없는 극도의 잔인성의 신비"43에서 기독교적 광기와 변증법의 방법론이 등장한다.44

---

40 들뢰즈는 기독교의 신 그리스도와 올림포스의 신 디오니소스가 삶을 어떻게 생각하고 있는가에 대해 구원자의 관점에서 설명한다. 삶에 대한 두 신의 태도는 두 신의 성격을 가장 잘 드러내 준다. "구원자의 관점에서 '삶은 성스러움으로 인도하는 길이어야 한다.' 디오니소스의 관점에서 '현존은 더욱이 엄청난 고통을 정당화하기에 충분할 만큼 그 자체로 성스러운 것으로 여겨진다."(G. Deleuze, *Nietzsche and Philosophy*, p.17.)
41 G. Deleuze, *Nietzsche and Philosophy*, p.34.
42 위의 책, p.15.
43 앞의 책, 15쪽.

들뢰즈는 니체해석에서 기독교가 니체의 디오니소스적 관점을 왜곡시켰다고 주장한다. 니체의 『비극의 탄생』에서 디오니소스는 지속해서 고통을 해소한다. 즉, 디오니소스의 체험은 원초적인 통일성 속에 놓여있는 기쁨이다.[45] 들뢰즈는 니체해석에서 디오니소스를 변신의 의미와 가치를 명확히 파악하고자 했다. 즉, 디오니소스는 자신에게 삶을 정당화한다. 니체에게 디오니소스는 삶을 본질적으로 정의롭게 하는 신이다. 게다가 삶은 스스로 자신을 정당화할 책임이 있고, 그것은 가장 고통스러운 고통조차 긍정한다. 들뢰즈에 따르면, 디오니소스가 고통을 내재화할 때 자신의 외재성의 요소 속에서 고통을 긍정한다. 그리고 디오니소스와 예수의 대립이 정확히 삶의 긍정과 삶의 부정으로 전개된다. 즉, "디오니소스적 광기는 기독교적 광기로서, 디오니소스적 만취는 기독교적 만취로서, 디오니소스의 사지가 찢기는 죽음은 예수의 십자가상의 죽음으로서, 디오니소스의 부활은 기독교적 부활로서, 디오니소스적 가치 전환은 기독교적 화해와 대립한다."[46] 왜냐하면 디오니소스적 광기는 두 종류의 고통과 고통받는 자가 상존하고 있기 때문이다. 들뢰즈의 해석에 따르면, 삶의 과잉으로 고통스러워하는 자들은 만취한 상태를 어떤 활동으로 행동하듯이, 고통도 긍정으로 변화시킨다.[47] 디오니소스의 사지가 갈기갈기 찢긴 죽음에서 긍정의 극단적인 형태를 재인식하게 된다.

이와는 반대로 기독교는 고통받는 삶을 비난하고 삶에 반대하는 갖가지 수단을 만들어낸다. 또한 기독교는 삶을 정당화하고 모순을 해소하는 수단을 창출한다. 즉, 들뢰즈가 니체의 『비극의 탄생』에서 강조하는 주

---

44 위의 책, 16쪽.
45 위의 책, 16쪽.
46 위의 책, 16쪽.
47 앞의 책, 16쪽.

된 개념은 긍정이라 파악한다. 니체의 "긍정" 개념은 이성에 의해 제거된 모순보다도 고귀한 가치의 전환이다.[48] 디오니소스와 예수, 또한 차라투스트라와 예수 사이의 대립은 단순히 변증법적 대립이 아니라 변증법 그 자체와의 대립이다. 즉, 이 대립 사이에서 변증법적인 부정에 대립하고, 모든 허무주의에도 대립한다.[49] 따라서 니체의 긍정은 허무주의에 대립하는 미분화된 긍정인 것이다.

그리스의 비극적 세계관

들뢰즈의 니체해석에서 니체는 그리스 비극적 세계관을 변증법적인 것과 기독교적인 것을 대립시켰다. 니체에게서 변증법은 비극을 부정적인 것, 대립을 모순과 연관시켰다. 즉, 들뢰즈는 니체의 『비극의 탄생』에서 변증법을 삶의 고통과 삶의 모순에 대한 해소를 본질로 파악한다.[50] 그런데 들뢰즈는 쇼펜하우어의 영향을 받은 니체의 『비극의 탄생』이 비극의 본질을 변증법의 원리를 적용하고 있음을 지적한다. 즉, 니체 자신이 인정하고 있듯이, 니체의 『비극의 탄생』은 헤겔의 변증법적 원리를 잠재적으로 적용한다.[51] 니체는 삶의 모순과 그 모순을 해결하려는 방식

---

[48] 위의 책, 16쪽; 들뢰즈는 인간이 이성과 영혼의 정신과 육체 그리고 의지들이 유기적으로 관계를 맺고 있는 존재라 본다. 인간 주체는 몸이다. 순수한 이성의 동일성으로 결정되는 나라는 것은 존재하지 않는다. 몸은 총체적 존재이자 동시에 관점적 존재이다. 또한 몸은 자기 극복의 과정으로서 삶을 목적으로 한다. 이 목적을 위해 몸은 자신의 최고의 힘과 지혜를 발휘하며 이런 목적을 추구한다는 의미에서 몸은 큰이성이라 부를 수 있다. 큰 이성으로서 몸은 비판적 자기제한이 가능하며 자기한계에 대해 긍정할 수 있다.(질 들뢰즈, 『차이와 반복』, 김상환 옮김, 민음사, 2003, 24쪽.)

[49] G. Deleuze, 위의 책, p.17.

[50] 앞의 책, 11쪽.

에서 변증법적 관점에서 구별한다. 이러한 관점에서 들뢰즈는 니체가 『비극의 탄생』에서 어떤 방식으로 비극의 새로운 개념을 정립하고 있는지를 세심히 검토한다.52

니체는 『비극의 탄생』에서 모순은 세계의지의 원초적 통일과 의지의 개별화된 현상에 지나지 않는다고 본다. 개별적인 존재자들은 자신들이 통제하지 못하는 전체적인 삶의 흐름 속에서 고통을 당한다. 개별적인 존재자들의 삶은 죽음과 고통으로 점철되어 있다. 따라서 삶은 고통과 모순으로부터 구제될 필요가 있다. 이런 의미에서 니체는 고대 그리스 비극을 그리스인에게서 공감하고 있던 삶의 잔혹함과 무상함에 대한 대결이라 본다.53 니체는 고대 그리스인은 그 어떤 민족보다도 삶의 고통에 대해 예민한 감각을 갖고 있었으며 낙천적이기보다는 염세주의적이라 보았다. 이런 점에서 니체는 고대 그리스인의 정신을 명랑성에 찾았던 전통적인 고전문헌학에 대해 다소 비판적이었다. 니체는 자신의 견해를 뒷받침하는 실례로서 유명한 실레노스의 말을 인용한다.

> "하루살이 같은 가련한 족속이여, 우연과 고난의 자식들이여, 그대는 왜 나에게 그대가 듣지 않는 것이 그대에게 가장 복된 일인 것을 말하도록 강요하는가? 가장 좋은 것은 그대가 절대로 이룰 수 없는 것이다. 그것은 태어나지 않는 것이며 존재하지 않는 것이고 무로 존재하는 것이다. 그러나 그대에게 차선의 것이 있다면 그것은 바로 죽는 것이다."54

---

51 니체는 『비극의 탄생』 제2판의 서문에서 자기비판적 시도를 통해 헤겔의 변증법적 원리가 적용되었음을 시인한다.
52 G. Deleuze, 앞의 책, p.11.
53 KSA 1, 74쪽.
54 KSA 1, 35쪽.

들뢰즈에 따르면, 니체에게서 고대 그리스 비극은 이러한 염세주의와의 대결에서 비롯되었다. 이런 의미에서 들뢰즈는 니체의 후기사상에서 전개하고 있는 니힐리즘과의 대결을 초창기『비극의 탄생』에서부터 이미 수행하고 있었음을 암시한다. 즉, 니체는『비극의 탄생』에서 고대 그리스인이 어떠한 방식으로 염세주의를 극복했고, 니힐리즘과 대결하고 있는지를 고찰한다. 니체는 전쟁과 폭력 그리고 노예제도와 같은 잔인한 제도들에 대해 점철된 세계에 대해 살만한 가치가 있는 세계로서 변용(變容)하는 방법을 찾았다. 그러나 이러한 방법 가운데서 대지와 육체를 경멸하면서 인간을 허약하고 병들게 한다. 즉, 대지와 육체는 긍정하면서 인간을 강하고 건강하게 만든다. 니체는 대지와 육체를 경멸하게 하면서 인간을 허약하고 병들게 하는 방식을 기독교라 지칭한다.[55] 니체에 따르면, 인간을 병약하게 만들면서 염세주의를 극복하는 염세주의와는 다르게 그리스 비극은 이 현실세계의 욕망과 본능을 긍정하고 신성한 것으로 변용시키면서 인생의 고통과 염세주의를 극복해 냈다. 들뢰즈에 따르면, 니체에게서 고대 그리스인이 이렇게 현실세계를 긍정하면서 염세주의를 극복한 방식에는 세 가지 측면이다. 첫 번째가 아폴론적인 예술이고, 두 번째가 디오니소스적 예술이며, 세 번째가 아폴론적 예술과 디오니소스적 예술을 결합한 비극예술이다.[56]

---

[55] 들뢰즈의 니체해석에서 기독교는 현실세계를 천상세계로 가는 교량에 불과하다. 인간들은 지상에서의 모든 쾌락과 욕망을 멀리하여 천상에서 지복을 맛볼 수 있다. 기독교의 예술이나 학문은 현실세계와 인간의 감각적인 삶을 경멸하는 데 몰두한다. 기독교는 감각적인 충동 때문에 흔들릴 수밖에 없는 인간에게 죄인이라는 의식을 각인시키는 데 여념이 없다. 기독교는 삶의 고난과 무상함에 지친 인간들에게 천상이라는 신기루를 보여줌으로 삶을 견뎌내지만, 인간은 가공의 신과 천국에 의존하면서 자신의 감각적인 욕구와 본능을 억압하는 허약하고 병적인 인간이 된다.(박찬국,『들뢰즈의 니체와 철학 읽기』, 세창미디어, 2012, 54쪽.)

[56] G. Deleuze,『들뢰즈의 니체』, 박찬국 옮김, 철학과현실사, 2007, 65쪽.

들뢰즈는 니체의 비극을 모든 대립 간의 화해로 이해한다. 다시 말해 니체에게서 세계의 균형은 디오니소스에 의해서 지배되는 불안정한 화해이다. 들뢰즈에 따르면 니체는 현실세계를 긍정하면서 그것을 아름다운 것으로 변용하는 최고의 방식을 고대 그리스의 비극에서 보았다. 니체에게서 비극은 디오니소스적인 음악에 의해 표현되는 세계의지의 슬픔을 비극의 주인공이 겪는 운명을 통해 형상화된다. 그러한 아폴론적인 형상을 관조하게 함으로써 관객들로 하여금 쾌감을 느끼게 한다. 니체의 『비극의 탄생』에서 디오니소스적인 것이 음악이라면, 아폴론적인 것은 배우들의 연기와 대사를 통해 표현하는 서사적 이야기다. 니체는 들뢰즈의 해석에서 세계의지의 최고현상인 비극의 주인공이 파멸되는 과정을 목격한다. 우리가 쾌감을 느끼는 것은 단지 현상일 뿐이며 주인공이 파멸로 인해 의지의 영원한 생명이 손상되지 않는다. 음악은 의지의 생명을 직접 표현하며 이러한 영원한 생명으로 개체성이 몰락하는 것을 찬양한다. 니체는 디오니소스적 음악이야말로 개별화의 원리 배후에 있는 세계의지의 표현이라 말한다.[57] 들뢰즈의 니체해석에서 디오니소스적 음악은 모든 현상의 피안에 존재하며 어떠한 파멸에도 굴하지 않는 영원한 생명을 표현한다. 따라서 사람들이 비극을 보면서 경험하는 개체의 파멸을 통해 느끼는 기쁨은 비로소 음악의 정신으로부터 이해된다. 이때 음악은 인간 개체의 고통을 극복하는 역할을 한다. 따라서 들뢰즈의 니체해석에서 고대 그리스 비극은 아폴론적인 서사적 줄거리와 디오니소스적 지혜를 통해 아폴론적 예술수단을 형상화했다. 왜냐하면 디오니소스적 지혜란 모든 개체성의 근원이면서 영원한 근원적인 세계의지이기 때문이다.[58] 니체의 비극적 신화는 현상의 세계를 극한에 이르기까지 끌고 갔다.

---

57 G. Deleuze, *Nietzsche and Philosophy*, p.11.

그리고 들뢰즈가 보기에 이러한 극한에서 현상세계는 자기 자신을 부정하면서 참되고 유일한 실재의 품안으로 다시 되돌아간다. 따라서 들뢰즈의 니체해석에서 비극의 본질은 가상이나 아름다움과 같은 아폴론적 범주에 의해 단순히 이해될 수 있는 것이 아니었다.

들뢰즈는 『비극의 탄생』에서 니체가 칸트, 쇼펜하우어, 바그너를 언급하고 있듯이, 모순을 재생산하는 변증법의 원리를 발견할 수 있다고 보았다.[59] 그리고 들뢰즈는 변증법의 원리 안에서 니체가 초개인적인 세계의지를 발견했다고 말한다. 그러나 들뢰즈는 『비극의 탄생』에서 니체가 쇼펜하우어와 바그너의 영향에서 크게 벗어나지 못했다고 보았다. 니체에게서 디오니소스는 처음부터 긍정적인 것과 긍정하는 신으로 묘사된다. 디오니소스는 더욱 높고 초개인적인 기쁨 속에서 고통을 해소하는 것에 만족하지 않고, 고통을 긍정함으로써 고통을 어떤 사람의 기쁨으로 변화시키는 역할을 한다.[60] 들뢰즈의 니체해석에 따르면, 디오니소스는 다수성을 통일적인 존재 안으로 해소하거나 재흡수하기보다는 다수의 긍정으로 변화시킨다. 따라서 들뢰즈의 니체해석에서 디오니소스는 성장의 고통과 삶을 긍정하는 신이다. 결국 니체의 디오니소스는 삶을 정당화하거나 구제하는 신이 아니라 삶을 그 자체로 긍정하는 신인 것이다.

---

58 G. Deleuze, *Nietzsche and Philosophy*, p.6.
59 위의 책, 12쪽.
60 위의 책, 13쪽.

제7장 니체와 그리스적 삶: 슬로터다이크와 트랜스휴먼

트랜스휴먼의 탄생

현대 인문학의 고민거리 중 하나는 살아있는 생명을 복제하는 생명공학 및 유전공학의 시대에 과연 우리가 어떻게 살아가야 할 것인가의 물음이다. 이러한 21세기의 새로운 생명공학의 도래는 이미 전통적으로 인문학이 표방해 왔던 휴머니즘의 위기를 초래하는 동시에 위기의 돌파구를 새롭게 마련했다. 이런 시대적 흐름의 중심부에는 지나간 휴머니즘에 대해 종언을 고(告)하고, '새로운 인간'의 탄생을 예고하는 포스트휴머니즘이 그 역할을 대신하고 있다. 지난 휴머니즘이 인간다움에 대한 철학적 성찰을 한 세대에서 다음 세대로 연결하는 문자와 긴밀히 결합하여 있다면, 우리가 살고 있는 포스트휴머니즘,[1] 혹은 트랜스휴머니즘[2]의 등장은

---

[1] 포스트휴머니즘이란 용어는 생물학적인 인간의 연약함과 유연성을 극복한 인간형을 뜻한다. 즉, 포스트휴머니즘은 인간을 포함한 생명체의 유한성, 유일한 신체 그리고 고귀한 정신이라는 근대적 휴머니즘의 가치가 파괴된 새로운 인간형이다.(슈테판 헤어브레이터, 『포스트휴머니즘 -인간 이후의-인간에 관한- 문화철학적 담론』, 김연순·김용준 옮김, 성균관대학교 출판부, 2012 참조.)
[2] 트랜스휴머니즘은 첨단기술의 발전이 미래 어느 시점에 특이점(singularity)에 도달하

탈문자화를 알리고 있다.

새로운 최첨단 과학기술 문명의 발달로 인해 21세기에도 인간의 몸에 대한 담론은 지속되고 있다. 왜냐하면 "정보혁명의 시대는 사이버스페이스의 등장, 가상인물인 사이버스타의 출현, 인간과 기계를 합친 사이보그의 출현, 그리고 인공지능 컴퓨터의 등장으로 인해 인간 몸의 위상이 흔들리고 있으므로 몸의 담론을 재조명하고자 한다. 특히 사이보그가 철학 주제로 진지하게 고려하게 된 것은 확장된 마음(extended mind)이라는 인간 본성에 대한 입장 때문이다. 21세기 들어 인지는 우리의 뇌를 벗어나 우리를 둘러싸고 있는 환경과 인공물, 인공체계 등에 적용하여 "분산된 인지(distributed cognition), 분산된 지(knowledge)"[3], 확장된 인지(extended cognition)로 정의(定義)를 내린 바 있다. 무엇보다 인지의 개념은 "한 개인이 사고(思考)하는 한 부분"이라는 상식적인 의미가 아니라 두뇌-환경을 연결하는 지식을 응용하는 과정이며 내용 전체를 포괄하는 의미가 있다.[4] 따라서 인지는 마음의 연구를 수행하는 데 있어서 크게 네 가지 특징으로 접근해 왔다.

첫째, 인지연구는 개별적인 노력으로는 불가능할 뿐만 아니라 학문 간 연구로부터 결실이 크게 기대된다. 둘째, 인지연구는 마음의 기능 등에서 인지에 주된 관심을 두고 있지만, 정서의 역할이나 사회적 및 역사적 요

여 성공적으로 융합되면, 인간을 이러한 융합기술로 개조하여 생물학적 한계를 극복할 수 있다는 관점이다. 여기서 특이점은 인간을 초월하는 기계가 출현하는 시점을 가리킨다.(예컨대 생명공학기술, 신경공학, 정보기술, 인지공학) 인간의 생물학적 신체는 도태되고 첨단기술에 의해 능력을 완전하게 증강하여 인간 이후의 존재로서 출현할 것이라는 예측이다.

[3] 분산된 인지에 대한 자세한 내용은 다음을 참조: 이영의, 「분산된 인지와 마음」, 『철학연구』 제36집, 고려대학교 철학연구소, 2008, 3-30쪽.

[4] 이정모, 『인지과학 -학문간 융합의 원리와 응용』, 성균관대학교출판부, 2009, 39쪽.

인이 마음에 미치는 영향에 대해서도 소홀할 수 없다. 셋째, 인지연구는 인공지능(컴퓨터)를 반드시 연구의 중심으로 생각하지는 않지만, 마음의 이해를 위해서는 필수적이라 사료된다. 기호를 조작하는 컴퓨터가 마음 기호체계로 생각하는 인지과학의 모델로 적합하다. 넷째, 인지연구는 서로 다른 분야임에도 불구하고 아주 중요한 기본전제를 공유한다. 인간의 인지활동은 반드시 기호와 같은 정신적 표상에 의해 기술되어야 하기 때문이다.[5]

마음의 신비를 탐구하는 것은 그다지 새로운 것이 아니다. 일상적으로 인간의 정신작용은 머리(두뇌나 중추신경계) 안에서 일어나는 과정이라 생각한다. 즉, 우리의 정신은 부분적으로 두뇌 바깥의 육체나 육체의 활동, 더 나아가 육체 바깥의 도구에 의해 구성된다. 예컨대 호주출신의 철학자 데이비스 찰머스(David Charlmers)는 "아이폰은 이미 나의 마음의 일부 "라고 선언한 바 있다. 스마트폰은 우리가 그 이전에 머리로 기억하던 전화번호나 주소 등을 기억한다. 즉, 스마트 폰이 우리의 생물학적 두뇌의 일부를 대체한 것이다. 이와 같이 몸(Body)과 기술(Technology)처럼 서로 다른 것도 없다. 몸은 살아있는 유기체이며, 기술은 그렇지 못하다. 몸은 자연적인 진화의 결과이며 지금 이 순간에도 변화하고 있지만, 기술은 인간의 발명 산물이며 인간 없이는 한 발짝도 앞으로 나아갈 수 없다. 이제 기술은 단지 도구가 아니라 인간의 정신 및 몸의 확장이며 이러한 생명-기술의 융합은 근본적으로 인간을 인간답게 만들어주는 인간적 본성을 반영하고 있다.[6] 따라서 사이보그 및 인공지능의 출현으로 인해 인간은 드디어 귀찮은 몸을 벗어 던지고 순수사고의 존재로만 살 수 있게

---

5 이인식, 『지식의 대혁명』, 고즈윈, 2008.
6 신상규, 「사이보그와 매트릭스」, 이인식 외, 『인문학자, 과학기술을 탐하다』, 고즈윈, 2012, 112-3쪽.

된다는 트랜스휴먼의 시대가 급격히 부상하고 있다. 향후 컴퓨터가 인공신경과 생체칩의 형태로 실용화되고, 그것이 인간의 육체 안에 이식된다면, 컴퓨터는 더는 인간과 인터페이스 관계에 있는 인간의 낯선 타자가 아니다. 향후 미래의 컴퓨터는 인식 과정을 통해 인간의 몸과 하나가 되어 인간 내부에 더욱 침투할 것이라 예상한다. 그렇게 된다면 지능적인 컴퓨터가 오히려 인간을 그 컴퓨터의 일부로 흡수하면서, 인간을 포스트휴먼으로 변신시키는 결과를 낳을 수도 있다. 트랜스휴먼은 미래의 기술이 현실화될 실질적 가능성, 즉 특이점의 도래와 슈퍼지능의 출현 가능성 등을 이론적으로 진단한다. 과학기술학자들은 기술에 의한 인간 향상의 가능성을 긍정하면서 포스트휴먼의 입장을 대변하고자 한다.

케빈 워릭(Kevin Warwick)은 『나는 왜 사이보그가 되었는가?』라는 저서에서 다음과 같이 말한다. "나는 인간으로 태어났다. 특정한 시간과 공간을 따라 영향을 미치는 운명에서 결코 자유롭지 못하다. 운명은 나를 인간으로 만들었지만, 무언가 변화를 시도할 수 있는 능력을 주었다. 기술의 힘을 빌려 나 자신을 변화시킬 수 있는 능력, 인간을 업그레이드할 수 있는 능력"[7]을 갖고 있다고 워릭은 선언한다. 이를테면 그는 과학기술을 이용해 인간의 자연적 본성을 바꾸고 그 한계를 뛰어넘는 것이 가능할 뿐만 아니라 그것이 바람직하다고 생각한다. 트랜스휴먼은 현재 인간과 포스트휴먼사이의 중간 형태를 가리키는 과도기의 인간을 나타내는 말로써 그 스스로 트랜스휴머니스트이기도 한 표현이다.[8] 따라서 21세기는 전자 제어술, 생명공학, 극소전자기술, 가상현실기술(virtual reality), 하이퍼텍스트(hypertext), 멀티미디어, 영상·전자매체의 기술, 사이보그 등 과학기

---

[7] 케빈 워릭, 『나는 왜 사이보그가 되었는가』, 정은영 옮김, 김영사, 2004, 19쪽.
[8] 신상규, 『호모사피엔스의 미래 -포스트휴먼과 트랜스 휴머니즘』, 아카넷, 2014, 106-7쪽.

페터 슬로터다이크

술의 급속한 발달로 인해 등장한 새로운 기술과 매체들이 인간의 삶에 점점 많은 영향을 미치고 있다.

슬로터다이크(Peter Sloterdijk, 1947-)에 따르면, "니체의 전복사상, 동일한 것의 영원 회귀(우주론적으로 근거 없지만, 문화 형태론적으로 유사한) 사상은 인공두뇌적(사이버네틱) 주제들의 재등장을 의미한다."9 이러한 주제들은 로마황제시대이후로 최후에 그리고 르네상스 시기에도 어느 정도 의식적인 삶을 전개해 왔다. 우리가 모든 일에 대처할 각오가 되어 있다는 사실은 불사신처럼 영리하게 만들어 역사 대신 삶, 실존적 축, 가정의 사회화, 정치에 대한 아이러니, 기획들에 대해 불신하고 있다는 것을 뜻한다. 이런 관점에서 슬로터다이크에 있어서 인간의 죽음 뒤의 삶을 믿지 않는 새로운 이교도적인 문화는 죽음 이전의 삶을 찾아야 한다.10 윌리엄 깁슨(W. Gibson)은 사이버스페이스(Cyberspace)라는 용어를 처음으로 사용하면서 『뉴로맨서(Neurmancer)』라는 공상과학소설에서 인간과 컴퓨터의 인터페이스가 고도로 발달하는 방식으로 인간의 몸이 진화해서 만들어진 인간+기계의 새로운 모습을 묘사한다. 크리스 헤이볼즈 그

---

9 P. Sloterdijik, *Kritik der zynischen Vernunft*, Bd. 1. Suhrkamp: Frankfurt a. M., 1983, p.10.(페터 슬로터다이크, 『냉소적 이성 비판』, 이진우·박미애 옮김, 에코리브르, 2005, 20쪽.)
10 위의 책, p.20.

레이는 『사이보그 시민(Cyborg Citizen) -포스트휴먼시대의 정치』(2001)에서 정보기술과 생명공학 기술의 발달로 인류가 사이보그로 개조하는 과정을 보여 주었다. 여기서 그는 진화론적 맥락에서 인간이 다른 종에 의해 승계되는 포스트휴먼의 주역으로 사이보그를 제시한다.

역사의 종말로 유명한 프랜시스 후쿠야마(Francis Fukuyama, 1952-)가 『우리의 포스트휴먼(Our posthuman Future)』에서 생명공학의 발달로 인해 인류의 포스트휴먼단계가 시작될 것이라 암시한 바 있다.[11] 인간의 사회적 인지 및 행동의 기초가 되는 생물학적 메커니즘은 뇌 연구와 인문학의 융합에서 나타난다. 최근 사회심리학과 신경과학이 융합하여 출연한 학제간 연구, 즉 인간의 사회생활과 뇌 구조의 관계를 연구하는 인문학과의 주제는 도덕적 행동, 모방심리, 정치성향 등 점차 그 범위를 확대해 나가고 있다. 이러한 학제적 연구의 보고서에는 ①나노공학과 나노기술, ②바이오기술과 바이오의학 및 유전공학, ③정보·컴퓨터공학 및 미디어이론과 기술, ④인지신경과학 및 인지과학기술 등의 내용을 담고 있다.

이 보고서는 이른바 최근에 회자되고 있는 트랜스휴머니즘(transhumanism)과 첨단기술의 발전이 미래에 어떤 약속을 하고 있는가에 대한 논의를 증폭시키는 계기를 제공하였다.[12] 트랜스휴머니즘은 샹귤래리티 대학(Singularity university) 총장의 레이 커즈와일(Ray Kurzweil), 나노물리학의 개척자인 킴 에릭 드렉슬러(Kim Eric Drexler), 옥스퍼드 대학의 철학자 닉 보스트롬(Nick Bostrom) 등에 의해 주도해 오고 있다. 이른바 트랜스휴머니즘은 첨단기술의 발전이 미래 어느 시점에 특이점(singularity)에 도달하여 성공적으로 융합되면, 인간을 이러한 융합기술로 개조하여 생물학적 한계를 극복할

---

[11] 프랜시스 후쿠야마, 『Human Future』, 송정화 옮김, 한국경제신문, 2003.
[12] Convergent Technologies Improve Human Performance, edited by Mihail C. R. C., William Sims Bainbridge, 2002.

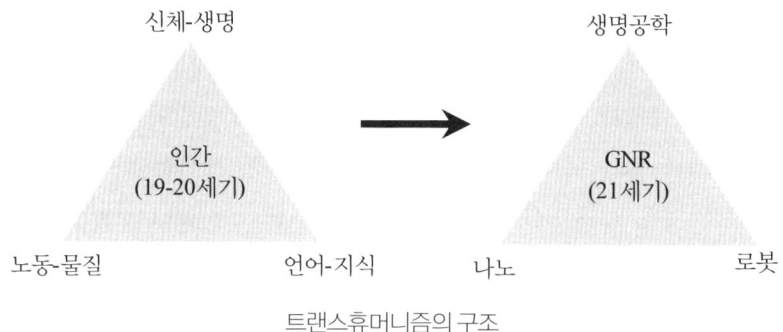

트랜스휴머니즘의 구조

수 있다는 관점이다. 다시 말해 인간의 생물학적 신체는 도태되고 첨단기술에 의해 능력을 완전하게 증강하여 인간 이후의 존재로서 출현할 것이라는 예측이다.13

GNR, 곧 유전공학(G), 나노기술(N), 로봇공학(R)은 각각 지네틱, 나노, 로보틱스와 인공지능을 일컫는다. 인류가 생물학을 초월할 때 가속적으로 발전하던 과학이 폭발적 성장의 단계로 도약함으로써 완전히 새로운 문명을 낳는 시점을 특이점의 도래라 일컫는다. 여기서 특이점은 "특별히 다른 점(singular point)"을 의미하지만, 과학기술분야에서는 다른 내용을 뜻한다. 컴퓨터기술에서 특이점은 기계가 매우 영리해져서 지구에서 인류 대신 주인 노릇을 하는 미래의 어느 시점을 가리킨다. 미국의 수학자이자 과학소설작가인 버너 빈지(Vernor Vinge, 1944-)는 「다가오는 기술적 특이점-포스트휴먼(posthuman) 시대에 살아남는 방법」이라는 논문을 발표하고 인간을 초월하는 기계가 출현하는 시점을 특이점이라 명명한다. 빈지는 생명공학기술, 신경공학, 정보기술, 인지공학의 발달로 인해 2030년 이전에 특이점을 지니게 되리라 전망한다. 그러면 특이점은 언제 나타날

---

13 이종관, 『공간의 현상학, 풍경 그리고 건축』, 성균관대학교 출판부, 2011, 25쪽.

것이며, 그때 인류의 운명은 어떻게 될 것인가?

미국의 컴퓨터 이론가인 레이 커즈와일(Ray Kurzweil, 1948-)은 『특이점이 다가오고 있다(The Singularity is Near)』(2005)[14]라는 저서에서 2030년 전후에 지능 면에서 기계와 인간 사이의 구별이 곧 사라질 것이라 전망한다. 즉, 인류문명은 곧 생물학을 넘어서는 순간을 맞이하게 될 것이며, 특이점 혁명이 가까운 시기에 도래할 것이라 예측한다. 이러한 전망의 근거는 인간의 두뇌에 대한 분석이 2030년이면 끝날 것이라 예상되기 때문이다. 향후 2030년 이후가 되면 기술 변화의 속도가 점점 빨라져서 그 변화 곡선이 수직에 근접하는 시점이 오면 짧은 시간에 삶의 모습이 근본적인 변화를 겪게 되는데 이때가 특이점의 시기이다. 그 시기는 마치 하등동물에서 인간이 출현한 것에 비교될 만한 역사의 변곡점으로, 인간은 지금과는 전혀 다른 형태의 삶을 살게 될 것이라는 진단이다. 따라서 우리가 세상을 이해하는 다양한 개념적 범주나 가치의 기준이 무의미하게 되는 지점이다. 이렇게 레이 커즈와일의 주장은 이미 과학계에서 큰 쟁점이 되고 있다. 이러한 특이점의 개념은 철학자 들뢰즈가 『차이와 반복』(2004)[15]에서 니체, 스피노자, 키에르케고르, 문학, 예술 등의 인문학자들을 비교 검토하는 관점에서도 핵심개념으로 제시되고 있다. 이러한 거시적인 사고의 틀에서 볼 때 그러한 특이점은 인문학의 새로운 정립을 요구한다.

슬로터다이크는 『냉소적 이성 비판』(1983), 『인간농장을 위한 규칙』(1999)의 저서에서 자본주의시대의 '최후의 인간'을 넘어서 역사 이후의 '포스트휴먼(post-human)'을 유전공학과 견유주의의 연대를 통해 새로운 자

---

14 레이 커즈와일, 『특이점이 온다』, 김명남·장시형 옮김, 김영사, 2007.
15 질 들뢰즈, 『차이와 반복』, 김상환 옮김, 민음사, 2004.

본주의를 창조하고자 한다. 그는 "삶을 긍정한 디오게네스와 니체의 냉소적 이성비판의 전통이 휴머니즘과 계몽주의를 만나면서 삶 자체에 대한 냉소적 태도를 낳았다."[16]라고 비판한다.

무엇보다 그는 삶의 건강성을 되찾을 것을 주창한다. 슬로터다이크는 "휴머니즘은 이제 끝났다"는 하이데거의 명제를 적용[17]하여 휴머니즘의 포기를 선언한다. 즉, "야만성으로부터 탈출해 온 휴머니즘은 계몽주의 이후로 지금까지 자신의 본래적 의미를 상실해 왔다. 특히 도덕이나 덕이라는 상징적 기호의 확대는 세계화된 정치경제구조 안에서 더 이상 기존의 문화적 매체 안에서 불가능해 졌으며, 오히려 그 매체들이 자제력을 상실함으로써 인간의 야만성을 확대해 왔다."[18] 그러므로 이제까지 휴머니즘의 기능은 근본적으로 인간의 야만성을 잠재우고 길들여 왔다. 여기서 슬로터다이크는 모든 휴머니즘 문화에 대한 니체의 의혹에서 인류의 길들이기 비밀을 들추어내야 한다고 강력하게 요구한다.[19] 따라서 슬로터다이크는 인간을 유전학적으로 선별하고 사육할 수 있도록 만든 생명공학에 대해 포스트휴머니즘의 도래를 함축하고 있다고 보았다. 우리는 위의 두 저서를 통해 슬로터다이크가 니체를 중심으로 설정한 니체의

---

16 첫째, 새로운 인간성을 결정하는 유전자가 있다는 것은 잘못된 환상인가? 둘째, 유전자 조작이 반드시 인간 존엄성의 훼손을 의미하는가? 셋째, 인간의 유전자 의존도는 얼마나 큰 것인가? 넷째, 도덕성 함양을 위해 왜 인간은 유전자 조작이 아닌 교육에만 매달려야 하는가? 다섯째, 인간은 왜 불완전한 자연생식을 통해서만 출현해야 하는가? 등의 물음들이 제기된다.

17 M. Heidegger, *Über den Humanismus*, Klostermann: Frankfurt, a.M. 1949.

18 P. Sloterdijk, *Regeln für den Menschenpark: Ein Antwortschreriben zu Heideggers Brief über den Humanismus*, Frankfurt. a. M., 1999, p.19.(한국어판: 페터 슬로터다이크,『인간농장을 위한 규칙』, 이진우·박미애 옮김, 한길사, 2004.)

19 페터 슬로터다이크,『인간농장을 위한 규칙』, 이진우·박미애 옮김, 한길사, 2004, 68쪽.

계몽을 살펴보고, 슬로터다이크의 비판적 계몽작업의 재구성, 그리고 더욱 광범위한 영역에서 향후 트랜스휴머니즘의 전망을 고찰해 보자.

니체의 새로운 계몽: 고대 그리스적 삶

포스트휴머니즘론은 니체의 『도덕의 계보학』(1887)에서 언급한 도덕의 질문에 대한 반작용에 의해 나타난다. 인간 자신은 증오를 받으면서도 이상화되는 도덕과 마찬가지의 결과물을 만들어 낸다. 인간자신은 징후, 가면, 위선, 질병, 착각이면서도 근원, 치료제, 흥분제, 억제, 독이다.[20] 니체와 그를 뒤따르는 반휴머니즘적 사고는 계몽주의 사유의 유산에서 비롯됐다. 이들이 표방하는 의심의 해석학은 인간을 새롭게 함과 더불어 인간을 스스로 자책하는 미성년의 상태에서 해방시키는 것을 목적으로 한다.[21] 니체의 예언자적이고 인간 이후의 인간은 다음과 같은 문구에서 드러난다.

> "미래의 인간, 즉 우리를 모든 이상으로부터 구제하는 이 인간은 자기 자신에 대적하며, 역겨움, 무에 대한 의지, 허무주의, 정오의 시계 종소리, 위대한 결정, 의지를 다시 자유롭게 하는 인간이다. 지상에서 본인의 목표와 인간에게 희망을 돌려주는 이 반그리스도주의자와 반허무주의자, 신과 허무를 극복하는 인간, 언젠가 그는 오고야 말 것이다."[22]

위 인용문에서 보듯이, 니체는 인간 자체를 탈인간적, 의지에서 자유로

---

20 F. Nietzsche, KSA Ⅵ. 2, 265쪽.
21 슈테판 헤어브레이터, 『포스트휴머니즘 -인간 이후의-인간에 관한- 문화철학적 담론』, 김연순·김용준 옮김, 성균관대학교 출판부, 2002, 52쪽.
22 F. Nietzsche, KSA Ⅵ. 2, 352쪽.

운 인간을 설명한다. 인간이라는 존재는 아직 도달하지 못했으며, 어쩔 수 없이 포스트휴머니즘과 동행하면서 안내한다. 무엇인가를 규정해야 한다는 것은 무엇인가를 요구함과 동시에 단절하는 것을 의미한다. 니체의 포스트휴머니즘론적 사유는 기존의 계몽을 비판하는 작업에서부터 시작한다.

니체의 관점에서 "옛 계몽은 민주주의적 무리라는 의미에서 계몽이었고, 무차별한 평등화였다."[23] 무엇보다 니체는 인간성의 평등개념이 인간 사이의 동등한 개념으로 굳어지면서 인간의 성장을 고양하기보다는 오히려 퇴화시키는 데카당스의 형식을 강요하고 있다고 보았다. 니체는 계몽이라는 이름으로 시대의 공인화된 형태로서 이성을 집행하고 있기 때문에 고귀한 영혼을 가진 인간들의 저항은 다수와의 싸움에서 실패했다는 것이다. 아도르노와 호르크하이머는 따르면, "니체는 헤겔이후 계몽의 변증법을 인식한 몇 안 되는 철학자 중의 하나다. 그 지배에 대한 이중적 관계를 형식화시켰다"[24]라고 파악했다. 니체는 한편으로 계몽은 민족의 내부로 들어간다고 보았다. 거기서 모든 성직자는 속이 검은 족속임을 밝혀내고, 국가의 상황을 폭로한다. 즉, 계몽의 과제는 군주나 정치가의 모든 행동이 의도적으로 거짓말한 것을 들추어낸다. 다른 한편으로 계몽은 과거에도 훌륭한 통치기술이었다. 예컨대 계몽은 중국의 유교, 로마제국, 나폴레옹 그리고 세속과 권력에 관심을 보이는 교황권에서도 찾아볼 수 있다. 인간을 통치하기 위해 왜소한 인간으로 만든 계몽은 진보라는 이름의 명목으로 추구됐다. 이와 같은 계몽의 이중성은 역사의 근본원리였으며 진보적인 사유형태로 지금껏 진행됐다.[25] 니체는 자신의 주장

---

[23] 니체, 『유고』(니체전집 17), 정동호 옮김, 책세상, 2004, 393쪽.
[24] M. Horkheimer & Th. W. Adorno, *Dialektik der Aufklärung*, Frankfurt. a. M., 1999, p.50.

을 실현하는 동시에 부정한다. 그리고 그는 삶에 적대시하였던 관점을 노출했다.[26] 이러한 니체의 이중적 입장을 하버마스는 상당히 시사적이었음을 내비친다.[27]

니체는 근대의 전제적인 권력들에 대해 계몽주의의 유럽의 문화가 떠안고 가야 할 명암을 예측하고 있었다. 그는 '개인'은 사라져 가고 있으며 '무리-존재들'이 인간의 가치를 결정하게 되었던 계몽의 비극에 대해 주목한다. 즉, 니체는 '반시대성'이라는 시대의 변화하는 관점에서 온몸으로 저항한다. 니체의 '새로운 계몽'은 옛 계몽과 대비되는 개념으로서 지배적 인간에게 방향을 설정하고자 했다. 이러한 계몽 방향은 "참과 거짓"이나 "선과 악"과의 관계에서의 계몽, 인간의 자기-극복(인간의 사육) 과정, 가장 힘 있는 인간의 손에 쥐어진 망치를 갖고 영원회귀에 대한 가르침을 설정하고자 했다.[28] 니체가 보기에 새로운 계몽은 근본적으로 세계관의 변혁을 꿈꾸는 데 있었다. 단지 새로운 계몽은 옛 계몽과의 대립이나 보존으로서가 아니라 "힘에의 의지(Die Wille zur Macht)"를 통해 새로운 가치정립의 시도로서 의미를 창조하는 것이다. 힘에의 의지는 운동과 변화를 통해 "더 많은 힘을 추구하는 의지들의 관계"에 의해 구성된다. 힘에의 의지는 자존적이지 않기 때문에 단수가 아니라 복수다. 힘에의 의지에 관계하는 세계는 지속적인 변화와 생성 중에 있다. 따라서 힘에의 의지는 한순간도 동일성을 유지할 수 없으며 다수로 존재하는 힘에의

---

[25] M. Horkheimer & Th. W. Adorno, 앞의 책, p.51. 니체의 계몽에 대한 자세한 내용은 다음을 참조: 양해림, 「니체와 노자의 생태학적 자연관」, 『에코·바이오테크시대의 책임윤리 -과학기술의 진보와 이성-』, 철학과현실사, 2005, 85-120쪽.
[26] M. Horkheimer & Th. W. Adorno, 위의 책, p.122.
[27] 양해림, 「과학기술시대의 오디세우스-호르크하이머와 아도르노의 계몽의 변증법을 중심으로」, 『디오니소스와 오디세우스의 변증법』, 철학과현실사, 2000, 215-39쪽.
[28] 니체, 『유고』(니체전집 17), 393쪽.

의지의 관계-세계일 뿐이다.29

니체의 새로운 계몽은 영원회귀의 가르침, 즉 소크라테스, 플라톤, 그리스도교, 계몽주의가 와해시켰던 권위와 전통의 '차이'를 존중할 줄 인식하고 선입견의 복권을 통해 건강한 개인과 사회를 복원시키고자 한다. 네하마스(Nehamas)는 니체의 영원회귀를 다음과 같이 말한다. "내가 행했던 모든 것들, 그리고 그것을 가능하게 한 모든 것들을 결합해서 전체가 무너지지 않는 한 그 어떤 것 하나라도 제거되지 못할 정도로 완벽하게 통일된 하나를 만드는 것이다. 니체에게 있어서 존재란 다른 것이 되기를 원하지 않는 것이다."30 이처럼 니체의 영원회귀 가르침은 어떠한 우연을 원하지 않고 자신의 삶이 있는 그대로 영원히 반복되기를 꿈꾸는 것이다. 즉, "우리(영원회귀의 가르침을 따르는 사람들)는 영원성의 초상을 우리의 삶 위에다 새겨 넣는다! 이 생각에는 우리의 삶을 피상적인 것으로 경멸하고 하나의 모호한 다른 삶으로 눈을 돌리도록 가르치는 다른 모든 종교보다 더 많은 것을 담고 있다."31 이와 같이 니체의 영원회귀는 영원성으로부터 삶을 소급하고 있는 것이 아니라 삶으로부터 영원성을 스스로의 '힘에의 의지'에 의해 창조하는 것이다. 영원회귀는 무리적 인간으로서 현실이 가져다주는 삶의 우연한 요소에 기대어 자신을 규정하기보다는 오히려 다른 어떤 것도 원하지 않는 자신의 주인 되기와 같은 선택을 통해 현실을 정립한다. 여기서 삶의 목표는 "고등 사기꾼"과 같은 종교의 이상주의에서 나오는 것이 아니라 현실을 긍정하고 선택적으로 생

---

29 백승영, 「포스트모던적 계몽의 두 가지 길: 리오타르와 니체」, 『니체연구』 제13집, 한국니체학회, 2008, 111쪽.
30 A. Nehamas, *Nietzsche: Life as Literature*, Harvard University Press, Cambridge, Massachusetts: London 1985, p.191; F. Nietzsche, KSA 9, 503쪽.
31 KSA 13, 491쪽.

성된 "운명애(amor fati)"와 같은 자유정신에서 발생한다. 즉, 니체의 관점에서 운명애는 자연의 필연성에 대한 인식이며, 카오스처럼 떠도는 우연 중에서 창조와 자유정신에 의해 선택된 필연적인 변화에 의해 긍정하는 존재다. 니체는 차라투스트라의 『유고』에서는 운명론을 다음과 같이 말한다. "차라투스트라 2. 최고의 운명론(Fatalismus). 그러나 우연 및 창조적인 것과 동일한 운명론(사물 안에서 이미 존재하는 세계질서가 아니라! 창조되는 세계질서)"이다. 따라서 니체의 운명애는 힘에의 의지와 영원 회귀의 통일적 연관성에서 나온다. 즉, 운명애는 디오니소스적 긍정이며 디오니소스적 현존재를 대할 때 등장한다.

> "내가 사랑하는 것처럼 그러한 실험–철학은 실험적으로 근본적인 허무주의의 가능성을 스스로 선취한다. 물론 그렇다고 하여 그 철학이 하나의 부정, 하나의 부정에의 의지에 머물러 있는 것이 아니다. 오히려 그 철학은 그 역의 것을 통과하여 (공제, 제외, 선택 없이 존재하는 그대로의 세계에 대한 디오니소스적 긍정으로까지 도달하기를 원한다.) 그 철학은 영원한 순환을 원한다– 동일한 매듭의 동일한 논리와 비논리를 원한다. 한 철학자가 도달할 수 있는 최고의 경지이다: 디오니소스적으로 현존재를 대하는 것 –이를 위한 하나의 표현형식은 운명애이다."[32]

위 인용문에서 보듯이, 운명애는 한 철학자가 도달할 수 있는 디오니소스적인 현존재를 접대하는 것에 대한 표현형식이다. 운명애는 삶에 중심을 두고 살아가는 인간들의 세계이며 '생성'의 연속인 것이다. 우리에게 변하지 않는 '존재'란 없다. 모든 것이 끊임없이 변화하는 가운데 생성과

---

32 KSA 13, 492쪽.

소멸을 반복한다. 니체는 "사건 자체란 전혀 존재하지 않는다."[33]는 해석자의 관점에 따라 새로움을 다시 배열하고자 한다. 그렇게 할 때 자신이 자유롭다는 것을 인식하게 된다. 자기 자신마저도 '목적'이 아니라 '수단'으로서 자신을 더 높은 인간의 봉사자이고자 하며, 기꺼이 생성되는 자로서 의미 있는 실험의 대상이 되고자 한다. 그러한 까닭에 그는 자신의 의지에 의해서 이루어지지 않는 그 어떤 삶의 조건을 배격한다. 니체는 "상승과 하강 사이의 전쟁", "삶에의 의지와 삶에 대한 격렬한 복수욕 사이의 전쟁"으로서 "민족, 신분, 종족, 직업, 교육, 교양의 모든 불합리한 우연들을 가로지르는 전쟁을 시작"[34]해야 한다고 말한다.

니체의 새로운 계몽은 이미 소크라테스 이전의 고대 그리스인들의 삶 속에서 구현되었다. 소크라테스 이전 시기는 고귀한 인간들에 의해 정신적 귀족주의 가치를 중요하게 여겼다. 그 당시 자신의 지위는 외부적인 우연에 의해서가 아니라 오히려 자신의 주권적인 힘에 따라 성취해 가고자 하는 사회였다. 니체의 입장에서 소크라테스는 이상한 전복(顚覆)에 의해 정의해 왔다. "모든 생산적인 인간에게는 본능이야말로 창조적이며 긍정적이고 창조적인 힘이 된다. 의식은 부정적인 힘인 반면에 소크라테스에게서 본능은 비판적일지언정 의식은 창조적이다."[35] 소크라테스는 퇴락(데카당스)에 대해 최초의 천재이다. 왜냐하면 그는 관념을 대립시키고, 삶을 관념으로 판단하였기 때문에 삶의 관념이 파산되면서 삶에 예속되었다. 소크라테스가 우리에게 요구했던 것은 부정의 무게로 짓눌

---

33 프리드리히 니체, 『유고』(니체전집 19), 이진우 옮김, 책세상, 2005, 44쪽.
34 프리드리히 니체, 『유고』(니체전집 21), 백승영 옮김, 책세상, 2004, 553쪽.
35 GT 13: KSA 1 90쪽; 니체의 본능과 의식에 대한 자세한 논의는 다음을 참조: 정낙림, 「현대는 소크라테스와 더불어 시작되었다: 니체의 소크라테스 비판」, 『철학연구』 제92집, 대한철학회, 2004, 401-3쪽.

린 삶이었다. 그래서 그 삶 자체는 욕망으로 되었고 체험할 만한 가치가 없는 것으로 생각하도록 만들었다. 이처럼 소크라테스는 이론적 인간의 유형이자 시초이며 비극적 인간의 참된 대립자였다.[36]

제2장에서 살펴보았듯이, 니체가 보기에 마부의 자리에 가장 어울리는 사람은 소크라테스였다. 소크라테스는 이론적 인간유형모형이었다. 니체가 이론적 인간을 예술가적 인간과 대비시킨 이유는 염세주의를 비껴간다라는 점에서 공통점을 갖고 있었기 때문이다. 하지만 니체에게서 예술가는 진리의 베일(진리 자체)에 시선을 고정하는 반면에, 이론적 인간은 성공적으로 베일을 벗겨내기 위한 과정에서 기쁨을 얻는다고 보았다. 그래서 니체는 이론적 인간의 활동으로서 학문의 진리를 대상으로 삼을 것을 제안했다. 제2장에서 살펴보았듯이, 전형적으로 니체는 소크라테스의 문화를 오페라문화의 전형이라 간주하고, 알렉산드리아적이며 이론적인 소크라테스의 문화를 오페라 문화라고 불렀다.[37] 이렇게 니체는 소크라테스 문화를 논리적 소크라테스주의, 미학적 소크라테스주의, 이론적 낙관주의자라 지칭하면서 신랄하게 비판한다.

이른바 고귀한 인간들은 개인 사이의 위계질서와 거리두기를 통해 개인의 독자성을 중요시한다. 고귀한 인간들은 주변적인 상황에 기댄 무리형태로서 자신을 복종의 대상으로 전락하기보다는 명령하는 자로서 새로운 가치의 주인이 되고자 한다. 그래서 그들은 '사육(Züchtung)'이라는 위대한 정치의 방법에 의한 모험의 총체적인 시도를 감행한다. 따라서 니체는 위대한 정치의 실현 가능성을 사육정책의 결과에 달린 것으로 보았다. 여기서 우리는 니체가 사육개념을 사용할 때 언제나 '개인', '개

---

[36] KSA 1, 98쪽, 100쪽, 116쪽.
[37] KSA 1, 98쪽, 120쪽.

별자', 혹은 '예외자'38 등과 같은 개념을 함께 사용한다는 점을 주목할 볼 필요가 있다. 니체는 생물학적으로 길듦의 의미를 가진 순화(Zähmung)와 구별되는 개념으로서 사육을 언급한다. 그리고 그는 이러한 구분을 통해 개인의 고유한 '자연성'을 회복하여 힘에의 의지를 극대화할 수 있다고 본다.39 사육은 '경쟁'과 '싸움'을 통해 스스로 '극복인'으로서 이끌어 갈 수 있는 자에 의해 이루어지는 위대한 정치에 대한 자기명령의 구호이다. 사육은 무리 동물의 획일화가 주는 평온을 거부하고 끊임없이 '자기-창조'의 고양에서 승리하고자 한다.

니체의 관점에서 인간의 역사는 온갖 야만적인 방법들을 동원하여 약속을 지킬 수 있는 동물로 길들이고자 했던 사육의 과정이었다. 인간은 자신만의 특성이 있다고 자랑하는 이성, 진지함, 통제, 사려분별 등의 개념을 통해 '약속을 지킬 수 있는 동물'로 만들어 내기 위해 개인들에게 잔인한 형벌을 가했다. 이런 관점에서 니체는 "'모든 좋은 것들'의 근저에는 엄청난 피와 잔혹함이 있었다"40라고 술회한다. 그러면 니체에게 있어서 인간은 구체적으로 어떻게 사육하는 인간으로 길들어 왔는가?

사육하는 인간

니체는 문화의 운동을 관습의 인륜성이라 불렀다. 인륜성은 인간을 사육하는 데 이용되는 목걸이, 고문을 통한 흉포한 수단으로 이용된다. 문화는 사유하는 자의 무의식을 단련시켰고 문화를 규정하는 힘을 능동적으로 만들어 놓고자 한다. 니체는 이러한 훈육이 그리스인의 교육, 즉 "파이

---

38 정낙림, 「니체의 민주주의 비판」, 『철학연구』 제101집, 대한철학회, 2007, 287쪽.
39 정낙림, 위의 논문, 288쪽.
40 박찬국, 『들뢰즈의 니체철학 읽기』, 세창미디어, 2012, 168쪽.

데이아"이다.41 니체는 바젤시민들에게 "우리 교육기관의 미래에 대하여"라는 제목의 강연에서 "오늘날 대학의 자유라는 이름으로 찬양받는 것과 상반되는 것, 곧 순종, 종속, 훈육, 예속과 함께 모든 교육을 시작하고 있다"고 비판한다. 그리고 그는 "위대한 지도자에게 추종자가 필요한 것처럼, 지도받아야 할 사람 또한 지도자가 필요하다"42고 말한다. 이제 우리는 이런 문화에 저항하지 못하는 '낡은 인간'에 얽매여 '작은 사육자'로 살아가는 차원을 넘어 이것을 깨뜨리고 위대한 정치, 위대한 예술, 위대한 사상을 감행하여 '새로운 인간(Übermensch)'을 향해 나아가는 '커다란 사육자'로 거듭나야 한다. '커다란 사육자'의 길은, 단순히 인간개종을 위해 '차라투스트라 기획'을 감행하는 신종 나치스트의 길은 아니다.

슬로터다이크는 니체의 차라투스트라 주장에 기대어 인간 역시도 인간의 사육자였으며, 이로써 휴머니즘의 틀을 떠났다고 말한다. 휴머니즘은 지금까지 단 한 번도 인간을 사육하거나 교육한다는 것을 상상해 본 적도 없었고, 그렇게 해서도 안 된다. 그래서 인간은 이와 같은 사육을 통해 가축들의 경우처럼 친밀성을 터득하는 방법으로 사육의 방향을 결정했다. 물론 인간을 길들인다는 사고는 숙려하지 못한 것이다. 그러므로 사육만으로 인간을 길들인다는 생각은 더는 가능하지 않다. 철학자 막스 모어(Max More)는 "인간은 동물과 위버멘쉬 사이에 놓은 밧줄이요, 심연 위로 걸쳐진 밧줄이다"고 말했던 니체 말을 인용한다. 그래서 그는 "인간이 추구하는 가치들에 맞는 방향으로 기술을 조절하여 초월을 이루게 해야 한다"43라고 주장한다.

---

41 위의 책, 163쪽.
42 프리드리히 니체,『니체선집 3 유고(1870-1873)』, 298쪽.
43 M. More & Ray Kurzweil, "Max More and Kurzweil on the Singularity," February 26, 2002.

슬로터다이크는 인간과 자연, 인간과 동물의 근접성을 주장한 고대의 견유주의와 오늘날 유전공학의 조화를 통해 인간과 동물의 권리가 서로 보호되는 길을 추구한다. 그는 그 동안 인간을 '이성적 동물'로 정의해 온 기존의 휴머니즘적 인간관이 인간의 야생성을 길들이면서 은폐하고 있음을 지적한다.

그동안 하이데거와 같은 철학자들의 휴머니즘은 인간의 행복과 번영이라는 명목에 자행되는 일체의 야만성에 자연스러운 공범자였다. 하이데거는 "만일 휴머니즘이 인간을 길들이는 학교로서 실패한다면, 무엇이 인간을 길들일 것인가? 인류를 교육하고자 하는 일체의 실험에도 불구하고, 누가 교육을 담당할 것인가? 교육자들은 어떤 목표를 위해 무엇을 교육할 것인가? 교육의 목표가 불명료하다면 무엇이 인간을 길들일 것인가?"44 하는 당대의 시대적 물음들을 다양한 관점에서 던졌다. 이러한 질문에 대한 답변을 그때나 지금이나 얻어내기란 그다지 쉽지 않다. 하이데거가 인간이 열린 환경으로서 세계를 차분히 인식할 수 있다는 것은 마치 목자가 숲속 한가운데에 사방이 뚫린 풀밭에서 양 떼를 바라보는 모습처럼, 빈 터(Lichtung: 혹은 인식이나 존재의 트임)로 나오게 된 역사성에 의해서였다.45 현대인은 "사육하는 동물"46을 '사육하는 인간'으로 전환함으

---

44 P. Sloterdijik, *Regeln für den Menschenpark. Ein Antwortschreriben zu Heideggers Brief über den Hunanismus.* Frankfurt a. M., 1999, p.31.
45 P. Sloterdijik, 위의 책, p.27.
46 호이어(Hoyer)에 의하면 니체가 교육에 대신 사육(Züchtung)을 선택한 이유를 다음과 같이 6가지로 언급한다. 첫째, 사육을 선택한 이유는 외부에서 주어진 강한 강제적, 조작적 압력을 강조하기 위함이다. 둘째, 사육과정의 집단성과 표준성을 강조하기 위해서이다. 동일한 수단의 지속적인 적용은 언제나 동일한 것(das Immergleiche)을 생산한다. 셋째, 시간의 문제에서이다. 사육은 세대를 넘어서는 장기간의 프로젝트로 이해한다. 넷째, 사육은 전형적인 특성에 대한 계산된 생산이기 때문이다. 다섯째, 사육은 시스템적이고, 기술적인 것이기 때문이다. 여섯째, 사육을 선택이유는 니체가 다윈주의의 영향을 받았기 때문이다.(H. Hoyer, *Nietzsche und Die*

로써 인간 그 스스로 문화라는 우리에 갇혀 가축화되었다. 인간은 식물처럼 생각하지만 육식동물처럼 살고 있으며, 착한 목자처럼 되기를 원하지만 나쁜 가축 떼처럼 살아가고 있다.

니체가 보기에 교육은 미래를 위한 최상의 이익을 도모하는 것이 아니라 현존하는 사회의 이익을 위한 도구를 생산하는 것이다. 교육은 당연히 인간의 "순화와 길들임"[47]을 목적으로 삼고 있기 때문에 결과적으로 인간의 왜소화를 초래할 수밖에 없다.[48] 다시 말해 니체는 이러한 근대교육의 목표를 "인간의 길들임(Zähmung des Mensch)"으로 규정하고, 그 결과로서 "인간의 왜소화(Verkleinerung des Menschen)"[49]를 반드시 초래할 것이라 보았다. 따라서 니체는 근대가 지향했던 인간의 보편적 교육은 허구라고 본다. 왜냐하면 그러한 보편적 교육은 노예적 가치를 내면화시키는 강제성을 띠었기 때문이다. 이제까지 도덕교육은 학습자에게 공동체의 도덕적 가치를 내면화시키는 것을 목표로 삼았다. 여기서 도덕교육의 최종목적은 학습자를 도덕화함으로써 도덕적 인간, 시민을 길러내는 데 있었다. 신체에 평등이념을 최고 가치로 받아들이는 근대 국민교육은 전형적인 순화교육의 산물이다. 즉, 순화교육은 근대 평등교육의 목표를 일정한 규범의 틀로 길러냈다. 그래서 니체에게 있어서 '최후의 인간'은 순화교육의 결과물이다.[50] 따라서 니체가 노예의 도덕과 주인의 도덕을 구분하였듯이, 주인의 도덕은 실현하는 자의 추진 여부에 따라 '주권적 개인'[51],

---

    Pedägogik, Königshausen & Neumann, Würzburg, 2002, 622-4쪽.)
[47] 니체는 순화와 사육을 구별한다. 생물학 용어인 순화는 동·식물이 오랜 세월 길들여져 고유성이 사라지고 유사한 형질로 바뀐다는 의미이다. 사육은 주권적 개인 혹은 위대한 개인을 위한 교육을 의미한다.
[48] F. Nietzsche, *Nachgelassene Fragmente*, Herbst, 1887, 9(153), KSA 12, p.42.
[49] KSA 12, 425(9[1])
[50] KSA 5, 12f: N, KSA 440(34[65]; N. KSA 12,501([179])

정신적 귀족, 고귀한 인간, 또는 위대한 인간으로 다시 태어난다.

하지만 이러한 니체의 주권적 개인은 태어나는 것이 아니라 길들여지고 만들어져 왔기 때문에 현대에 들어 이러한 교육이 여전히 타당한 것인지는 논란의 여전히 여지가 있다.

최후의 인간

니체는 기존의 휴머니즘을 단순히 길들이기의 활동을 넘어서 불순한 사육의 의도를 가진 것으로 간주한다. 니체에게 있어서 길들이기의 작업은 나약한 인간을 만들어내는 성직자라는 사육자의 작업을 적나라하게 폭로한다.[52] 니체는 인간의 왜소화가 극단으로 치달을 경우 최후의 인간(the Letzte Mensch: 최후의 인간, 인간 말종)에 다다른다고 말한다. 니체가 보기에 최후의 인간은 『차라투스트라는 이렇게 말했다』의 머리말에 다음과 같이 등장한다.

> "웃고들 있구나. 저들은 나를 이해하지 못한다. (...) 저들에게는 저들 나름으로 자부심을 가질 어떤 것이 있다. 저들은 그것을 무엇이라 부르는가? 저들은 그것을 교양이라 부른다. 교양이란 것이 있기에 저들은 염소치기와 다른 것이다. 그래서 저들은 '경멸'이라는 말을 듣기 싫어한다. 아 이제 나는 저들의 자부심에다 대고 말하련다. 최후의 인간이 바로 그것이다."[53]

여기서 최후의 인간은 단순한 염소치기나 무식한 하층만이 아니라, 나

---

51 KSA 5, 293쪽.
52 P. Sloterdijk, 앞의 책, p.42.
53 프리드리히 니체, 『차라투스트라는 이렇게 말했다』, 제1부 머리말 5절.

름대로 교양을 갖춘 경멸을 받기를 거부하는 계층이다. 니체에게 있어서 최후의 인간은 인류의 최후의 형태임과 동시에 인류의 가장 타락한 모습이다. 이 최후의 인간을 뚫고 나가야 위버멘쉬(Übermensch)의 길에 도달할 수 있다. 니체는 차라투스트라에서 '최후의 인간'을 다음과 같이 묘사한다.

> "보라! 나 너희에게 '최후의 인간을 보여주겠다. (…) 대지는 왜소화(작아졌으며) 되었으며 그 위에서 모든 것을 작게 만드는 저 최후의 인간이 날뛰고 있다. 이 종족은 벼룩과도 같아서 근절되지 않는다. 인간말종이 누구보다도 오래 산다. 우리는 행복을 찾아냈다. 최후의 인간은 이렇게 말하고는 눈을 깜빡인다. (…) 돌볼 목자는 없고 가축의 무리가 있을 뿐! 모두가 평등하기를 원하며 실제로 그렇다. 어느 누구든 자기 특별하다고 느끼는 사람은 제 발로 정신 병원으로 가기 마련이다. (…) 저들은 낮에는 낮대로, 밤에는 밤대로 조촐하게 쾌락을 즐긴다. 그러면서도 건강은 끔찍이도 생각한다.' 우리는 행복을 찾아냈다. 최후의 인간은 이렇게 말하고는 눈을 깜박인다."[54]

니체는 위버멘쉬의 대척점에 놓인 '최후의 인간'을 모든 인간에 대해 평등하다고 믿는 현대 대중사회의 구성원이라고 믿고 있다. 특별한 사람은 정신 병원으로 가지 않으면 안 되는 평등한 사람들의 세상, 바로 당대 부르주아 사회, 대중이 주인으로 행사하는 사회, 그리고 더 나아가 노동자가 주인이 된 사회주의가 최후의 인간들이 모여 사는 사회이다. 즉, "오 차라투스트라여, 달라. 그러면 우리가 그대에게 위버멘쉬를 선사하겠다."[55] 니체는 완결된 모습으로서의 위버멘쉬를 원하기보다는 "차라투

---

54 위의 책.
55 앞의 책.

스트라가 사랑하는 인간 유형"56을 바란다. 니체는 『차라투스트라는 이렇게 말했다』 서설 4에서 "나는 사랑한다(ich Liebe)"로 시작하는 동일한 형식을 통해 위버멘쉬로 향하는 위대한 인간의 유형을 열거한다. 즉, "위대한 경멸자, 대지에게 자기를 희생으로 바치는 자, 인식자, 노동자와 발명자, 자기의 덕을 사랑하고 이 덕으로 인해 몰락하는 자, 영혼을 낭비하는 자, 행운을 부끄러워하는 자, 미래와 과거의 인간을 변명하는 자, 자기의 신을 견책하는 자, 깊은 영혼을 지닌 자, 가득 차서 넘치는 자, 자유정신"들이 그것이다. 따라서 니체는 차라투스트라를 통해 인간의 왜소화되어가는 슬픔에 대해 다음과 같이 말한다.

> "차라투스트라는 멈추어 서서 생각에 잠겼다. 드디어 그는 슬픔에 잠겨 말하였다. 모든 것은 더 작아져 버렸다. 모든 곳에서 나는 낮아진 문을 본다. 나와 같은 부류의 사람은 몸을 구부려야지만 잘 나갈 수 있다! 오, 언제쯤 나는 작아진 문 앞에서 몸을 더 이상 구부리지 않아도 되는 나의 고향에 다시 갈 수 있을 것인가! 그리고 차라투스트라는 한숨을 짓고 먼 곳을 바라보았다. 그리고 그는 같은 날 왜소화 (verkleinerde)하는 덕에 대해 말하였다."57

위 인용문에서 보듯이, 니체는 인간의 왜소화를 걱정하면서 이를 어떻게 극복할 것인지에 대해 상념에 잠긴다. 최후의 인간은 자기 극복과정으

---

56 이를테면 저 편의 또 다른 세계를 신봉하는 자들, 신체를 경멸하는 자들, 이웃 사랑을 미덕으로 이웃에게 달려가는 자들도 비천하기 짝이 없는 인간, 하나같이 노예근성을 지닌 허섭 쓰레기들이다. 무리(Masse), 떼(Herde), 짐승떼(Herdentier), 천민(Gesindel), 잡 것(Pöbbel), 민중(Volk), 다수(Menge), 너무나도 많은 자(Viel-zu-Viel), 덤(Überflüssige) 따위의 개념들을 등장시키고 있는 것이다.(정동호, 「피코, 다윈, 니체」, 『니체연구』 제5집, 세종출판사, 2003, 216-7쪽.)
57 F. Nietzsche, *Also sprach Zarathustra*, KSA 4, pp.211-2.

로서 상승하고자 하는 것을 포기함으로써 몰락할 위기에 처해 있다. 즉, 최후의 인간은 모험과 도전을 통해 상승하고자 하는 것을 포기한 채 행복에 안주한다. 즉, "우리는 행복을 찾아냈다고 최후의 인간은 말하면서 눈을 껌뻑인다."58

최후의 인간은 현실에서 대지를 작게 만들었듯이, 모든 것을 왜소화한다. "비천하기 짝이 없는 인간들은 끌어내리기만 할 뿐, 끌어올리는 일이 없다. 상승하는 자, 창조하는 자에게는 적이 아닐 수 없다. 멀리 두어 경계할 노릇이지만, 어느새 오늘날은 온통 천민의 세상이 되고 말았다."59 이처럼 니체는 현실에서 최후의 인간으로 왜소화되는 과정을 개탄한다.

니체의 비판적 계몽작업의 재구성: 고대 견유주의의 회복

슬로터다이크는 니체의 관점에 따라 이제까지 휴머니즘의 기능을 '인간 길들이기'로 파악한다. 그리고 슬로터다이크는 인간이 '동물로서 존재하고 동물로 남아 있는 것에 실패한 존재'로 이해한다면, 인간은 가축과 동거하기 시작하면서 가축만을 사육한 것이 아니라 다른 인간도 사육한 것이 아닌가 하는 물음을 제기한다. 이 점에서 인간은 유전학적으로 선별하고 사육할 수 있게 만든 생명공학을 통해 포스트휴머니즘을 의미하는 인간 길들이기의 다른 수단으로 보일 수 있다. 여기서 슬로터다이크는 계몽주의에 대한 니체의 비판적 계몽작업을 재구성한다.

슬로터다이크의 철학적 특징은 칸트를 빗댄 『냉소적 이성 비판』에서 찾을 수 있다. 그는 이 저서에서 근대의 이성중심적 계몽주의가 결국 냉

---

58 F. Nietzsche, *Also sprach Zarathustra*, KSA 4, p.20.
59 정동호, 「피코, 다윈, 니체」, 『니체연구』 제5집, 216-7쪽.

소주의를 보편화시켰다고 진단하면서, 우리가 상실한 고대의 견유주의 전통을 회복할 때야 비로소 계몽주의를 보전할 수 있다고 강조한다.

> 이런 점에서 슬로터다이크는 근대 계몽주의의 문제점을 다음과 같이 서술한다. "이제 개념들의 활력이나 이해의 황홀경에서 타오르는 불꽃은 우리의 사유 속에 남아있지 않다. 우리는 계몽되었고, 우리는 무감각해졌다."[60]

슬로터다이크는 계몽에 대한 교훈을 배우기는 하였지만, 실행을 이행하지 않았을 뿐 아니라 아마 실행할 수도 없는 허위의식이라 말한다. 즉, "계몽화된 허위의식은 냉소주의이다."[61] 또한 그는 냉소주의를 새롭게 생겨난 문화 간의 불화에서 생겨난다고 본다. 즉, "문화 속의 불쾌감은 하나의 새로운 특질을 얻었다. 그것은 보편적이고 불명료한 냉소주의로 나타난다. 전통적인 이데올로기의 비판은 그 앞에서 어찌할 바를 모르고 있다. 이데올로기의 비판은 냉소적으로 깨어있는 의식의 어느 곳에 계몽의 지렛대를 대야 할지 알 수 없다. 현대적 냉소주의는 스스로를 소박한 이데올로기와 그것의 계몽 이후에 나타난 의식의 상태이다."[62] 슬로터다이크의 관점에서 "니체의 결정적인 자화상은 견유주의자의 모습이다. 그렇기 때문에 니체는 마르크스와 함께 금세기의 가장 영향력 있는 사상가가 되었다는 것이다. 니체의 견유주의는 '진리를 말한다'는 것에 대한 변형된 관계이다."[63] 슬로터다이크에게 있어서 계몽의 혁신은 곧 고대의

---

60 P. Sloterdijik, *Kritik der zynischen Vernunft*, p.8(한국어판, 16쪽.)
61 P. Sloterdijik, *Kritik der zynischen Vernunft*, Bd. 1. Frankfurt a. M: Suhrkamp, 1983, p.37(한국어판: 페터 슬로터다이크, 『냉소적 이성 비판』, 이진우·박미애 옮김, 에코리브르, 2005, 47쪽.)
62 P. Sloterdijik, 위의 책, p.33(한국어판, 43쪽.)

견유주의를 회복하는 데 있다. 슬로터다이크가 디오게네스의 견유주의에 주목하는 이유는 새로운 이성비판을 통해 오로지 "철학적 인상학"[64]을 완성하였을 때 가능하다고 보았기 때문이다.

보통 'cynical'이란 개념은 냉소적이란 의미를 지니는데, 그 어원을 추적하다 보면 키니코스(cynikos)와 만나게 된다. 이 키니코스학파의 이름은 바로 "개 같다"는 말의 'canine'에서 유래한다. 개처럼 살았던 당시의 대표적 인물은 시노페의 디오게네스이었다. 슬로터다이크는 불손함, 혹은 경솔함에서 계몽의 역동성을 보고자 했다. 먼저 계몽은 심오한 사유를 통한 경직됨에서 나오는 것이 아니라 즐거운 학문에 의해 자연스럽게 우러나와야 한다. 그리고 삶과 이해는 분류할 수 없다. 그러한 부류의 계몽이 퀴니코스학파의 원형이었다.[65] 디오게네스는 쾌락과 고통에 따라 흔들리지 않고 자연적 혹은 사회적 사건에 의해서 당황하지 않았으며 또한 인간적 유대에도 아무런 관심을 기울이지 않았다. 그는 질서 있는 세계를 조롱하며 초연히 고립적인 생활을 즐겼다. 그는 노동자와 교제하고 그들과 같은 옷차림을 하였다. 또한 세련된 모든 철학을 무가치한 것으로 보았고, 알려질 수 있는 것은 모든 사람에게 쉽게 알려져야 한다고 믿었다. 그래서 그는 이러한 신념을 더욱 발전시켰다. 정부도 필요 없고 사유재산이나 결혼, 기성종교, 풍습, 옷차림, 집, 음식, 예절 등 모든 전통적인 관습을 거부하였다.

그는 "쾌락의 노예가 되느니 차라리 미치광이가 되겠다"라고 과감히

---

[63] 위의 책, p.20(한국어판, 30쪽.)
[64] 위의 책, p.16(한국어판, 26쪽.)
[65] E. Sens, "Aufklärung im zynischen Zwielicht. Nach der Lektüre von Peter Sloterdijks Kritik der zynischen Vernunft", in: *Ästhetik und Kommunikation*, 63(1986), p.9.

말했다. 이렇게 디오게네스의 철학은 문명의 불신에 관심을 집중시켰다. 문명이라는 것은 제멋대로의 기준과 미신에 의해서 뒷받침되고 있는 퇴폐적인 제도라고 여겼다. 그가 현재의 문명을 불신한 것은 더 좋은 사회질서를 세우기 위해서가 아니라 사람들에게 자신들의 개성에 대한 완전한 자유를 보전하기 위해서였다. 따라서 그의 신조는 "행운을 갖다 준다고 말하는 선(善)에 대하여 무관심하라. 그러면 공포에서 해방된다[66]"는 것이었다. 그는 이 세상의 선을 멀리하라고 가르친 것이 아니라 이에 대해 단지 냉담해야 한다는 것이었다. 이러한 그의 신념은 그 이전부터 있었던 회의(懷疑)를 극대화하거나 형식화시킨 것이었다.

슬로터다이크는 새로운 주제를 다룬지 이미 오래전에 냉소적 대상이 된 주제들에 관심을 보였다. 즉, 그는 휴머니즘, 대중, 복음들을 새로운 글쓰기를 통해 해석함으로써 현대사회에 만연해 있는 냉소주의를 되살려 냈다. 슬로터다이크에 의하면 "냉소주의를 언급한다는 것은 정신적·도덕적 추문을 폭로하는 것이다. 그리고 그 추문의 가능한 조건들을 밝혀내는 것이다. 먼저 냉소주의는 사태에 긍정내지 부정적인 관심을 보인다. 하지만 마지막에 가서 언어로 표현될 수 있는 도덕적 의식의 근본적 구조와 충돌하게 된다. 이 시대는 온통 냉소적이 되었다."[67] 이러한 냉소주의는 계몽에 의해 지쳐버린 무기력한 인간의 모습이다. 마치 현대의 기술문명이 우리의 환경을 망가뜨렸듯이, 계몽과 함께 자라난 냉소주의는 우리를 지속적인 압박과 고통에 훨씬 더 순응하도록 길들인다. 계몽은 이 허위의식을 제거하기보다는 이를 대중적 현상으로 일반화한다. 마침내 계몽은 스스로를 배반하고 비합리성으로 추락한다. 그는 이런 추락

---

66 양해림, 『대학생을 위한 서양철학사』, 집문당, 2015, 124쪽.
67 P. Sloterdijik, 같은 책, p.27(한국어판, 37쪽.)

에서 벗어나기 위해 육체와 영혼, 주체와 객체, 문화와 자연, 주관적 이성과 객관적 이성을 가르는 이제까지의 이원론을 거부한다. 그래서 계몽은 이원론적 대립에서부터 벗어나 상호 작용을 통해 공존하는 '혼성적 실재'를 추구한다. 따라서 계몽은 인간-동물-식물-기계가 함께 공존할 수 있는 '존재론적 구성'을 통해 포스트휴머니즘을 추구한다.

슬로터다이크는 "현대의 문명, 인간의 나약함, 왜소화, 야만성" 등에 사로잡혀 있다고 파악한 니체의 진단을 수용한다. 그리고 그는 휴머니즘과 계몽주의적 도덕교육이 인간을 나약하게 만들었으며, 현대문명을 야만으로 치닫게 한 주범으로 간주한다. 그래서 그는 새로운 인간을 꿈꿀 수 있는 기존의 도덕과는 다른 이론에 기반을 두어야 한다고 강조한다.[68] 앞서 살펴보았듯이, 슬로터다이크는 니체의 차라투스트라의 관점을 통해 인간 자신도 언제나 사육자였으며, 휴머니즘의 범주에서 한참 벗어났다는 것을 강조한다. 지금까지 휴머니즘의 입장은 인간을 사육한다는 것을 상상해 본 적도 없었고 그렇게 생각해서도 안 되었다.[69] 하지만 인간은 오랜 기간에 걸쳐 교육이라는 사육을 통해 가축들처럼 서로 친밀성을 터득하는 교육방향을 설정해 왔다. 그래서 슬로터다이크는 사육 내지 길들이기 교육은 더 이상 그 목표를 상실했기 때문에 반드시 재고해야 한다는 것이다.

슬로터다이크는 디오니소스 축제의 관점에서 노예가 자유민이 되고 모든 장벽을 철폐해야 한다고 본다. 즉, 장벽의 철폐는 '미학적 사회주의'나 디오니소스적 사회주의로 확대해 나가야 한다.[70] 인간 길들이기의 방

---

[68] 권의섭, 「니체의 생명사상과 생명공학」, 『니체연구』 제12집, 한국니체학회, 2007, 208쪽.

[69] P. Sloterdijk, *Regeln für den Menschenpark. Ein Antwortschreiben zu Heideggers Brief über den Humanismus*, Frankfurt. a. M., 1999, p.16.

식에 능숙했던 전통적 휴머니즘은 변화된 시대 상황에서는 더는 적합하지 않다. 이제까지 전통적인 휴머니즘의 방식은 인간의 야만성에서 벗어나 그 야만성을 길들이는 것이라 오히려 인간의 야만성을 변용하고 강화시키면서 인간의 왜소화를 가속해 왔다. 그래서 슬로터다이크는 제기한 문제는 휴머니즘을 통해 길들이기가 시도된 이후에 단순한 길들이기의 이론이나 교육론의 틀 안에서 인간의 양육과 형식에 대한 문제는 더 이상 만족할 수 없다는 것이다. 인간은 동물로 존재하고 동물로 남는 것에 실패하고 정주하게 됨으로써 세계로 나오기, 언어로 드러내기와 같은 형식을 만들어 내어 확실한 자기 존재함을 창출해야 한다.[71] 그는 이런 전통적인 길들이기의 방식의 실패는 유전공학을 적용할 수 있다는 암시를 내비친다. "휴머니즘이 인간 길들이기의 학파로서 실패했다면, 무엇 때문에 아직도 인간을 길들이고 있는가? 인간이 이제까지 심혈을 기울였던 자기 자신의 길들이기에 대한 노력이 단지 모든 존재자에 대한 권력 장악의 길로 인도하기만 했다면, 무엇이 인간을 길들이는가?[72]

---

[70] P. Sloterdijk, *Der Denker auf der bühne. Nietzsches Materialismus*, Frankfurt. a. M., 1986, p.61.
[71] 슈테판 헤어브레이터, 앞의 책, 241쪽.
[72] P. Sloterdijk, *Regeln fur Menschenpark*, pp.7-10.

제8장 니체와 그리스 비극: 포스트-니체

인문정신으로서의 디오니소스

제1장에서 살펴보았듯이, 니체는 『비극의 탄생』에서 그리스 인문정신의 출발점을 디오니소스적 요소와 아폴론적 요소의 융합을 통해 고대 그리스의 최대 성취로 보았다. 여기서 그리스 시대의 위대한 예술에서 디오니소스와 아폴론적 요소의 통합이 가능하다고 본 것이다. 그런데 지금까지 서구 역사는 이런 두 요소를 합일한 것이 아니라 아폴론적 요소만을 주로 강조해 온 것이다. 니체는 인류 최초로 논리적 학문에 대한 문제점과 회의를 다루었다는 사실을 자랑스럽게 여겼다.

니체가 『비극의 탄생』에서 빙켈만이나 괴테와 같이 그리스인의 특징을 고귀한 단순성에서 찾았던 전통적인 고대 그리스사상을 전복한다. 니체는 그리스인의 삶을 지배하는 것처럼 보이는 논리적인 명쾌함과 밝음의 배후에서 삶의 무상함과 야만적인 잔인함에 대한 그리스인의 민감한 감수성을 발견했다. 그리스인은 어두운 측면과 비합리적 측면을 함께 목격하고, 자기고양의 계기로 승화시킨 것이 그리스 비극의 본질이었다.[1]

---

1 박찬국, 『니체를 읽는다 -막스 셸러에서 들뢰즈까지』, 아카넷, 2015. 56쪽.

여기서 니체는 인간의 상태를 자각하게 하고, 무시무시한 삶이 과정이 문제라는 것을 알게 하는 것을 디오니소스적 지혜라 일컫는다.[2] 니체는 『비극의 탄생』을 저술하게 된 동기가 바로 디오니소스적 지혜라고 말한다.[3] 다시 말해 니체는 비극의 주인공이 자신의 비극적 운명 앞에서도 삶에 충동과 의지를 '형이상학적 위로', '디오니소스적 지혜' 등으로 표현했다. 동시에 그는 형이상학적 위로를 디오니소스적 세계관의 본질이라 말하고 싶어 했다. 그리고 니체는 주인공을 의지의 최고 현상으로 보았지만, 이 의지조차도 현상에 불과함을 깨달아야 했다. 즉, 그는 삶 속에서 언제나 가상을 통해 구원받는다는 것을 깨달을 것을 강조한다. 무엇보다 의지가 낳은 최고 현상이 부정되는 순간까지도 절망하지 않는 것이 디오니소스적 지혜였다.

그래서 그리스 비극에 대한 니체의 해석은 그 이전 대부분의 비극 해석이 기초하고 있던 아리스토텔레스 비극이론과 비판적 거리를 둔다. 왜냐하면 아리스토텔레스가 비극에서 나타나는 음악을 비극의 단순한 효과 정도로 여겼기 때문이다.[4] 니체의 비극 해석은 비극이라는 특정한 예술 작품에 대한 이론을 제시하려는 시도라기보다는 비극작가로서 예술가가 비극을 산출하고 공연함으로써 대중들에게 공연을 향유하게 만든 동기에 관한 이론을 구성해 보려는 작업으로 규정될 수 있다.[5]

---

2 GT 5: KSA 1, 67쪽.
3 뤼디거 자프란스키, 『니체 -그의 생애와 사상의 전기』, 오윤희 옮김, 문예출판사, 2003, 117쪽.
4 GT 1: KSA 1, 32쪽.
5 니체에게 비극은 인간 경험의 한 가지 영역에 제한된 것이 아니라 문화형태의 토대이자 그것을 안내하는 힘이다. 그리고 비극만이 낙관주의적 철학이나 종교가 몰락한 이후의 텅 빈 공간을 채울 수 있다.(R. Schacht,"Making life worth living: Nietzsche on Art in The Birth of Tragedy", *Nietzsche*, Oxford University Press: London, 2001, p.202.)

무엇보다 니체에게서 음악의 인문적 정신은 아폴론적인 개별화의 원리가 아닌 디오니소스적인 것의 합일과 파괴와 융합의 원리를 본질로 한다. 디오니소스적인 예술에서 음악은 삶의 고뇌를 정화하기보다는 모순인 채로 보여주고, 그렇게 함으로써 오히려 인간의 삶에 대한 영원한 동경을 표현한다. 음악은 조형예술과 다르게 세계의 본질을 사물의 형식을 개입함이 없이 직접 인간의 마음에 부여한다. 말하자면, 음악에서 불협화음(Dissonanz)의 경이적인 음률 속에 직접 파악되는 것이다. 니체는 비극적 신화가 가져오는 쾌감은 음악의 불협화음이 가져오는 쾌감과 동일한 것이며, 고통에 있어서 마저 근원적 쾌감을 느끼는 디오니소스적인 것, 이것이야말로 음악과 비극적 신화의 공통 모태라고 말한다.

이렇게 음악의 효과[6]에 의해 비극은 완전성을 확보하게 된다. 니체는 비극이란 우리에게 음악으로부터 다시 태어난 비극적 신화이며, 이러한 신화 속에서 가장 고통스러운 것을 잊게 될 것이라고 말한다. 음악의 상관물인 비극적 신화가 디오니소스의 고통과 죽음을 기념하는 비극을 발생시킨다. 디오니소스는 그리스 비극에서 본질적이고 보편적인 비극적 요소로 남아있다. 이렇게 해서 비극은 니체의 미학에서 아주 중요한 독창적인 역할을 하게 된다.

니체는 예술가-형이상학에서 음악에 독자성을 부여했다. 음악은 형상을 전혀 사용하지 않으며, 현상세계를 전혀 모사하지 않는다. 그러므로 음악은 아름다운 가상을 제공하는 아폴론적 예술과는 전혀 다르다. 즉, 음악은 근원적 일자와의 합일이다.[7] 음악을 듣는 사람은 근원적 일자의

---

[6] 니체는 피타고라스학파에서 음악의 가장 좋은 실례를 본다. "음악은 오로지 우리의 청각신경과 뇌에만 존재한다. 청각 신경과 뇌의 밖에서나 그 자체로 음악은 순전한 수의 비율로 구성된다."(니체, 「플라톤 이전의 철학자」, 『언어의 기원에 관하여 외』, 김기선 외 옮김, 책세상, 2013, 425쪽.)

감정과 일체가 되어 근원적 일자에서 만들어진 세계에 가득 찬 고통과 모순을 그대로 긍정하게 된다. 이러한 음악의 효과에서 볼 때 음악은 형상, 개념 등 아폴론적인 모든 것보다 심오하다.[8] 그러나 니체에게서 세계 배후의 신적인 것은 완전한 것이 아니라 오히려 모순과 고통에 가득 차 있다. 아름다움은 신적인 것의 특성이 아니라 신적인 것이 자신의 고통을 위안하는 데 필요로 한다.[9]

음악의 예술 형식은 고대·근대에 이르기까지 꾸준히 지속해 왔지만, 주로 조형예술이나 문학을 중심으로 논의됐다. 여기서 니체는 바로 이러한 음악의 무형상성을 음악의 근본적인 특성으로 보았다.[10] 니체에게 있어서 음악은 오랫동안 중요한 예술형식이었으나, 미학의 중심에서 관심 밖에 있었던 음악을 가장 중요한 예술형식으로 부각했다. 즉, 니체에게서 "비극적 인식의 철학은 형이상학을 요구하며 완전한 세계의 경험을 체험하거나 현존재의 형상을 완성하려는 예술가적인 환상이 필요로 할 때 첨예하게 드러난다. 결국 형이상학적인 것은 미학적인 모습으로 다시 등

---

7 디오니소스적인 것과 아폴론적인 것은 쇼펜하우어의 '의지'와 '표상'에 대응한다. 디오니소스적인 것과 아폴론적인 것은 각각 의지와 표상, 본질과 현상, 진리와 가상에 상응한다. 이때 디오니소스적인 것은 합창대의 노래, 아폴론적인 것은 연극에 해당한다. 니체는 여기서 음악, 곧 디오니소스적인 것이 본질적인 것이고, 그 본질은 아폴론적 형식인 연극이었다.
8 진은영, 『니체, 영원회귀와 차이의 철학』, 그린비, 2007, 60-3쪽.
9 니체는 초기의 예술가-형이상학의 관점에서 세계를 인간의 격정과 더불어 파악한다. 세계는 어떠한 목적·의도나 원인에 의존해 있지 않으며, 신·이성·인간의 의지도 필요로 하지 않는다. 세계는 단지 예술 작품에서처럼, 그 자체에서 정당화되는 것이다.(V. Gehardt, "Von der ästhetishchen Metaphysik zur Physiolgie der Kunst", p.376; Vgl. F. Becker, "Ästhetik der Korrektiv der Vernunft", in: Zeitschrift für Ästhetik und allgemeine Kunstwissenschaft. Bd 34/1. 1989, p.47.)
10 이는 바그너의 영향이라 볼 수 있다. 니체는 바그너의 영향 아래서 『비극의 탄생』을 수용하는 가운데 바그너적인 문화적 헤게모니를 미적 정당화의 사유를 단초하고 있다.

장한다."¹¹ 따라서 니체가 그리스 비극 예술에서 서사와 음악이 가진 인문적 지형을 간파할 수 있었던 것도 니체가 예술가-형이상학적 도식을 중요하게 생각했기 때문이다. 이런 의미에서 니체에게 그리스 비극은 단순히 하나의 예술 장르에 불과한 것이 아니라 문화 단계를 규정짓는 인문학적 특징인 것이다.

니체와 포스트 예술

우리는 제3장에서 쇼펜하우어의 『의지와 표상으로서의 세계』를 중심으로 하여 니체의 디오니소스적 예술 충동과 아폴론적 예술 충동을 음악적 변화 과정의 연관 관계를 살펴보았다. 니체는 『비극의 탄생』에서 아폴론적 충동과 디오니소스적 충동의 결합인 비극이 인간의 삶의 모습을 가장 잘 대변해 주는 예술이라고 평가한다. 니체는 그리스 비극을 통해 존재의 비극적 특성을 고찰하고 아름다움이라는 미학적 영역을 그리스에 그 뿌리를 두고 있다는 사실을 발견한다. 쇼펜하우어의 『의지와 표상으로서의 세계』에서 나타난 미학적 성격은 삶 자체, 의지, 현존재 자신, 영원한 고뇌로서 표현된다. 이와 반대로 미학적 성격은 순수 직관화되거나 예술을 통해 되풀이된 표상으로서 고통에서 해방되고 의미심장한 유희의 가능성을 보장하는 순수한 표상으로서 나타난다. 니체는 삶의 정당화를 미적 유희와 미의 현상으로서 파악하고 있는데, 이는 쇼펜하우어가 내세우고 있는 미학의 영역과 크게 다를 바가 없다.¹²

제3장에서 언급했듯이, 우리는 니체에게서 '실존의 미적 정당화'에 관

---

11 M. Riedel, "Ein Seitenstück zur Geburt der Tragödie", in: *Nietzsche-Studien*. Bd. 24. 1995, p.50.
12 토마스 만, 『쇼펜하우어·니체·프로이트』, 원당희 옮김, 세창미디어, 2009, 70쪽.

한 주장은 주목할 필요가 있다. 니체에게서 '미학'의 탐구 대상이 실존의 미적 정당화에 관한 주장에서 '미적 현상'으로 이해될 수 있다면, '미적 현상'에 대한 분석은 니체의 '미학' 개념을 더욱 분명하게 파악할 수 있다. '실존은 미적 현상으로 정당화될 수 있다'는 니체의 주장에서 '미적'이란 형용사는 '감성적'이란 의미가 훨씬 강하다. 니체가 이해하는 인간은 초자연적 개념들에 의한 것이 아니라 역사적이고 자연적인 개념들에 근거한 감성적 존재'로 설명된다. 따라서 니체의 미적 현상으로서 정당화될 수 있는 실존이란 감성적 존재로서의 인간이다. 이에 근거하여 니체의 도덕을 미학으로 환원하고자 하는 기획은 도덕을 전제하는 인간 이해에서 미적 현상에 의해 정당화될 수 있다.

그러나 실존의 미적 정당화에 관한 연구는 니체의 궁극적인 '자기 형성(Self-formation)' 과정이다. 니체는 도덕을 넘어선 건강한 삶을 권유하고 있으며, 이는 도덕을 비판하는 근본적인 동기 가운데 하나이다. 따라서 니체가 어떤 방식으로 도덕을 비판하고 극복한 존재, 또는 삶의 어떤 모습들은 중요하게 작동한다. 따라서 도덕이 전제하는 인간 이해를 넘어서 새로운 방식의 인간 이해와 이에 근거한 삶의 방식과 삶에 대한 평가는 '미적 가치 기준'에 따른 것이다. 이는 획일적이고 평균적인 삶의 양식을 넘어서 개성적인 삶을 형성하고 기획해 나가는 '자기 형성'의 문제인 것이다.

니체의 디오니소스적 근원은 예술-음악의 탐구다. 니체가 이미 연구하였거나 니체를 연구한 이들이 종합한 내용의 반복이 이루어지고 있을 뿐이다. 물론 그만큼 니체의 예술이론이 현실의 삶에 적용할 수 있을 정도로 전반에 걸쳐 영향력을 행사하고 있다는 점도 시사한다. 하버마스나 볼프강 벨쉬[13] 등 니체 이후 수많은 현대 철학자가 등장했지만, 그들 역시 니체를 화두로 자신의 이론을 약간 대입하여 현대성의 비판에 적용하고 있을 뿐이다.

니체의 사상이 현대음악에 끼친 영향력은 지대하다. 많은 음악가들은 니체의 텍스트를 음악으로서 작곡하거나 그의 음악이념, 혹은 예술정신에 영향을 받아 작곡했다. 예컨대 리하르트 슈트라우스(Richard Strauss), 구스타프 말러(Gustav Mahler), 쇤베르크(Arnold Schönberg, Arnold Schoenberg), 딜리어스(Frederick Dellus) 등이 니체의 예술론에 영향을 받아 많은 작곡을 남겼다.[14] 독일 후기 낭만파 작곡가인 슈트라우스는 자신의 음악적 사고에 니체의 철학을 대입하여 <군트람(Guntram)>, <차라투스트라는 이렇게 말했다> 등을 작곡하였다. 특히 그는 <차라투스트라는 이렇게 말했다>를 통해 종교적, 과학적 단계를 거쳐 위버멘쉬(Übermensch)[15]의 이상에 도달하는 인류의 다양한 발달단계를 음악으로 표현하는 등 니체의 사상을 대변하려고 노력하였다.

니체의 음악관을 이야기형식으로 전달하려고 시도한 인물이 슈트라우스라면, 교향곡을 통해 감정의 내적 독백을 표현하려고 시도한 인물이 바로 말러(Gustav Mahler)이다. 말러는 그의 음악의 주제와 실험정신을 통해 니체의 영향을 강하게 받았음을 입증하고 있다. 그의 대표곡 <대지의 노

---

13 볼프강 벨쉬, 『미학의 경계를 넘어』, 심혜련 옮김, 향연, 2005.
14 니체와 그의 시대의 음악관에 대한 논문은 다음을 참조: C. P. Janz, "Friedrich Nietzsches Verhältnis zur Musik seiner Zeit", in: *Nietzsche-Studien*, Bd. 7. 1978, pp.308-38. 또한 니체와 현대음악과의 관계는 다음의 문헌을 참조: 홍사현, 「니체의 예술적 사유와 현대예술」, 정동호 외, 『오늘 왜 우리는 니체를 읽는가?』, 책세상, 2006, 409-19쪽.
15 니체는 쇼펜하우어의 염세주의적 관점이 아닌 긍정적이고 낙관적인 삶에 대한 힘에의 의지를 자기 극복이라는 '위버멘쉬'로 표현한다. 자기형성이라는 의미의 '위의', '-보다 나은' 등 인간의 자아가 자유의지라는 허구나 도덕주의가 아닌 어떤 존재의 경험으로 가장 높이 고양된 것을 암시한다. 또한 위버는 '-저편에', '-을 넘어서'라는 뜻도 지닌다. 니체는 적극적이고 긍정적인 힘에의 의지를 이야기할 때 이 두 번째 뜻을 강조한다.

래(Das Lied von der Erde)>은 삶의 환의, 슬픔, 죽음을 주제로 다루고 있는데 형식이 복잡하고 "표제 음악"16의 성격이 강하게 나타난다.17 또한 그는 다양한 악기 편성과 다양한 형식의 음악을 도입하는 실험적 태도로 인해 교향곡의 해체를 촉진하는 역할을 했다. 말러는 니체야말로 "내 인생에 획기적으로 영향을 미쳤다"18라고 말할 정도로 니체의 음악관에 매료되었다. 20세기 초-중반 쇤베르크의 불협화음 음악은 니체철학의 실험정신을 수용하여 전통적 음악형식을 해체하고 자신의 형식을 구축했다. 그래서 쇤베르크는 니체의 예술론을 받아들여 '불협화음을 해방'19시킴으로써 조성음악을 해체하고 무조음악(atonale Musik)20을 창시했다.21

결국 소크라테스 이후로 서양이성의 역사가 지속되었던 상황에서 니

---

16 정낙림, 『니체와 현대예술』, 역락, 167쪽. 표제음악이란 제목과 줄거리에서 곡의 내용을 알 수 있고, 문학적·회화적·극적 내용을 지니는 음악이다. 표제음악은 베토벤, 베를리오즈의 음악에서 시작하여 19세기 낭만주의 음악에서 발달하였다.(도널드 그라우트, 『서양음악사(하)』, 한국교재연구회 옮김, 세광음악출판사, 2007, 372쪽.)
17 정낙림, 위의 책, 167쪽.
18 D. S Thatcher, *Musical Settings of Nietzsches Texts: An Annotated Bibliography*, in: *Nietzsches Studien* 15, 1986, p.318.
19 도널드 그라우트, 같은 책, 485쪽.
20 '무조'란, 글자 그대로 '조성(調性)적이 아닌' 것을 의미한다. 말하자면 무조 음악이라는 것은 악곡의 중심이 되는 조성이 없는 음악을 말한다. 즉, 기초가 되는 주음이나 으뜸음(Key note)을 중심으로 하여 구성되는 전통적인 화음의 조직을 피함으로써, 작곡가가 조성의 중심에 대한 관련성을 계통적으로 회피한 음악을 말하는 것이다. (도널드 그라우트, 위의 책, 484쪽.)
21 E. Freitag, *Arnold Schönberg*, Hamburg, 1973; 쇤베르크는 작품번호 6번 '성악과 피아노를 위한 8개의 가곡'의 작곡에서 니체의 영향을 받았다. 이러한 쇤베르크의 행위는 니체가 전통철학에 가하는 망치를 든 철학자의 행위에 영향 받았음은 어렵지 않게 알 수 있다. 그는 니체가 비례, 절제, 질서, 조화를 추구하는 아폴론적 정신을 모색한다. 또한 그는 열정적이고 도취적이며 역동적이고 창조적이고 파괴적인 디오니소스의 정신을 음악에 적용했다. 특히 그는 화성의 조성체계에 기초한 전통적인 음악을 파괴하고 새로운 음악을 모색했다.(정낙림, 앞의 책, 170-3쪽.)

체는 디오니소스와 아폴론의 두 영역에 대한 대립과 화합을 주장하였다. 니체는 이성적이고 절제되며 형식적인 아폴론적 사회를 비판하고 도취적이며 반이성적인 디오니소스가 현실에 더욱 연관되어 있다는 논리를 내세우고자 했다. 그리고 그 표출방식으로 음악을 선택한 니체는 낭만주의적 형이상학적 음악태도를 거부하고 고답적이고 틀에 박힌 형식을 벗어난 자유로움, 단순한 무절제함이 아닌 극복의지로서 무형식의 음악정신을 추구한 철학자였다.

그리스 비극의 현대적 의미: 포스트모던의 선구자로서 디오니소스

우리가 제4장에서 살펴보았듯이, 니체는 『비극의 탄생』에서 디오니소스와 아폴론의 두 예술의 신을 대립시켜 디오니소스의 우위성을 강조하였고 그리스 비극을 합창과 디오니소스의 숭배를 예찬했다. 앞서 살펴보았듯이, 니체는 『비극의 탄생』에서 근원(Ursprung)과 생성(Entstehung)을 그리스 비극의 미로(Labyrinth)에서 찾았다. 즉, "우리가 이제까지 도움을 받은 예술원리는 미로를 통해 발견해야 한다. 니체는 그 예술 원리를 그리스 비극의 유래에서 제시해야 한다"[22]라고 말한다.[23] 이러한 관점에서 니체는 그리스 비극을 통해 존재의 비극적 특성을 보았고, 아름다움의 원초적인 근원지를 그리스의 예술 원리에서 발견했다. 이러한 아름다움의 근원지는 그리스 비극을 해석하는 가운데서 아폴론과 디오니소스의 심리적, 미학적 대립을 희극적인 상징으로 고양시켰다. 그래서 그리스 비극의 진

---

[22] GT 5: KSA 1, 55쪽.

[23] Vgl. J. Pizer, "The Use and Abuse of "Ursprung": On Foucault's reading in Nietzsche", in: Nietzsche-Studien. Bd. 19. 1990, p.468.

정한 발생지는 아폴론과 디오니소스 사이의 갈라진 틈 속에 자라나고 있었다.

니체의 비극적인 존재 이해는 모든 디오니소스적 철학을 정립하는 데 있었다. 그러나 니체는 삶의 염세주의적 측면에서 쇼펜하우어와 대립하고 있었다. 그는 삶의 디오니소스적인 긍정을 통해 쇼펜하우어의 형이상학적 음악과 바그너의 음악을 자신의 철학으로 변형시키는 기치를 발휘했다. 니체의 디오니소스적 음악이 비극적 요소를 다분히 띠고 있다 할지라도 시나 음악의 아름다운 리듬이나 운율에서 드러난 미적인 표현을 통해 창조적 인간으로 승화시켰다. 니체의 관점에서 "현실과 진리는 전체적으로 미학적인"[24] 것이며, 이러한 측면은 고전 그리스 비극인 아이스킬로스의 서정시에서부터 소포클레스의 오이디푸스 드라마, 베토벤의 심포니, 바그너의 악극이나 오페라에 이르기까지 음악에 의해 삶을 긍정하는 가능성의 철학으로 발전시켰다.

궁극적으로 니체는 바그너 악극에서의 목적과 그 의미를 그리스 비극의 근원지와 비교하여 그 자신의 철학적 실마리를 찾았으며, 거기서 "예술가-형이상학을 명료히 설명"[25]했다. 그래서 니체는 『비극의 탄생』에서 이성의 타자로서 디오니소스의 상태를 미학적 형이상학으로 묘사했다. 즉, 예술가-형이상학은 디오니소스와 아폴론의 투쟁과 화합을 통해 이성의 타자를 발견하고자 했다. 이러한 측면에 대해 하버마스는 『현대성의 철학적 담론』에서 니체가 이성의 사다리를 벗어던지고 이성의 타자인 신화에 정착해 있다고 말한다. 여기서 하버마스는 니체의 『비극의 탄생』에서 신화에 주목하게 된 결정적인 이유를 바그너의 신화론에 대한 기

---

[24] W. Welsch, *Vernunft*, Frankfurt a. M., 1996, p.497.
[25] Vgl. Manfred Riedel, "Ein Seitenstück zur "Geburt der Tragödie", in: *Nietzsche-Studien*, Bd. 24. 1995, p.50.

획26때문이라 보았다. 니체가 바그너의 신화27에서 찾았던 "하버마스의 인용"28을 굳이 빌리지 않더라도, 디오니소스적 기원을 지닌 음악에서 발견했다. 하버마스는 "근대-미완성된 계획"의 논문에서 실러의 미적 직관에서 나타났던 예술의 형태를 근대 예술의 유토피아적 기획으로 제시하고 있다.29 근대 예술의 기원은 이미 니체가 수차례 인용하고 있는 "미적인 현상으로서만 세계와 현존재가 영원히 정당화된다"는 문구에서 드러난다. 이러한 경구는 실러의 논문인 「예수의 성모 마리아(Braut von Messina)」에서 인용했던 "시적인 작품은 그 자체로 정당화되어야 한다"라는 구절에서 영향을 받고 있음을 앞에서 고찰했다.

하버마스가 『현대성의 철학적 담론』에서 니체의 『비극의 탄생』에 대한 예술관은 그다지 새로운 관점을 제시하고 있지 않다. 그것은 이미 니체 연구가들에 의해 널리 알려진 사실을 현대성에 맞추어 재구성하고 있을 뿐이다. 그러나 하버마스에게서 우리가 니체의 해석을 주목하고자 하는 것은 하이데거의 저서에서 드러난 니체의 디오니소스 예술관을 수용하여 활발히 현대의 화두로 끌어올려 현대성의 측면에서 재조명하고 있다는 점일 것이다. 하버마스가 니체의 전집에서 인용하고 있듯이 "디오니소스를 철학자로 부르고, 자기 자신을 철학 하는 신의 마지막 사도와

---

26 하버마스, 『현대성의 철학적 담론』, 이진우 옮김, 문예출판사, 1996, 115쪽.
27 슈네델바하는 바그너의 신화를 드라마 이론의 관계 속에서 파악한다. 즉, 신화는 악극(Musiktheater)에서 상연된다. 여기서 드라마는 오페라의 역사 속에서, 그리고 오페라의 문제는 시와 음악의 관계에서 등장한다. 바그너는 그리스 시대에 드라마의 모형을 신화와 비극의 관계로 묘사한다. 신화는 자연적의 예술가적 비극과 연관되어 있다.(H. Schnädelbach, "Ring und Mythos", in: ders., Herbert Schnäldelbach, *Zur Rehabilitierung des animal rationale*, Frankfurt a. M., 1992, pp.414-5.)
28 하버마스, 위의 책, 116쪽.
29 J. Habermas, "Die Moderne -ein unvollendetes Projekt", in: Wolfgang Welsch(Hg.), *Wege aus der Moderne*, Weinheim, 1988, p.187.

대가라고 천명한다." 하버마스는 이 두 길을 통해 니체의 현대성 비판이 계속되었다는 것이다.

독일의 대표적 포스트모던 철학자인 벨쉬(Wolfgang Welsch)에 따르면, 니체의 『비극의 탄생』에서 디오니소스적 영감은 이성과 이론적 사유의 무미건조한 궤도에서 모든 불가측성(Inkommensurable)을 제거하고자 했다.[30] 그에 따르면, 불가측성을 소멸시키는 것이 니체의 학문적 비판에 올바른 방향이며, 그렇게 했을 경우 근대의 예술과 포스트모던철학을 형성하는 것이다. 니체에게서 근대 예술과 포스트모던 철학 사이에 놓여있는 미묘한 관계는 비극과 음악의 연관성에서만 수행되는 것이 아니라 포스트모던의 철학으로 이해한다.[31]

결론적으로 니체는 그리스 신화의 디오니소스와 아폴론 사이의 대립과 화해에서 합리적이고 이성적인 아폴론적 사유와 고통받는 모순투성이의 디오니소스를 목격한다. 한편으로 아폴론의 사유는 가면, 가식, 가상, 마야의 베일에 가려진 채 진정한 진리와 예술을 보지 못하고 표류하는 개인일 수 있다. 다른 한편 디오니소스의 사유는 고통받고 모순 덩어리며, 방랑하고 술 취하며 반가역적 사유와 비이성적, 반이성적인 모습일 수 있다. 하지만 디오니소스의 예술이 직접 현대의 진정한 진리를 밝히고 근대를 뛰어 넘어설 수 있는 진정한 포스트모던의 선구자인 것이다.

포스트-니체

제6장에서 필자는 니체의 『비극의 탄생』을 중심으로 들뢰즈의 니체해

---

30 GT 7: KSA 1, 80쪽.
31 W. Welsch, *Ästhetisches Denken*, Stuttgart, 1993, pp.105-6.

석을 살펴보았듯이, 니체는 분명 파괴와 창조의 철학자이다. 니체는 자신처럼 사유하는 사람에게는 자신을 파괴할 위험이 항상 근접해 있음을 고백한다. 니체는 기존의 가치를 전복하고 새로운 가치를 창조하고자 했다. 그렇지만 니체가 언급했던 것처럼, 춤추는 별을 창조하려면 자신의 내면 깊숙한 혼돈 속에서 여전히 우리를 혼란스럽게 만든다. 들뢰즈는 니체철학을 가리켜 근본적으로 미래철학에 대해 모험을 시도했던 철학이라 불렀다. 따라서 우리는 들뢰즈를 비롯해 현대철학자들이 진단했던 포스트-니체를 다음과 같이 살펴볼 수 있다.

첫째, 들뢰즈를 비롯한 현대철학자들에게서 니체는 서구의 이성중심주의를 해체함으로써 새로운 이성을 발견할 수 있는 영토를 개척했다. 니체의 서양 이성에 대한 철저한 비판이 이성마저도 공동화될 수 있다는 비판을 할 수 있지만, 이성과 감성, 담론과 직관의 관계를 재정립해야 한다는 그의 주장은 여전히 타당하다. 21세기 말 포스트모더니즘의 거품이 사라진 이후에도 니체의 명성이 여전히 빛나는 이유는 그의 사유가 근본적으로 모든 기존의 가치체계를 전도했기 때문이다. 그래서 니체는 반형이상학자로서 서구 형이상학의 완성자로 불린다.[32] 니체를 포스트모더니즘의 사상적 선구자로 인정한다 할지라도, 한편에서 그를 이성 비판을 철저하게 극단으로까지 몰고 간 포스트모더니스트로 불린다. 다른 한편에서 그가 서구의 이성을 해체함으로써 비판의 잠재력마저 마비시킨 탈(脫)이성의 철학자로 읽어낸다.[33] 실제로 니체 사상의 깊은 곳에 숨겨져

---

[32] 니체의 비극적 인식의 관점에서 본다면, 형이상학의 종언은 세 가지 측면에서 의미가 있다. 첫째, 지식의 충동에서 해방은 비극적이다. 둘째, 고대 그리스에서 지식의 충동은 철학, 즉 형이상학에 의해서 제어되었다. 셋째, 현대 과학의 발전으로 말미암아 더 이상 해방된 지식 충동이 형이상학에 의해 제어 될 수 없다는 것이 현대의 비극이다.
[33] J. Habermas, *Der philosophische Diskurs der Moderene*, Frankfurt a. M., 1985,

있던 파괴력을 순화시킨 것은 바로 포스트모더니즘이라 해도 과언이 아니다. 니체의 혁명적 사상은 이제 하이데거의 생기(生起) 존재론이 되기도 하고, 푸코의 권력이론으로 변하기도 하고, 하버마스의 의사소통행위이론이 되기도 하고, 데리다의 해체 해석학이 되기도 하고, 들뢰즈의 욕망 이론으로 나타나기도 한다. 이제 극단의 사상이 갖고 있던 니체의 파괴력은 상당 부분 사라져 버린 것이다.

니체 사후 100여 년 동안 니체가 뒤흔들어 놓은 철학은 니체를 자신의 역사 속으로 완전히 수용해 버렸다.[34] 니체의 이러한 수용은 의심할 여지없이 포스트모던 조건에 대한 리오타르의 철학을 선취했다. 리오타르는 "메타 이야기에 대한 회의"가 현재 우리가 처해 있는 포스트모던 조건이라 말한다.[35] 리오타르가 19세기 말 이래 과학·문학·예술의 분야에서 유희의 규칙을 변형한 이후에도 다양한 "문화의 상태"를 포스트모던으로 규정하고 있듯이,[36] 니체에게 비극적 사유의 탄생은 근본적으로 문화의 상태다. 철학의 종언이 문화의 관점에서 파악되어야 하는 까닭이 바로 여기에 있다. 우리는 20세기 중후반 이후 들어 지금에 이르기까지 인간의 해방, 역사의 발전, 정신의 의미들의 거대한 이야기들을 굳게 믿지 않을 뿐만 아니라 이제 이 거대 이야기들을 동경조차 하지 않는다는 사실이다.

    94쪽.(위르겐 하버마스, 『현대성의 철학적 담론』, 이진우 옮김, 문예출판사, 1994, 124쪽.)

34 니체철학과 다른 사상의 관계를 해명함으로써 니체철학의 영향을 분석하려는 시도는 모두 이런 성격을 보인다.(김상환 외, 『니체가 뒤흔든 철학 100년』, 민음사, 2000, 98쪽.)

35 J.-F. Lyotard, *Das postmoderne Wissen: Ein Bericht*, Graz·Wien: Böhlau, 1986, p.14.

36 J.-F. Lyotard, 앞의 책, 13쪽; 데이브 로빈슨, 『니체와 포스트모더니즘』, 박미선 옮김, 이제이북스, 2002, 54-8쪽 참조.

둘째, 니체는 자신이 살고 있는 그대로 사유하고 동시에 사유한 것을 살아가는 불모의 시대임을 끊임없이 폭로했다. 잘 알려져 있듯이, 니체는 삶과 사상이 구별되지 않는 철학자다. 니체는 "인간이 왜 있는가는 중요하지 않다"고 말하면서도 "네가 무엇을 위해 존재하는가?"라고 우리에게 묻는다. 우리가 높고 고귀한 목표를 스스로 설정하고자 한다면, 니체는 여전히 우리를 유혹한다. 수천 년 동안 서구문화를 선악의 기준으로 작용했던 기독교는 우리의 삶을 더 고통스럽고 무가치하게 만들었다.[37] 특히 기독교의 유대교 사제들은 우리들의 삶을 맹목적으로 만들었다. 기독교는 우리를 그들의 노예로 전락시킨 것이다. 따라서 니체는 이러한 질병으로서의 기독교를 파괴하고자 했다. 니체는 병들지 않은 건강한 삶의 방식을 고안해 냈다. 니체에게서 그것은 바로 예술이었다. 들뢰즈는 이러한 니체철학이 인식의 문제에서 출발했다고 보았다. 니체는 인식의 대안으로서 예술을 내세웠다. 니체는 예술만이 삶의 모든 부정적이고 무가치한 것들을 전복시키고 창조적인 삶의 의지, 즉 힘에의 의지를 극대화할 수 있을 것이라 보았다. 들뢰즈가 간파했듯이, 니체철학에서 모든 가치를 전복시키고, 삶을 긍정적으로 창조할 수 있는 것은 바로 디오니소스 철학이었다. 따라서 니체의 디오니소스 철학은 그리스 문화를 대표하는 고대 그리스 비극의 정수로서 현재에 이르기까지 그 영향을 미치고 있다.

셋째, 니체는 끊임없이 나 아닌 타자에 주목한다. 이는 인간 정신에 대한 몸, 이성에 대한 감성, 남성에 대한 여성, 인간에 대한 자연을 주시한다. 들뢰즈가 파악하고 있듯이, 니체는 타자 속에서 다양한 가면을 쓴 동시대의 철학자다. 왜냐하면 니체철학에서 신비는 하나의 이론으로 체

---

[37] G. Deleuze, *Nietzsche and Philosophy*, p.18.

계화될 수 없는 다양한 야누스의 얼굴을 보이기 때문이다.[38] 들뢰즈를 비롯한 현대철학자들은 니체의 비극적·계보학적 주체비판을 통해 확보된 몸에 대한 새로운 사유방식을 정립하고자 했다. 즉, 들뢰즈를 비롯한 포스트모더니스트들은 '주체의 죽음'을 통해 소비되는 현대의 문화적 토양에 대한 성찰에 기반을 두어 새로운 윤리적 몸과 정치적 몸을 구성해냈다. 이는 곧 근대주체철학의 패러다임으로부터의 해방으로 이어진다. 그는 합리주의의 허구성을 비판함으로써 현대 인류역사에 새로운 전기를 마련했다. 이와 같은 21세기 관점에서 니체의 사상은 타자를 통해 현대 문명의 위기를 극복하고자 하는 일종의 대안이었다.

넷째, 들뢰즈는 두 개의 다른 비극적 세계관, 즉 니체의 변증법적이고 기독교적인 입장들을 대립시켰다. 들뢰즈의 니체해석에서 니체가 삶의 고통을 부정하면서 삶을 정당화하는 것이 형이상학적 기독교라고 한다면, 니체의 미적현상이 제시하고 있는 창조적인 삶을 예술이 형성해 준다. 이를 가리켜 하버마스는 니체의 미학적 관점아래서 현대의 경험을 이해할 수 있다고 보았다.[39] 예술은 우리 삶의 불가해하고 끝없는 고통을 긍정하고 두려움 없이 맞설 수 있게 해 준다. 그러한 인간은 자신의 고통스러운 운명을 사랑하고 욕망하며, 영원히 삶을 긍정한다. 그리고 니체에게서 비극의 힘은 디오니소스적인 삶의 긍정이며, 비애의 파토스에 의해 사람들의 마음을 정화한다. 들뢰즈의 니체해석에서 비극의 힘은 삶의 공포나 두려움을 참아낼 수 있는 힘이다. 비극은 자신의 힘으로 자신을 완성하고 세계를 변형시켜 무의미한 삶을 견딜 수 있게 만든다. 비극적인 삶의 긍정은 디오니소스에게서 완성된다.[40] 이러한 들뢰즈의 니체해석은

---

38 이진우, 『니체, 실험적 사유와 극단의 사상』, 책세상, 2009, 14쪽.
39 J. Früchel, "Rationalität und Konsequenz der Nietzsche als Herausforderung für Adorno und Habermas", in: *Neitzsche-Studien*, Bd. 19. 1990, p.456.

그다지 새로운 관점이 아닐 수 있지만, 들뢰즈는 니체해석을 통해 비극론의 중요성을 강조했다. 무엇보다 들뢰즈의 니체해석에서 니체는 철학자에게서 비극적 인식의 힘을 갖추기를 요청한다. 비극적 인식의 힘을 갖춘 철학자는 지식의 충동을 억제한다. 그러나 이는 새로운 형이상학에 의한 것은 아니다. 니체는 무너져버린 형이상학의 토대를 비극적으로 느끼지만, 진리추구의 놀이에 절대 만족하지 않는다. 따라서 비극적 인식의 철학자는 새로운 삶을 추구한다. 이런 점에서 니체는 다시 예술을 통해 권리를 되돌려 주고자 했다.[41] 들뢰즈는 니체해석에서 근대 형이상학의 정점에 있는 헤겔의 변증법과 대립적인 의미들을 강조한다.[42]

들뢰즈에 따르면, 헤겔적인 '주인과 노예의 변증법'은 타자에 대한 부정으로부터 자신을 긍정하는 것이다.[43] 그러나 니체의 주인개념은 자신에 대한 적극적인 긍정으로부터 타자에 대한 부정이기도 하다. 또한 헤겔의 사유가 차이를 부정하고 그것을 지양하려는 운동에 의해 인도되고 있음에 비해, 니체는 다양성과 차이를 긍정하고 그것을 즐기고자 했다. 따라서 들뢰즈는 니체의 위버멘쉬(Übermensch)가 헤겔적인 인간과는 다르게 그 자체에서 긍정적인 인간으로서 나타난다고 보았다.[44] 그러나 들뢰즈의 이러한 니체해석은 그가 헤겔 논리학을 제대로 이해하지 못했다는 비난을 종종 받기도 한다. 이러한 논의는 후속 과제로 남아 있다.

---

40 G. Deleuze, *Nietzsche and Philosophy*, p.13.
41 KSA 7, 19(35), 427-8쪽,
42 G. Deleuze, 앞의 책, p.34.
43 위의 책, 10쪽.
44 들뢰즈는 헤겔의 '부정의 부정'과 대비되는 니체의 '긍정의 긍정'을 발견했다. 긍정의 긍정이란 차이 자체를 긍정할 뿐 아니라 그 차이를 산출하는 실천을 긍정하는 것이다.(고병권, 『니체의 위험한 책, 차라투스트라는 이렇게 말했다』, 그린비, 2009. 82쪽.)

니체와 트랜스휴먼

지난 여러 해 동안 유전공학 및 생명공학의 논쟁[45]은 국제사회의 뜨거운 감자였다. 우리 한국 사회에서도 황우석 사태를 통해 생명공학의 논의가 다양한 관점에서 전개된 바 있다. 그동안 수많은 유전공학의 논의는 일단 접어두고 더욱 광범위한 영역에서 슬로터다이크가 언급하고 있는 트랜스휴머니즘은 향후 어떻게 전개될 수 있을 것인지 다음과 같이 전망해 보고자 한다.

첫째, 슬로터다이크의 트랜스휴머니즘은 유전공학의 적극적인 활용을 요구하고 있다는 사실에 주목해야 한다. 트랜스휴머니즘의 유전공학은 선별과 사육을 통해 바람직한 유전자를 가진 태아를 만들어내는 일의 가능성을 검토한다. 슬로터다이크의 관점에서 기술주의 및 생명공학 시대의 특징은 인간이 비록 자신은 선별자 역할을 원하지 않을지라도, 자신의 의사와는 무관하게 능동적이고 주체적인 측면에서 선별한다는 점이다. 여기서 분명한 선별 권한은 꺼림칙한 생각을 유발할 수 있지만, 인간이 실제로 갖게 될 선별 권한의 행사하기를 분명하게 거부한다면, 결백을 유지할 수 있다.

그러나 인간들은 어느 영역에서 지식의 힘을 긍정적으로 전개하여 무능했던 이전 시대처럼 우월적인 권력에 대해 신이든 혹은 우연이든 간에, 자신의 역할을 내준다면 인간의 좋은 모습이 될 수 없다. 단순히 인간이 선별을 거부하거나 그 역할에서 한발 물러난다고 해도 아무런 의미가 없다. 인간은 향후 생명공학에 기반을 둔 조처들을 적극 받아들이고 생명

---

[45] 자세한 내용은 다음을 참조: 이진우 외, 『인간복제에 관한 철학적 성찰 -독일 슬로터다이크 논쟁을 중심으로-』, 문예출판사, 2004.

공학의 규범(codex)을 규정하는 것은 중요하다.[46] 슬로터다이크의 입장에서 이런 규범은 고전적 휴머니즘의 의미를 한층 변화시킬 것이라 보았다. 왜냐하면 "인간애"라는 말의 배후에는 본래 인간이 다른 인간에 대해 우월적인 권력을 행사할 수 있기 때문이다. 우월한 권력에 대한 인식은 위험한 우생학적인 사고로 간주되면서 거센 항의를 일으킨 바 있다. 무엇보다 슬로터다이크는 그동안 인간이 거쳐 온 진화의 과정을 고려하지 않고 관념적으로만 접근하는 기존의 휴머니즘적 접근에 한계가 있다고 보았다. 그는 위장된 휴머니스트들처럼 새롭게 도래한 유전공학의 놀이를 냉소적으로 거부만 할 것이 아니라, '참된 인간'의 해방을 어떻게 가능하게 할 것인가라는 대원칙하에서 진정성 있는 태도로 바라봐야 한다는 것이다. 따라서 그는 인간이 괴물이 되고 잡종의 형태가 될 위험은 유전공학 자체에 있는 것이 아니라 나르시시즘적인 인간이 지니고 있는 유아적인 사유방식에 있다고 강조한다.

하지만 지난 1999년 『짜이트(Zeit)』지의 아스호이어는 슬로타이크를 이렇게 평가한다. "슬로터다이크는 진짜 철학자들과 그들과 뜻이 맞는 생명공학자들로 이루어진 비민주적인 연구단체를 꿈꾸고 있다. 이들은 더는 도덕적인 질문들에 매달리지 않고 그 대신 실제적인 조치들을 취한다. 이들 엘리트 집단은 선별과 사육의 도움으로 종의 역사에 대해 유전학적인 이의를 제기해야 한다는 의무감을 느끼고 있다. 이로써 위버멘쉬에 대한 차라투스트라의 환상을 주장했던 니체의 꿈은 현실로 나타날 것이다."[47] 이러한 그의 예언적 진단에도 불구하고 슬로터다이크의 냉소주의 비판은 근본적으로 현대철학의 "고민에 대한 애도(lamentation)의 시작"[48]을

---

[46] P. Sloterdijik, *Regeln für Menschenpark*, p.44.
[47] Assheuer, *Die Zeit*, Number. 36, 1999.

알리는 것이었다.

둘째, 슬로터다이크의 우생학적 포스트휴머니즘의 논의는 다양한 논쟁의 여지를 안고 있지만, 21세기는 분명 트랜스휴머니즘이 도래했다는 사실이다. 이제 차세대 기술혁명은 정보통신(IT), 생명(BT), 나노(NT) 등 어느 한 분야에 국한하지 않은 신기술의 통섭을 통해 융합해 나가는 현상에 대해 인문학은 예의 주시해야 한다. 지난 시기나 현시점에서 인간 지성의 가장 위험한 모험은 자연과학과 인문학, 그리고 공학을 함께 연결하고자 하는 시도이다. 단적으로 통섭은 모험이다.

하지만 이는 피할 수 없는 모험이자 당위이다. 미국과학재단은 지난 2001년의 연구보고서를 통해, 미래 과학기술은 융합과학기술이어야 하며, 이러한 융합과학기술은 나노과학(N), 생명과학(B), 정보과학(I), 그리고 인지과학(C)의 4개의 영역을 통해 유기적으로 결합된 NBIC과학이 될 것으로 예상한 바와 같다. 즉, 지난 2001년 미국과학재단에서 나온 보고서의 제목은 『인간의 능력을 향한 융합기술(Convergent Technologies Improve Human Performance)』이었다. 이 연구보고서에 따르면, 이러한 미래 NBIC 융합과학이 추구하는 기술이 지향하는 궁극의 목표는 전 세계 인간의 각종 '수행(performance)'을 향상시키는 것이다. 이른바 GNR 기술, 곧 유전공학(G), 나노기술(N), 로봇공학(R)의 발달로 사람보다 영리한 기계가 출현하게 될 미래사회에서 사람과 기계가 맺게 될 사회적 관계를 세 가지 중의 하나일 것이다. 첫째, 로봇이 인간의 충직한 심부름 노릇을 하거나 둘째, 영화 "매트릭스"에서처럼 기계가 인간을 지배하거나 셋째, 인간과 로봇이 서로 돕고 살 것이라는 것이다.

---

48 N. Wilson, "Punchting Out the Enligtenment: A Discussion of Peter Sloterdijik's Kritik der zynischen Vernunft," in: *New German Critique*, Number. 41. 1987, p.54.

따라서 철학을 비롯한 인문학은 인공지능이 사람의 자연지능을 추월하는 특이점을 통과한 미래사회의 다양한 모습에 대한 구체적인 진단 및 검토가 더욱 필요한 시점이다. 무엇보다 나노과학, 생명과학, 인지과학, 정보과학을 연결하는 융합과학의 핵심에 '뇌'와 '마음'의 연구에 인문학은 함께 매진해야 한다. 이른바 인간 수행성의 수준향상이라는 목표는 인간의 마음과 뇌를 연결하는 연구를 통해 비로소 가능해질 수 있다. 이제 뇌와 마음의 연구가 미래 과학기술 사회의 핵심적이고 궁극적 주제가 될 것이라는 예측은 어렵지 않다. 유전자 지도인 게놈(Genome)을 넘어서 이제 뇌와 마음의 연결지도인 코그놈(Cognome)을 도출하는 연구에 철학을 비롯한 인문학은 적극 동참해야 할 것이다. 따라서 인간 자신의 물질적, 심리적 속성의 비밀을 푸는 일은 과학기술의 최후의 개척지가 되었다. 단적으로 미국의 NBIC 융합이 트랜스휴머니즘에 의해 주도되어 자연인을 능가하는 인간능력의 향상에 집중하고 있다는 그 실례이다.[49]

반면에 유럽연합은 인간의 개조나 능가보다 인간을 치유하려는 목적에 더 비중을 두고 있다. 이러한 차이는 인간의 마음과 관련하여 미국의 NBIC융합은 '마음의 공학화(enginnering of Mind)'에 치중하고 있다면, 유럽은 '마음을 배려하는 공학(engineering for mind)'을 지향해 가고 있다. 우리의 NBIC의 융합은 미국이나 유럽처럼 어느 하나의 양자택일이 아니라 양자의 종합이 필요한 시점이다. 그러기 위해 인문학은 이에 대한 허심탄회한 학제적 융합이 절실한 시점이다.

셋째, 트랜스휴머니즘은 첨단기술의 발전이 미래 어느 시점에 특이점(singularity)에 도달하여 성공적으로 융합된다면, 우리는 이러한 융합기술로

---

[49] HLEG(by A. Nordmann, Rapportuer), *Converging Technologies for the European Knowledge Societies,* Report, 2004.

인해 인간을 개조하여 생물학적 한계를 극복해야 하는 과제를 떠안고 있다. 점차 인간의 생물학적 신체는 점점 도태되고 첨단기술에 의한 능력이 완전하게 증강하여 인간 이후의 존재가 출현할 것이다. 우리의 사회적 인지 및 행동의 기초가 되는 생물학적 메커니즘은 뇌 연구와 인문학의 융합이라는 사실을 절실히 인식하고 학제적 연구에 적극 동참해야 할 것이다. 예컨대 사회심리학과 신경과학이 융합한 학제 간 연구, 즉 인간의 사회생활과 뇌 구조의 관계를 연구하는 인문학과의 주제, 도덕적 행동, 모방심리, 정치성향들의 주제를 발굴하여 점차 그 범위를 확대해 가야 한다. 뇌와 마음에 대한 과학의 발견들을 인지과학에서와는 다르게 인격적이고 감성적인 인문학을 수렴해야 한다. 특히 교육 수행과 관련된 부분들, 이를테면 교실현장의 '교수-학습' 방법론, 재교육 현장에서의 직종에 따른 커뮤니케이션 습득방법론, 감정/실천에 의거한 타자 중심적 도덕교육은 물론 사회적 자폐증, 알코올이나 약물 중독 등 각종 병리현상에 대한 교정교육 등에서 더욱 실질적이고 탁월하게 적용해야 한다.

따라서 인문학과 자연과학 그리고 공학의 학문이 만나 서로 경계를 넘나들어 지금까지 높기만 했던 장벽을 허물고 과학적 태도를 크게 변화시켜야 한다. 트랜스휴머니즘은 모험의 활동이다. 그 모험은 아직 가야 할 길이 멀다. 따라서 니체철학에서도 드러났듯이, 인문학의 통섭적 사유는 다른 이웃 학문과의 키 높이를 마땅히 맞추어 가야 하지만, 가야 할 길이 바쁘다. 궁극적으로 우리는 가치와 의미에 관한 인문학적 반성을 통해 종합과 통합의 능력을 단련해야 할 것이다.

이와 같이 21세기 과학기술의 최첨단 시대에도 우리가 살아가는 삶의 최고 목적은 건강한 삶을 살아가는 것이다. 니체가 종종 언급하고 있듯이, 한 철학자가 가야 할 새로운 척도는 건강한 삶이다. 이것이 자기 자신을 긍정하는 것이자 세계를 긍정하는 것이다. "한 철학자가 도달할 수

있는 최고의 경지이다. 디오니소스적으로 현존재를 대하는 것 −이를 위한 하나의 표현형식은 운명애이다."⁵⁰

---

50 KSA 13, 492쪽.

참고문헌

강대석, 『미학의 기초와 그 이론의 변천』, 서광사, 1984.
강영계, 『니체와 예술』, 한길사, 2000.
_____, 「니체의 예술철학 -『힘에의 의지』를 중심으로」, 『니체연구』 제2집, 한국니체학회 편, 이문출판사, 1996.
_____, 「비극의 탄생」, 『니체와 문명비판』, 철학과현실사, 2007.
_____, 「니체철학은 변증법적인가 -들뢰즈의 니체해석에 대한 비판」, 『니체와 문명비판』, 철학과현실사, 2007.
_____, 「아리스토텔레스와 니체의 비극」, 양해림 외, 『니체의 미학과 예술철학』, 북코리아, 2017.
_____, 『아티스트 니체』, 텍스트, 2014.
강영안, 「근대지식 이념과 인문학」, 『철학』 제57집, 한국철학회, 1998.
고명섭, 『니체 극장』, 김영사, 2012.
고병권, 『니체의 위험한 책, 차라투스트라는 이렇게 말했다』, 그린비, 2009.
공병혜, 「쇼펜하우어의 의지의 형이상학에서의 이념론과 예술」, 『美學』, 한국미학회, 2002.
권의섭, 「니체의 생명 사상과 생명공학」, 『니체연구』 제12집, 한국니체학회, 2007.
그라우트, 도널드, 『서양음악사(하)』, 한국교재연구회 옮김, 세광음악출판사, 2007.
기정희, 『빈켈만 미학과 그리스 미술』, 서광사, 2000.
김계홍, 『그리스 사유의 기원』, 살림, 2013.
김문환, 『바그너의 생애와 예술』, 도서출판 느티나무, 2006.
김미기, 「니체의 진리 개념 비판에서 본 예술과 여성의 본질」, 한국니체학회 편, 『니체연구』 제3집, 이문출판사, 1998.
김바다, 「인간의 자기이해의 관점에서 본 니체의 도덕비판 -『아침놀』을 중심으로」, 『니체연구』 제26집, 한국니체학회, 2014.
김상환 외, 『니체가 뒤흔든 철학 100년』, 민음사, 2000.

김상환,『차이와 반복』, 민음사, 2003.
김수현,『미학의 역사』, 미학대계간행회 편, 서울대학교출판부, 2007.
김영식,『과학, 인문학 그리고 대학』, 생각의나무, 2007.
김우창,『깊은 마음의 생태학』, 김영사, 2016.
김정현,『니체의 몸철학』, 지성의샘, 1995.
_____,『니체, 생명철학과 치유의 철학』, 책세상, 2006.
_____,「니체와 현대예술의 탄생」,『니체 연구』제11집, 한국니체학회, 2007.
_____,「고통의 심층철학 –쇼펜하우어의 의지의 형이상학을 중심으로」,『철학연구』제68집, 대한철학회, 1998.
김주일,「이성의 빛을 발견하다: 그리스정신」,『문명이 낳은 철학, 철학이 바꾼 역사』, 이정우 엮음, 도서출판 길, 2016.
김진,『니체와 불교적 사유』, 울산대학교출판부, 2004.
_____,「쇼펜하우어의 의지 형이상학과 동고의 윤리」,『철학연구』제102집, 대한철학회, 2007.
김진경,『그리스 비극과 시대 정신』, 일조각, 1999.
니체, 프리드리히,『비극의 탄생』, 박찬국 옮김, 아카넷, 2012.
_____,『바그너의 경우·우상의 황혼·안티크리스트·이 사람을 보라·디오니소스 송가·니체 대 바그너』, 백승영 옮김, 책세상, 2002.
_____,『비극적 사유의 탄생』, 이진우 옮김, 문예출판사, 1997.
_____,『차라투스트라는 이렇게 말했다.』, 정동호 옮김, 책세상. 2000.
_____,『도덕의 계보학』, 김정현 옮김, 책세상, 2000.
_____,『유고』(니체전집 17), 정동호 옮김, 책세상, 2004.
_____,『유고(1869년 가을–1872년 가을)』, 정동호 옮김, 책세상, 2007.
_____,「플라톤 이전의 철학자」,『언어의 기원에 관하여 외』, 김기선 외 옮김, 책세상, 2013.
_____,『니체전집 15』, 백승영 옮김, 책세상, 2004.
들뢰즈, 질,『들뢰즈의 니체』, 박찬국 옮김, 철학과현실사, 2007.
_____,『철학이란 무엇인가』, 이정임 옮김, 현대미학사, 1999.
_____,「어느 가혹한 비평가에게 보내는 편지」,『대담』, 김종호 옮김, 서솔, 1993.
_____,『차이와 반복』, 김상환 옮김, 민음사, 2004.

_____, 『니체와 철학』, 이경신 옮김, 민음사, 1999.
로빈슨, 데이브, 『니체와 포스트모더니즘』, 박미선 옮김, 이제이북스, 2002.
리차드 로티, 『우연성·아이러니·연대성』, 김동식 외 옮김, 민음사, 1996.
바디우, 알랭, 『바그너는 위험한가』, 김성호 옮김, 북인더갭, 2012
박구용, 「초인과 인간 복제」, 『니체연구』 제5집, 세종출판사, 2003.
박영선, 「미적 자율성의 확립으로서의 칸트 미학」, 『칸트와 미학』, 민음사, 1997.
박영식, 『과학, 인문학 그리고 대학』, 생각의나무, 2007,
박온자, 『인문과학정보론』, 한국도서관협회, 1997.
박찬국, 『들뢰즈의 니체철학 읽기』, 세창미디어, 2012.
_____, 『니체를 읽는다 –막스 셀러에서 들뢰즈까지』, 아카넷, 2015.
박치완, 『이데아로부터 시뮬라크르까지』, 한국외국어대학교 출판부, 2016.
백승균, 「야스퍼스의 니체해석」, 『칼 야스퍼스 비극적 실존의 치유자』, 한국야스퍼스학회 엮음, 철학과현실사, 2008.
백승영, 『니체, 디오니소스적 긍정의 철학』, 책세상, 2011.
_____, 「포스트모던적 계몽의 두 가지 길: 리오타르와 니체」, 『니체연구』 제13집, 한국니체학회, 2008.
번햄. 도글라스 & 제싱호젠. 마틴, 『니체의 비극의 탄생 입문』, 임건태 옮김, 서광사, 2015.
벡, 울리히, 『세계화 시대의 권력과 대항권력』, 홍찬숙 옮김, 도서출판 길, 2011.
벨러, 에른스트, 『데리다-니체니체-데리다』, 박민수 옮김, 책세상, 2003.
벨쉬, 볼프강, 『미학의 경계를 넘어』, 심혜련 옮김, 향연, 2005.
브루노스넬, 『정신의 발견』, 김재홍 옮김, 까치, 1994.
빙켈만, 요한요아킴, 『그리스 미술 모방론』, 민주식 옮김, 이론과실천, 2012.
서동욱, 『들뢰즈의 철학』, 민음사, 2002.
소포클레스, 『소포클레스 비극 전집』, 천병희 옮김, 도서출판 숲, 2009.
쇼펜하우어, 아르투르, 『의지와 표상으로서의 세계』, 곽복록 옮김, 을유문화사, 2002.
_____, 『의지와 표상으로서의 세계』, 권기철 옮김, 동서문화사, 2008.
_____, 『의지와 표상으로서의 세계』, 곽복록 옮김, 을유문화사, 2003.
스핑크스, 리, 『가치의 입법자 프리드리히 니체』, 윤동근 옮김, 앨피, 2009.
슈미트, 뤼디거, 『차라투스라는 이렇게 말했다』, 김미기 옮김, 이학사, 1999.

슬로터다이크, 페터, 『인간 농장을 위한 규칙』, 이진우·박미애 옮김, 한길사, 2004.
승계호, 『괴테 니체 바그너』, 석기용 옮김, 반니, 2014.
신상규, 「사이보그와 매트릭스」, 이인식 외, 『인문학자, 과학기술을 탐하다』, 고즈윈, 2012.
_____, 『호모 사피엔스의 미래 –휴머니즘과 트랜스 휴머니즘』, 아카넷, 2014.
아리스토텔레스, 『시학』, 천병희 옮김, 삼성출판사, 1994.
아리스토파네스, 『개구리』, 김해룡 옮김, 동인, 2003.
아이스킬로스, 『아이스킬로스 전집』, 천병희 옮김, 도서출판 숲, 2009.
야스퍼스, 칼, 『니체와 기독교』, 이진오 옮김, 철학과현실사, 2006.
양대종, 「니체이해의 한 시도–정의개념을 중심으로」, 『니체연구』 제17집, 한국니체학회, 2010.
양해림, 「그리스 비극과 소크라테스 비판 –니체의 『비극의 탄생』을 중심으로」, 『니체연구』 제16집, 한국니체학회, 2009.
_____, 『대학생을 위한 서양철학사』, 집문당, 2015.
_____, 「니체의 디오니소스 예술관 1」, 『디오니소스와 오디세우스의 변증법』, 철학과현실사, 2000.
_____, 『디오니소스와 오디세우스의 변증법』, 철학과현실사, 2004.
_____, 『미와 아트, 대중문화와 소통하다』, 집문당, 2014.
_____, 「니체와 노자의 생태학적 자연관」, 『에코·바이오테크시대의 책임윤리 –과학기술의 진보와 이성』, 철학과현실사, 2005.
_____, 「과학기술시대의 오디세우스 –호르크하이머와 아도르노의 『계몽의 변증법』을 중심으로」, 『디오니소스와 오디세우스의 변증법』, 철학과현실사, 2000.
_____, 「현대해석학과 인지과학의 역사적 맥락」, 양해림 외, 『인지문화란 무엇인가』, 충남대학교출판문화원, 2011.
_____, 「사이버공간의 정의」, 양해림 외, 『사이버공간과 윤리 –개정증보판』, 충남대학교출판문화원, 2011.
_____ 외, 『공감인지란 무엇인가』, 충남대학교 출판문화원, 2012.
_____ 외, 『니체의 미학과 예술철학』, 북코리아, 2017.
에우루피데스, 『에우리피데스 전집』, 천병희 옮김, 도서출판 숲, 2002.

워릭, 케빈, 『나는 왜 사이보그가 되었는가』, 정은영 옮김, 김영사, 2004.
원동훈, 「현대음악과 프랑스 현대예술 담론의 계보학」, 『니체연구』 제10집, 한국니체학회, 2006.
윌리엄스, 제임스, 『들뢰즈의 차이와 반복 –해설과 비판』, 신지영 옮김, 라움, 2010.
이동용, 『니체와 함께 춤을』, 이파르, 2015.
이상엽, 「힘에의 의지」, 『니체철학의 키워드』, 울산대학교출판부, 2005.
_____, 「니체의 칸트 수용과 비판」, 『니체의 문화철학』, 울산대학교 출판부, 2007.
이서규, 「쇼펜하우어의 예술개념에 대한 고찰」, 『동서철학연구』 제52호, 한국동서철학회, 2009.
이석재, 「데카르트」, 『데카르트에서 들뢰즈까지 –이성과감성의철학사』, 서울대학교철학사상연구소 엮음, 세창출판사, 2015.
이영의, 「분산된 인지와 마음」, 『철학연구』 제36집, 고려대학교철학연구소2008.
이인식, 『지식의 대혁명』, 고즈윈, 2008.
이정모, 『인지과학 –학문 간 융합의 원리와 응용』, 성균관대학출판부, 2009.
이종관, 『공간의 현상학, 풍경 그리고 건축』, 성균관대학교출판부, 2011.
이진우, 『니체, 실험적사유와 극단의 사상』, 책세상, 2009.
_____, 『이성은 죽었는가』, 문예출판사, 1998.
_____, 『니체, 실험적 사유와 극단의 사상』, 책세상, 2009.
_____, 『니체의 차라투스트라를 찾아서』, 책세상, 2010.
_____, 『니체전집 3』, 2001.
이진우 외, 『인간복제에 관한 철학적 성찰 –독일 슬로터다이크 논쟁을 중심으로』, 문예출판사, 2004.
임건태, 「니체의 영원회귀사상 –들뢰즈와 하이데거의 해석을 중심으로」, 『니체연구』 제15집, 한국니체학회, 2009.
_____, 「니체의 힘에의 의지 개념」, 『니체연구』 제17집, 한국니체학회, 2010.
임홍빈, 「미적 실존의 조건들」, 『철학연구』 제36권, 고려대학교철학연구소.
자프란스키, 뤼디거, 『니체 –그의 생애와 사상의 전기』, 오윤희 옮김, 문예출판사, 2003.
장회익, 「동서양의 학문 세계, 어떻게 서로 다른가?」, 『삶과 온생명』, 솔, 1998.

정낙림, 「놀이의 실천 철학적 의미 –니체철학을 중심으로」, 『철학연구』 제122집, 대한철학회, 2012.
_____, 『니체와 현대예술』, 역락, 2012.
_____, 「니체와 현대미술」, 『니체 연구』 제10집, 한국니체학회, 2006.
_____, 「니체의 예술생리학과 현대예술 –플럭서스 운동을 중심으로」, 『철학연구』 제120집, 대한철학회, 2011.
_____, 「니체의 민주주의 비판」, 『철학연구』 제101집, 대한철학회, 2007.
_____, 「현대는 소크라테스와 더불어 시작되었다: 니체의 소크라테스 비판」, 『철학연구』 제92집, 대한철학회, 2004.
정동호, 『니체』, 책세상, 2014.
_____, 『니이체 연구』, 탐구당, 1983.
_____, 「니체의 삶과 사상」, 정동호 외, 『오늘 우리는 왜 니체를 읽는가?』, 책세상, 2006,
_____, 「피코, 다윈, 니체」, 『니체연구』 제5집, 세종출판사, 2003.
정영수, 「무한긍정과 힘의 반복으로서의 존재론 니체의 영원회귀사상에 대하여」, 『서강인문논총』 제27집, 2010.
진은영, 『니체, 영원회귀와 차이의 철학』, 그린비, 2007.
차하순, 『르네상스의 사회와 사상』, 탐구당, 1991.
차하순·정동호, 『부르크하르트와 니이체』, 서강대학교출판부, 1986.
천병희, 『그리스 비극의 이해』, 문예출판사, 2009.
최상욱, 『차라투스트라는 이렇게 말했다 메타포 읽기』, 서광사, 2015.
최순영, 『니체와 도덕의 위기 그리고 기독교』, 철학과현실사, 2012.
커즈와일, 레이, 『특이점이 온다』, 김명남·장시형 옮김, 김영사, 2007.
클로소프스키, 피에르, 『니체의 악순환 –영원회귀의 체험에 대하여』, 조성천 옮김, 그린비, 2010.
토마스 만, 『쇼펜하우어·니체·프로이트』, 원당희 옮김, 세창미디어, 2009.
플라톤, 「소크라테스의 변론」, 『에우티프론, 소크라테스의 변론, 크리톤, 파이돈』, 박종현 옮김, 서광사, 2003.
핑크, 오이겐, 『니이체 철학』, 하기락 옮김, 형설출판사, 1984.
하버마스, 이진우 역, 『현대의 철학적 담론』, 문예출판사, 1996.
함이마이스터, 카이, 『독일 미학전통』, 이학사, 2014.

헤겔, 게오르그, 『헤겔의 예술철학』, 한동원·권정임 옮김, 미술문화, 2009.
헤어브레이터, 슈테판, 『포스트휴머니즘 –인간 이후의–인간에 관한– 문화철학적 담론』, 김연순·김용준 옮김, 성균관대학교출판부, 2002.
홀링데일, 레지날드, 『니체, 그의 사람과 철학』, 김기복·이지원 옮김, 이제이북스, 2004.
홍사현, 「니체의 음악적 사유화 현대성」, 『니체연구』 제10집, 한국니체학회, 2006.
_____, 「쇼펜하우어의 음악철학」, 『철학연구』 제139집, 대한철학회, 2016.
_____, 「니체의 예술적 사유와 현대예술」, 정동호 외, 『오늘 왜 우리는 니체를 읽는가?』, 책세상, 2006.
Abel, G., *Nietzsche. Die Dynamik der Wille zur Macht und die ewige Wiederkehr*, Walter de Gruyter: Berlin·New York, 1998.
Abendroth, W., *Schopenhauer*, Reinbek bei: Hamburg, 2007.
Anter, A., *Theorien der Macht zur Einführung*, Hamburg, 2013.
Ahrend Th., "Das Verhältnis von Musik und Sprache bei Nietzsche", in: *Nietzsche–Forschung*, Bd. 2. Berlin, 1995.
Assheuer, Thomas, Das Zarathustra–Projekt. Der Philosoph Peter Sloterdijk fordert eine gentechnische Revision der Menschheit, in: *Die Zeit*, Vol. 36, 1999.
Baumgarten, A. G., *Texte zur Grundlegung der Ästhetik*, Hamburg, 1983.
Bäumer, M. L., "Das Moderne Phänomen des Dionysischen und seine Entdeckung durch Nietzsche", in: *Nietzsche–Studien*, Bd. 6. 1977.
Becker, F., *Ästhetik der Korrektiv der Vernunft, in: Zeitschrift für Ästhetik und allgemeine Kunstwissenschaft*, Bd. 34/1. 1989.
_____, "Ästhetik als Korrektiv der Vernunft, Denkmotive Schopenhauers und Nietzsches in der Ästhetischen Theorie Adorno", in: *Zeitschrift für Ästhetik und allgemeine Kunstwissenschft*, Bd. 34/1. 1989.
Behler, E., "Sokrates und die griechische Tragödie", in: *Nietzsche–Studien*, Bd. 18. 1989.
_____, "Nietzsche und frühromantische Schule", in: *Nietzsche–Studien*, Bd. 7. 1978.

_____, "Die Auffassung des Dionysischen durch die Brüder Schlegel und Friedrich Nietzsche", in: *Nietzsche Studien* Bd. 12, 1983.

Birenbacher, D.(Hrsg.), *Schopenhauer in der Philosophie der Gegenwart*, Konigshausen·Neumann: Würzburg, 1996.

Böning, Th., *Metaphysik, Kunst und Sprache beim frühen Nietzsche*, Berlin: Walter de Gryter, 1988.

Brose, K., *Sklavenmoral: Nietzsches Sozialphilosophie*, Bouvier: Bonn, 1990.

Bruse, K–D., "Die Griechische Tragödie als Gesamtkunst–Anmerkung zu den musikästhetischen Reflexionen des frühen Nietzsche", in: *Nietzsche–Studien*, Bd. 13. 1984.

Burckhardt, J., Jacob Bruckardt, *Weltgeschichtliche Betrachtungen. über geschichtliches Studium*, München, 1978.

_____, *Die Kultur der Renaissance in Italien: Ein Versuch. durchgesehen von Walter Goetz*, Stuttgart, 1958.

Buttler, J., *Psyche der Macht. Das Subjekt der Unterwerfung*, Frankfurt. a. M., 2013.

Byung–Chul, H., *Was ist Macht?*, Reclam: Stuttgart, 2013.

Camm, G., "Zwischen Antike und Postmoderne–Politische Philosophie bei Nietzsche", in: *Philosophische Rundschau*, Vol. 38, 1991.

Dahlhaus, C., *Die Idee der absoulten Musik*, Kassel, 1978.

_____, "Wagners Konzeption des musikalischen Dramas", München, 1999.

Dannhauer, W. J., *Nietzsche's View of Socrates*, Cornell, 1974

Da–Jung, Y., *Die Problematik des Begriff der Gerechtigkeit in der Philosophie von Friedrich Nietzsche*, Duncker·Humboldt: Berlin, 2005.

David S Thatcher, "Musical Settings of Nietzsches Texts: An Annotated Bibliography (Ⅲ)", in: *Nietzsche–Studien*, 15, 1986.

Decher, F.,"Nietzsches Metaphysik in der 'Geburt der Tragödie' im Verhältnis zur Philosophie Schopenhauers", in: *Nietzsche–Studien*, Bd. 14. 1985.

Deleuze, G., *Nietzsche and Philosophy*, Translated by Hugh Tomlinson, Columbia University Press: New York, 2006.

_____, *Difference and Repetition*, Translated by Paul Patton, Columbia University Press: New York, 1994.
Del C., A., *Dionysian Ästhetics*, Peter Lang: Frankfurt, 1981.
Djurić M., *Nietzsche und Metaphysik*, Berlin, 1985.
Dowerg, R., *Friedrich Nietzsches Geburt der Tragödie in ihren Beziehungen zur Philosophie Schopenhauers*, Leipzig, 1902.
Dru, A., *The Letter of Jocob Burckhardt*, New York, 1995.
Ellrich, L.,"Rhetorik und Metaphysik. Nietzsches neue ästhetische Schreibeweise" in: *Nietzsche–Studien*, Bd. 23. 1994.
Fietz, R., *Medienphilosophie, Musik, Sprache und Schrift bei F. Nietzscshe*, K & N: Würzburz, 1991.
Filser, B., *Die Ästhetik Nietzsche's in der Geburt der Tragödie*, München, 1917.
Fink, E., *Nietzsches Philosophie*, Stuttgart, 1979.
Fleischer, M., "Dionysos als Ding an sich", in: *Nietzsche–Studien*, Bd. 17. 1988.
_____, "Philosophische Aspekte von Wagners "Tristan und Isolde", in: *Perspektiven der Philosophie*, Bd. 8. 1982.
Fleiser, M., "Dionysos als Ding an sich. Der Anfang von Nietzsches Philosophie in der ästhetischen Metaphysik der Geburt der Tragödie", in: *Nietzsche–Studien*, Bd. 17. 1988.
Foucault, M., *Nietzsche, die Genealologie, die Historie*, in: Guzoni, A(Hg.), *100 Jahre philosophische Nietzsche–Rezeption*, Frankfurt a. M., 1991.
_____, *Wannsinn und Gesellschaft*, Frankfurt a. M., 1992.
Frenzel, I., *Friedrich Nietzsche*, Hamburg, 2000.
Friedhelm, D., "Nietzsches Metaphysik in der 'Geburt der Tragödie im Verhältnis zur Philosophie Schopenhauer", in: *Nietzsche–Studien*, Bd. 14. 1985.
Früchel, J., "Rationalität und Konsequenz der Nietzsche als Herausforderung für Adorno und Habermas", in; *Neitzsche–Studien*, Bd. 19. 1990.
Gehardt, V., "Von der Ästhetischen Metaphysik zur Pysiologie der Kunst", in: *Nietzsche–Studien*, Bd. 13. 1984.

_____, "Das individuelle Gesetz. Uber eine sokratische–platonische Bedingung der Ethik," in: *Allgemeine Zeitschrift für Philosophie*, Vol. 22, Num. 1, 1997.

_____, *Friedrich Nietzsche*, München, 1995.

_____, *Pathos und Distanz–Studien zur Philosophie Friedrich Nietzsches*, Stuttgart, 1988.

_____, "Macht und Metaphysik: Nietzsches Machtbegriff im Wandel der Interpretation", in: *Nietzsche Studien*, Vol. 10/11, 1982.

_____, *Vom Willen zur Macht. Anthropologie und Metaphysik der Macht am exemplarischen Fall Friedrich Nietzsches*, Walter de Gruyter: Berlin·New York, 1996.

Gilman, S. L., "Hegel, Schopenhauer and Nietzsche see the black", in: *Hegel–Studien*, Bd. 16. 1981.

Goedert, G., "Nietzsche und Schopenhauer", in: *Nietzsche–Studien*, Bd. 7. 1978.

Gooding–W. R., "Nietzsche's Pursuit of Modernism", in: *New German Critique*, Vol. 41, 1988.

Greiner, U. O. S., Peter Sloterdijk und die Elite, in: *Die Zeit*, Vol. 37, 1999.

Grout, D. J., *A History of western music*, New York, 1980.

Gründer, K. (Hg.), "Der Streit um Nietzsches Geburt der Tragödie", Hildesheim, 1969.

Habermas, J., Post vom bösen Geist, in: *Die Zeit*, 38, 1999.

_____, *Die philosophische Diskurse der Moderne*, Frankfurt. a. M., 1986.

_____, "Moderne–eine unvollendetes Projekt", in: W. Welsch(Hg.), *Wege aus der Moderne*, Weiheim, 1988.

Hager, F.–P., *Das Platon–Verständnis Nietzsches*, in Nietzsche Kontrovers von R. Berlinger und W. Schrader, Königshausen und Neumann: Würzburg, 1984.

Heidegger, M., *Über den Humanismus*, Klostermann: Frankfurt, 1949.

_____, *Nietzsche I*, Tübingen, 1961.

Heller, P., "Nietzsches Kamp mit den Romantischen Pessimismus", in: *Nietzsche*

–*Studien*, Bd. 7. 1978.
Heftrich, E., "Die Geburt der Tragödie. Eine Präfiguration von Nietzsches Philosophie", in: *Nietzsche–Studien*, Bd. 17. 1988.
Hellmuth, T., *Deutung und Wertung der Kunst bei Schopenhauer und Nietzsche*, Leipzig, 1933.
Hermann, J. S., Nietzsche und Sokrates, Meisenheim am Glan, 1969.
Hildbrandt, K., Wagner und Nietzsche. Ihr Kampf gegen das 19, Jahrhundert: Kurt Hildebrant, Nietzsches Wettkampf mit Sokrates und Plato, Dresden, 1922.
Höffe, O., *Die Macht der Moral im 21. Jahrhundert*, C. H. Beck: München, 2014.
Honnefelder, L., Der Mensch droht zu stolpern, in: *Der Spiegel*, 1999.
Horkheimer, M. & Adorno, Th. W., *Dialektik der Aufklärung*, Frankfurt. a. M., 1999.
Hoyer, H., *Nietzsche und Die Pedägogik*, Königshausen & Neumann: Würzburz, 2002.
Huchyermezer, H., *Aulos und Kithara in der griechischen Musik bis zum Ausgang der klassischen Zeit*, Phil. Diss. Münster, 1931.
Hudek, F–P., *Die Tyrannei der Musik. Nietzsches Wertung des Wagnerschen Musikdramas*, Würzburg, 1989.
Jänhig, D.,"Nietzsche Kunstbegriff", in: *Beträge zur Theorie der Kunste im 19. Jahrhundert*, Bd. 2. Frankfurt. a. M., 1972.
Janz, C. P., "Friedrich Nietzsches Verhältnis zur Musik seiner Zeit", in: *Nietzsche–Studien*, Bd. 7. 1978.
_____, *Nietzsche: Biographie*, Bd. 1. München·Wien, 1994.
Jaspers, K., *Nietzsche: Einführung in das Verständnis seines Philosophierens*, Walter de Gruzter: Berlin, 1950.
Jähning, D., "Nietzsche Kunstbegriff (erläutert an der Geburt der der Tragödie)", in: Helmut Koopmann (Hg.), Beiträge zur Theorie der Kunste in 19, Jahrhundert, Bd. 2. Frankfurt a. M., 1972.
Jähnig, D., "Welt–Geschichte; Kunst–Geschichte", M. Du Mont Schauberg,

Köln, 1975.

Jähnig, D., "Die Befreigung de Kunstekenntnis von der Metaphysik in Nietzsche Geburt der Tragädie," in: ders.(Hg.), Welt–Geschichte: Kunst–Geschichte, Schauberg, 1975.

Kahl, R., Killersatelliten. Professionelle Deformationen: Peter Sloterdijk, die Kritische Theorie und der Krieg im Feuilleton, in: *Taz*, 1999.

Kaulbach, F., "Kant und Nietzsche im zwischen der kopernikanischen Wendung– Ein Betrag zum Problem der Modernität", in: *Zeitschrift für philosophische Forschung*, Bd. 41. 1987.

Kauffmann, K., "Godeln, Lichter, Musik", in: Nietzsche–Studien, Bd. 17. 1988.

Kerkhoff, K. M., *Physis und Metaphysik. Untersuchungen zur Herkunft der Auseinandersetzung zwischen Dionysischem und christlichem Lebensideal auf Grund der Wiederkehr archaisch–mythischer Wertungen im Denken Friedrich Nietzsches*, Phil. Diss. München, 1963.

Koch, H–J., "Die Nietzsche–Rezeption durch Rudolf Pannwitz", in: *Nietzsche–Studien*, Bd. 26. 1997.

Kofler, L., "*Das Apollinische und des Dionysische in der utopischen und antagonischen Gesellschaft*", in: ders, Zur Dialektik der Kultur, Frankfurt a. M., 1972.

Köhler, J., "Der Wille zum Schein. Nietzsches Spätphilosophie einer ästhetische Bemachtung", in: *Philosophisches Jahrbuch*, 94, 1987.

Köster, P., "Die Renasissance des Tragischen", in: *Nietzsche–Studien*, Bd. 1. 1972.

Kropfinger, K.,"Wagners Musikbegriff und Nietzsches Geist der Musik", in: *Nietzsche–Studien*, Bd. 14. 1985.

Lenzinger, G., *Das Problem der Musik und musikalischen bei Nietzsche*, Phil. Diss. Freiburg, 1951.

Lypp, B., "Dionysisch–Apollinisch: Ein Unhaltbarer Gegenssatz", in: *Nietzsche–Studien*, Bd. 13. 1984.

Lyotard, J.–F. *Das postmoderne Wissen: Ein Bericht*, Böhlau: Graz · Wien,

1986.

Magnus, B., "Nietzsche and Postmodern Criticism", in: *Nietzsche–Studien*, Bd. 18. 1989.

Martens, E., *Die Sache des Sokrates*, Stuttgart, 1992.

Menke, C., *Tragedy and free sprits. On Nietzsche's theory of aesthetic freedom*, in: *Philosophiy & social criticism*, Vol. 1, 1996.

_____, *Kraft ein Grundbegriff ästhetischer Anthropologie*, Frankfurt. a. M., 2008.

Mohr, R., Züchter des Übermenschen, in: *Der Siegel*, 1999.

More, M. & Ray, K., Max More and Kurzweil on the Singularity, February 26, 2002.

Müller–Lauter, W., "Nietzsches Lehre von Willen zur Macht", *Nietzsche–Studien*, Bd. 3. 1974.

_____, *Nietzsche, Seine Philosophie der Gegensätze und und die Gegensätze seiner Philosophie*, Walter de Gruyter: Berlin, 1971.

Nehamas, A., *Nietzsche: Life as Literature*, Harvard University Press: Cambridge·Massachusetts·London, 1985.

Nessler, B., *Die beiden Theatermodelle in Nietzsches Geburt der Tragödie*, Phil. Diss. Freibug. Meisenheim, 1971.

Neschke–Hentschke, A., "Geschichten und Geschichte –Zum Beispiel Prometheus bei Hesiode und Aischylos," in: *Hermes–Zeitschrift für klassische Philologie*, Bd. 111. 1983.

Nezmeyr, B., "Ästhetische Subjektivität als interesseloser Spiegel? Zu Heideggers und Nietzsches Auseinandersetzung mit Spopenhauer und Kant", in: *Philosophisches Jahrbuch*, 10, 1995.

Nietzsche, F., *Sämtliche Werk. Kritische Studienausgabe in 15 Bänden*, Bd. 8. G. Colliu.a.(Hg), München, 1999.

_____, *Sämtliche Werke, Kritische Studienausgabe, 15 Bänden*, Berlin/New York, 1999.(=KSA)

_____, *Sämtliche Werke, Kritische Studienausgabe in 15 Bänden*, Bd. 1. (Geburt der Tragödie) München, 1980.

_____, *Menschliches, Allzumenschliches I und II*, KSA 2, Giorgio Colli & Mazzino Montinari, Sammtliche Werke, Kritische Studienausgabe. Bd. 10. München, Berlin & New York, 1988.
_____, *Morgenröte, KSA* 3, München, 1999.
_____, *Also sprach Zarathustra*, KSA 4, München, 1999.
_____, *Jenseits von Gut und Böse*, KSA 5, München, 1999.
_____, *Dionysos–Dithramben*, KSA 6, München, 1999.
_____, *Ecce Homo*, KSA 6, München, 1999.
_____, *Nachgelassene Fragmente 1880–1882*, KSA 9, München, 1999.
_____, *Nachgelassene Fragmente 1882–1884*, KSA 10, München, 1999.
_____, *Nachgelassene Fragmente 1884–1885*, KSA 11, München, 1999.
_____, *Nachgelassene Fragmente 1885–1887*, KSA 12, München, 1999.
_____, *Nachgelassene Fragmente 1887–1889*, KSA 13, München, 1999.
_____, *Der griechische Staat*, in ders, Werk in drei Bänden. I. hg. v. Karl Schlechta, München, 1994.
_____, *Die Geburt der Tragädie*, Bd. 1, Berlin·New York, 1999.
_____, *Kritische Gesamtausgabe* in 15 Bänden, G. Colli u.a(Hg.), München, 1999.
_____, *Die Geburt der Tragädie*, Bd. 1, Berlin·New York, 1999.
_____, *Nietzsche Werke, Kritische Gesamtausgabe*, vol. III 2: Nachgelassene Schriften 1870–1873, München, 1999.
Ottmann, H., *Philosophie und politik bei Nietzsche*, Berlin·New York, 1999.
Otto, W. F., *Dionysos. Mythos und Kult*, Frankfurt a, M. 1960.
Pfotenhauser, H.,"Physiologie der Kunst als Kunst der Physiologie?", in: *Nietzsche–Studien.* Bd. 13. 1984.
Pizer, J.,"The use and Abuse of 'Ursprung': on Foucault reading of Nietzsche", in: *Nietzsche–Studien*, Bd. 19. 1990.
Reibnitz, B., *Ein Kommentar zu Friedrich Nietzsche, –Die Geburt der Tragödie aus dem Geistes der Musik–*, Metzler: Stuttgart, 1989.
Reiss, H., "Nietzsche, Geburt der Tragödie", in: *Zeitschrift für deutsche Philologie*, Bd. 92. 1973.

Reyburn, H. A., Hinderks, H. E. & Taylor, J. G., *Friedrich Nietzsche*, Kempen: Niederrhein, 1947.
Rezhy, R., "The Tragic affirmation of the Birth of Tragedy", in: *Nietzsche-Studien.* Bd. 17. 1988.
Ries, W., *Nietzsche für Anfänger Die Geburt der Tragödie*, München, 1999.
Riedel, M., "Ein Seitenstück zur Geburt der Tragödie", in: *Nietzsche-Studien*, Bd. 24. 1995.
_____, *Hören auf die Sprache*, Frankfurt a. M., 1990.
Rorty, R., *Kontingenz, Ironie und Solidarität*, Frankfurt a. M., 1989.
Roth, F., "Die Absolute Freiheit des Schaffens. Ästhetik und Politik bei Nietzsche", in: *Nietzsche-Studien*, Bd. 26. 1997.
Rudolf, D., *Friedrich Nietzsche Geburt der Tragödie in ihren Beziehungen zur Philosophie Schopenhauer*, Leipzig, 1902.
Rudolf, E., Züchter im Menschenpark: Peter Sloterdijks Morgenröte der antihumanistischen Vernunft, in: *Frankfurter Rundschau*, 1999.
Saar, M., *Genealogie als Kritik. Geschichte und Theorie des Subjekts nach Nietzsche und Foucault*, Frankfurt a. M., 2007.
_____, *Die Immanenz der Macht*, Frankfurt, a. M., 2013.
Salaquada, J., "Mythos bei Nietzsche", in: *Philsophie und. Mythos*, Berlin, 1979.
Safranski, R., *Nietzsche*, München·Wien, 2015.
Schacht, R.,"Making life worth living: Nietzsche on Art in The Birth of Tragedy", *Nietzsche*, Oxford University Press, 2001.
Schank, G., *"Rasse" und "Zuchtung" bei Nietzsche*, Berlin·New York, 2000.
Schopenhauer, A., *Die Welt als Wille und Vorstellung.* Bd. 1. Hrsg. von W. F. von Löhneyen, Frankfurt a. M., 1988.
Schiller, F., *Werke in der drei Baenden*, München·Wien, 1966.
Schmidt, A., Über Nietzsches Erkenntnistheorie, Zur Frage der Dialektik in Nietzsches Erkenntnistheorie(1963), in: *Nietzsche*(Hg.), J Salaquard, Darmstadt, 1980.
Schmidt, B., *Der ethische Aspekt der Musik. Nietzsches Geburt der Tragödie*

und Wiener Klassische Musik, Würzburg, 1991.

Seidensticker, B., "Beziehungen zwischen den beiden Oidipusdramen des sophokles", in: *Hermes–Zeitschrift für klassischen Philologie*, Bd. 100. 1972.

Sens, E., "Aufklärung im zynischen Zwielicht. Nach der Lektüre von Peter Sloterdijks", "Kritik der zynischen Vernunft", in: *Ästhetik und Kommunikation*, Vol. 63. 1986.

Silk, M. S. & Stern, J. P., *Nietzsche on Tragedy*, Cambridge University Press: London, 1981.

Simmel, G., *Schopenhauer und Nietzsche*, Bremen, 2010.

Sloterdijk, P., *Der Denker auf der bühne. Nietzsches Materialismus*, Frankfurt. a. M., 1986,

_____, *Regeln für den Menschenpark*, Frankfurt a. M., 1999.

_____, *Kritk der zynischen Vernunft*, Bd. 1. Frankfurt a. M., 1983.

_____, Die Kritische Theorie ist tot. Peter Sloterdijk schreibt an Assheuer und Spierling Volker, *Arthur Schppenhauer zur Einführung*, Hamburg, 2015.

Stambaugh, J., *Untersuchung zum Problem der Zeit bei Nietzsche*, Haag, 1959.

Stern, T. P., *Nietzsche on Tragedy*, London, 1981.

Stein, G. P., *Nietzsche on Tragedy*, Cambridge University Press: London, 1981.

Stegmaier, W., *Friedrich Nietzsche zur Einführung*, Hamburg, 2013.

_____, *Philosophie der Fluktuanz Dilthey und Nietzsche*, Göttingen, 1992.

Tejera, V., *Nietzsche and Greek Thought*, Martinus Nijhoff Publischers, 1987.

Thoerbach, E.(Hg.), *Die Begriffe Cosima Wagners an Fridrich Nietzsche*, Weimar, 1940.

Ulmer, K., "Nietzsches Idee der Wahrheit und die Wahrheit der Philosophie", in: *Philosophisches Jahrbuch*, 70. 1962/1963.

Vejera. V., *Nietzsche und Greek Thought*, Boston, 1987.

Vogel, M., *Apollonisch und Dionysisch*, Regensburg, 1966.

Walser, M., Martin Walser zur Sloterdijk-Debatte, *3sat.online*, 1999.
Wilson, N., "Punchting Out the Enligtenment: A Discussion of Peter Sloterdijik's Kritik der zynischen Vernunft", *New German Critique,* Vol. 41, 1987.
Witte, E., *Das Problem des Tragischen bei Nietzsche*, Halle, 1904.
Wagenvort, H., "Die Entstehung von Nietzsches Geburt der Tragödie", in: *Mnemosyne*, Vol. 12. 1959.
Welsch, W., *Ästhetisches Denken*, Stuttgart, 1993.
_____ (Hg.), *Wege der Moderne*, Weinheim, 1988.
_____, *Unsere Postmoderne Moderne*, Berlin, 1993.
_____, *Vernunft*, Frankfurt a. M., 1996.
Young, J., *Nietzsche's Philosophy of Art*, Cambridge University Press: London, 1992.

찾아보기

■ 저작물

(ㄱ)
『고르기아스』 ················· 64
『국가편』 ··················· 62
<군트람> ··················· 263
『그리스 미술 모방론』 ········· 10

(ㄴ)
『나는 왜 사이보그가 되었는가?』 231
『냉소적 이성 비판』 ······ 235, 251
『니체와 철학』 ············· 208

(ㄷ)
<대지의 노래> ··············· 263
『도덕의 계보학』 ······· 178, 181, 195

(ㅂ)
『바그너의 경우』 ············ 80
『반시대적 고찰』 ············ 78
『베토벤론』 ··············· 73
「베토벤」 ················· 152
『비극의 탄생』 ·· 5-14, 22, 35, 37, 41, 45, 48-9, 55-6, 61, 72, 75, 77-8, 82-3, 85, 91, 94, 106, 109, 118, 120-2, 128-30, 137-9, 147, 153, 157, 171, 176, 184-5, 208, 210-1, 213, 215-9, 222-3, 227, 257, 265-6, 268

「자기비판시도」 ··············· 5

(ㅅ)
『사이보그 시민 —포스트휴먼시대의 정치』 ··················· 233
『선악의 피안』 ··········· 178, 195

(ㅇ)
『아침놀』 ··············· 178, 194
≪안티고네≫ ··············· 30
≪오이디푸스 왕≫ ··········· 31, 33
「예수의 성모 마리아」 ······ 159, 267
『오페라와 드라마』 ············ 81
『우리의 포스트휴먼』 ··········· 233
『우상의 황혼』 ············ 14, 21
『유고』 ··············· 178, 191
『음악정신으로부터 비극의 탄생』
 ··················· 80, 119
『의지와 표상으로서의 세계』
 ········ 75, 91, 97, 122-3, 261
『인간농장을 위한 규칙』 ········ 235
『인간적인 너무나 인간적인』 ····· 178
『잃어버린 시간을 찾아서』 ······ 131

(ㅈ)
『자기비판의 시도』 ····· 106, 125, 129

『즐거운 학문』 ·················· 114

(ㅊ)

『차라투스트라는 이렇게 말했다』
·················· 178, 250
<차라투스트라는 이렇게 말했다> 263
『차이와 반복』 ·················· 235
『철학이란 무엇인가』 ·············· 209
「충족이유율의 네 겹의 뿌리에 대하여」
·················· 93

(ㅌ)

『트로이의 여인들』 ·············· 36

≪트리스탄과 이졸데≫ ····· 6, 79, 83
『특이점이 다가오고 있다』 ········ 235

(ㅍ)

『파우스트』 ······················ 54
≪파르지팔≫ ···················· 86
≪포박된 프로메테우스≫ ······ 23, 24

(ㅎ)

『현대성의 철학적 담론』 ·········· 266

■ **인명**

(ㄱ)

가다머 ························ 208
게르스도르프 ·················· 182
게하르트 ·················· 64, 111
겔레르트 ······················ 65
겔리우스 ······················· 1
괴테 ······················ 10-14
구스타프 말러 ·················· 263
김정현 ························ 50

(ㄴ)

네하마스 ······················ 240
니체 ························ 5-12
니트하머 ······················· 4
닉 보스트롬 ···················· 233

(ㄷ)

단하우저 ······················ 61
달하우스 ······················ 95
데리다 ···················· 208, 270
데이비스 찰머스 ················ 230
데커 ························· 142
뒤르켐 ························ 180
들뢰즈 ······ 69, 208-19, 222-3, 225-7, 235, 271-3
디드로 ························· 4
디오게네스 ···················· 253
딜리어스 ······················ 263

(ㄹ)

랑케 ························· 182
레이 커즈와일 ············· 233, 235
로데 ······················ 98, 185

로티 … 130-2, 208
루소 … 180
뤽 페리 … 43
리오타르 … 270
리하르트 슈트라우스 … 263

(ㅁ)
마르크스 … 180, 252
마키아벨리 … 180
막스 모어 … 245

(ㅂ)
바그너 … 6, 73, 75, 77-9, 81, 83, 85-8, 109, 152, 159, 167, 227, 266
바르텐부르크 … 7
버너 빈지 … 234
버질 … 11
베네트 … 165
베르네이스 … 7
베버 … 180
베토벤 … 79, 82
벨러 … 66
벨쉬 … 45, 268
볼프강 벨쉬 … 262
부르제 … 85
부르크하르트 … 182-3, 185-7
브로제 … 61
빙켈만 … 10-3, 31

(ㅅ)
소크라테스 … 1, 2, 4, 12, 39, 40, 42, 46-55, 60, 61, 64-70, 74, 210, 213-5, 242-3

소포클레스 … 28, 30, 33-5, 59, 64, 160, 266
솔 … 119
쇤베르크 … 263, 264
쇼펜하우어 … 6, 8, 11, 21, 41, 73, 75, 77-8, 80-1, 84, 88, 90-4, 96, 100, 104, 117, 120-3, 140-1, 159, 167, 183, 223, 227, 261, 266
슈미트 … 51
슈아데발트 … 81
슬로터다이크 … 232, 235-6, 246, 251-2, 254-5, 274-6
실러 109-10, 153, 155, 157, 159, 267

(ㅇ)
아도르노 … 238
아르킬로코스 … 154, 157
아리스토텔레스 … 34, 46, 116, 258
아리스토파네스 … 45
아이스킬로스 … 22-3, 25-6, 28, 33, 35, 68
알랭르노 … 43
야스퍼스 … 8
에우리피데스 … 22, 35, 36-40, 46-47, 67-68
이진우 … 179

(ㅈ)
줄리안 영 … 77

(ㅋ)
칸트 … 6, 11, 92, 93, 227, 251
케빈 워릭 … 231

코플러 ·· 175
크룩 ·· 78
크리스 헤이볼즈 그레이 ············· 233
클로소프스키 ·································· 89
키케로 ·· 3

(ㅌ)

테제라 ·· 62
토크빌 ·· 180
투키디데스 ····································· 180

(ㅍ)

판비츠 ·· 45
페리클레스 ······································· 30
푸코 ······················ 130, 137, 208, 270
프랜시스 후쿠야마 ···················· 233

프루스트 ································ 131, 132
플라톤 ···················· 62, 64-5, 211-2
피갈 ·· 71
핑크 ·· 108, 175

(ㅎ)

하버마스 ········ 130-1, 208, 239, 262, 266-7, 272
하이데거 ············· 130, 208, 246, 267
한스 작스 ······································ 137
한슬릭 ·· 79
헤겔 ·· 223, 273
호르크하이머 ······························· 238
호메로스 ································ 145, 155
홉즈 ·· 180
힐데브란트 ······································ 61

■ **용어**

(ㄱ)

가상 ············· 142, 144, 147-8, 164, 176
가상세계 ·· 165
개별화의 원리 ······ 84, 100, 102, 104, 140-1, 143, 146
게르마니아 ······································ 78
계몽 ································· 238-40, 254
관점의 전환 ·································· 193
관점주의 ·· 193
권력 ·· 178
권력감정 ····································· 193-4
권력관계 ·· 200
권력론 ··· 188
권력의지 179, 180, 187, 189, 191-2, 195-7, 199-200
권력충동 ·· 178
그리스 문화 ········· 8-10, 15, 84, 173, 184-5, 187
그리스 문화사 ····························· 185
그리스 비극 ····· 6, 18, 33, 37, 39, 48, 62, 67, 108, 110, 112, 116, 119, 159, 164, 166, 168-9, 171, 174, 224, 226, 258, 265
그리스 비극문화 ·························· 55
그리스 신화 ······················ 72, 132, 268
그리스도 ·· 217
그리스의 사유 ······························· 84
그리스인 ···························· 5, 8, 225, 242

그리스적 명랑성 ·· 31, 32, 55, 57, 58, 59, 60
근원적 일자 ·········· 82, 97, 115, 121, 123-5, 148, 156, 172, 259, 260
기독교 ····················· 218, 220-2, 271
꿈 ····················· 136, 142-3, 148, 171

(ㄴ)

낭만주의 음악 ···························· 167
냉소주의 ···························· 252, 254
니벨룽겐의 반지 ························ 87
니체철학 ········ 209-10, 216, 271, 278
니체해석 ······················ 208, 214, 272
니힐리즘 ······························ 45, 88

(ㄷ)

다이몬 ·································· 53, 54
데카당스 ········· 45, 80, 84, 86-9, 242
델포이 신탁 ······························ 156
델피 신전 ································· 52
도취 ············ 136, 148, 164, 171, 174
디오니소스 ··· 7, 13-4, 16, 19, 22, 44, 68-9, 74, 83, 97, 122, 124-6, 130, 132, 134, 139, 141, 151, 157, 164, 213, 215-20, 222, 227, 257, 259, 265, 267, 272
디오니소스 숭배사상 ················ 17
디오니소스 축제 ················ 16, 255
디오니소스의 도취 ················· 111
디오니소스의 음악 ················· 95-6
디오니소스적 ·· 5, 15, 18, 25, 85, 95, 171, 173, 279
디오니소스적 긍정 ···················· 35

디오니소스적 도취 ······ 113, 156, 161, 176, 177
디오니소스적 상태 ············ 22, 128-9
디오니소스적 예술 ······· 89, 151, 166, 171, 225
디오니소스적 예술 충동 ············· 99
디오니소스적 예술가 ················ 162
디오니소스적 요소 ················ 38, 48
디오니소스적 음악 ······ 168, 171, 266
디오니소스적 이중성 ················· 98
디오니소스적 지혜 ····· 6, 32, 58, 112, 168, 258
디오니소스적 진리 ··········· 163, 174
디오니소스적 축제 ················· 148
디오니소스적 충동 ·················· 261
디오니소스적 태도 ····················· 41
디오니소스적 힘 ······················ 170
디오니소스적인 것 ·· 6, 8-9, 13, 47-9, 55, 67, 71, 82, 88, 99, 117, 135, 147, 150, 161, 164-6, 168, 172-3, 213
디튀람보스 ·················· 7, 16-7, 19-21

(ㄹ)

라오콘 군상 ······························ 11
르네상스 시대 ···························· 4

(ㅁ)

마야의 베일 ············ 100, 124, 140-1
마음을 배려하는 공학 ················ 277
마음의 공학화 ··························· 277
맹목적인 삶의 의지 ··········· 105, 123
명랑성 ······································· 5

명령 ································· 197
무조음악 ····························· 264
물자체 ························· 92, 93
미래의 철학 ························ 210
미적 현상 ···························· 262
미학적 소크라테스주의 ···· 38, 71, 243
미학적 형이상학 ··················· 156

(ㅂ)
바그너의 오페라 ······················ 87
바그너주의자 ···························· 8
반인반신 ····························· 133
베풂의 정치 ····················· 205-7
복종 ···································· 197
불협화음 ····························· 259

(ㅅ)
사육 ························· 243-4, 246
사이버스페이스 ············ 229, 232
사티로스 ····················· 8, 19, 20
서정시인 ························· 154-6
세계사적 고찰 ······················ 183
세멜레 ······························ 133-4
소크라테스 문화 ····················· 85
소크라테스적·알렉산드리아 문화 ·· 35
소크라테스주의 6, 47, 55-6, 66-7, 71
소포클레스의 비극 ·················· 31
소피스트 ································· 2
순화와 길들임 ······················ 247
시뮬라크르 ·························· 212
신화 ································ 169-70
실레노스 ····························· 224
실스 마리아 ························ 106

실존의 미적 정당화 ········· 90, 261-2

(ㅇ)
아리아드네 ·························· 216
아스클레피오스 ···················· 139
아우로스 ····························· 152
아이스킬로스 비극 ·················· 27
아티카 ·································· 73
아티카 비극 ·························· 23
아폴론 ····· 22, 44, 52, 69, 74, 83, 97, 122, 124, 126, 132-4, 137, 139, 141, 147, 151, 157, 173, 215, 265
아폴론 문화 ························· 173
아폴론과 디오니소스의 화해 ······· 174
아폴론과 디오니소스적 대립 ······· 175
아폴론과 디오니소스적인 이중성 · 100
아폴론적 ··· 25, 38, 99, 115, 147, 171
아폴론적 꿈 ············ 138, 157, 174
아폴론적 예술 ·············· 115, 225
아폴론적 예술가 ··················· 138
아폴론적 요소 ······················ 257
아폴론적 충동 ··············· 143, 172
아폴론적 환상 ······················ 163
아폴론적인 것 ·· 13, 48, 99, 117, 135
알렉산드리아적 명랑성 ············ 58
역사연구 ····························· 182
염세주의 5-6, 41, 70, 87, 118-20, 225, 243
염세주의자 ···························· 12
영원회귀 ····························· 240
예술 충동 ················ 99, 135, 136
예술가-형이상학 ······· 106, 109, 112, 115, 132, 208, 259

예술의 생리학 ················ 77, 110-1
예술의 희극 ······························· 111
오이디푸스 ················ 32-3, 59, 160
오페라 ·· 83
오페라 문화 ······························· 70
왜소화 ······································ 250
운명론 ······································ 241
운명애 ······························ 241, 279
위버멘쉬 ··························· 249, 273
음악 ······ 72, 82, 84, 89, 94, 97, 110,
115, 116, 148, 159, 163, 166-7,
176, 226, 258, 260
의지 ········ 100-1, 104, 106, 117, 141,
144, 176, 214
의지철학 ···································· 84
이론적 낙관주의 ························ 50
이솝우화 ···································· 65
인간 길들이기 ·························· 256
인간의 왜소화 ················· 247-8, 256
인지과학 ·································· 230
인지연구 ·································· 229

(ㅈ)
자유학예 ······································ 3
재현 ··· 212
정의 ······································ 201-2
제우스 ························ 16, 25, 132-3
주인과 노예의 변증법 ················ 273
진리에의 의지 ·························· 192

(ㅊ)
차라투스트라 ·········· 207, 241, 249-50
최후의 인간 ····························· 248

(ㅋ)
칸트철학 ···································· 91
퀴니코스학파 ···························· 253
키니코스 ·································· 253
키클롭스 ··························· 63, 139
키타라 ···································· 151-2

(ㅌ)
태양의 빛 ·································· 63
테스피스 ···································· 19
트랜스휴머니즘 228, 233, 274, 277-8
트랜스휴먼 ······························· 231
특이점 ······································ 233

(ㅍ)
파이데이아 ······························· 244
펠로폰네소스 전쟁 ·········· 29, 30, 45
포스트-니체 ····························· 269
포스트모더니스트 ···················· 272
포스트모더니즘 ······ 43-4, 128, 269-70
포스트모던 ······························· 268
포스트모던 조건 ······················· 270
포스트모던시대 ························ 131
포스트휴머니즘 228, 236-8, 251, 255
포스트휴먼 ······························· 235
표상 ···················· 102-4, 117, 141, 261
표제음악 ···································· 83
프로메테우스 18, 22, 25-7, 33, 160-1
프롤로그 ····························· 40, 68
플라톤주의 ······························· 211

(ㅎ)
합창 ······························· 159-60, 174

찾아보기 | 305

헬레네인 ·················· 41
형이상학-예술가 ·············· 126
호머적-그리스적 ············· 151-2
환대 ····················· 203-4
힘에의 의지 ············ 239-40, 271

(기타)
3대 잠재력 ·················· 186-7
GNR ······················ 276

니체와 그리스 비극
『비극의 탄생』과 포스트 니체

1판1쇄 발행 2017년 5월 10일

지 은 이 양해림
펴 낸 이 김진수
펴 낸 곳 **한국문화사**
등   록 1991년 11월 9일 제2-1276호
주   소 서울특별시 성동구 광나루로 130 서울숲 IT캐슬 1310호
전   화 02-464-7708
팩   스 02-499-0846
이 메 일 hkm7708@hanmail.net
홈페이지 www.hankookmunhwasa.co.kr

책값은 뒤표지에 있습니다.

잘못된 책은 구매처에서 바꾸어 드립니다.
이 책의 내용은 저작권법에 따라 보호받고 있습니다.

ISBN 978-89-6817-491-9   93100

> 이 도서의 국립중앙도서관 출판예정도서목록(CIP)은 서지정보유통지원시스템 홈페이지 (http://seoji.nl.go.kr)와 국가자료공동목록시스템(http://www.nl.go.kr/kolisnet)에서 이용하실 수 있습니다.(CIP제어번호: CIP2017010429)